中國古水玻璃研究

蒋玄佁 著

上海文化出版社

今年辛亥，再过十八天，我已到了古稀之年。一年多前，曾休克离开过人间，阎王不收，重又回来了。我的所好，仍然是杂书千卷，静坐自遣。由于病重，医嘱卧床，不得擅自行动，若一旦倒下，无药可救。于是我开始写研究中的回忆录，是不是真有意义，就不知道了。反正写与慧诘，留个纪念。

玄怡

目录

研究古代玻璃小结 —— 代序 ……………… 7

第一章　研究旅行和学习 ……………… 15
第二章　玉、宝石到民族特点 ……………… 29
第三章　玻璃的祖母釉 ……………… 39
第四章　釉、类玻璃、玻璃 ……………… 73
第五章　中国制造玻璃各个时代的变化 …… 109
第六章　珠——珠的纹饰 ……………… 253
第七章　释氏、域外文化关系 ……………… 289
第八章　琉璃、琉璃釉、琉璃瓦 ………… 335

后述　蒋慧诘 ……………… 357

研究古代玻璃小结[1]
——代序

一

泛论中国古代玻璃的人很多，而结论和我不一样。现略举一些例子如下：

一、中国营造学社是个集中很多有科学知识者的科研组织，其梁思成、刘致平合编的《琉璃瓦》一书：琉璃[2]，在中国，到汉代尚极珍贵，其用于屋顶，也许始于北魏。是照《魏书》，大月氏国商贩在京师开始铸之。

二、胡肇椿《琉璃辨》：琉璃一词，原为璧流离[3]，其来源是梵语的Vaiḍūrya。

三、章鸿钊《石雅》：中国谈琉璃问题较早的一部著作，全用科学方法解释，认为璧流离是外来语，中国琉璃最早系由东罗马传入，到北魏开始自己制造。

四、《琉璃考释》：璧流离，古未之见，是斯物之入，当自汉始。

① 蒋玄佁先生自20世纪30年代起留心收集与研究中国古代玻璃，并形成著述，惜该书稿于"文革"前期遗失。1971年（辛亥）先生因重病在家休养，记下自己从事中国古代玻璃研究的过程、方法及成果，用时二年，名之曰《中国古代玻璃研究回忆录》。为便于指称，本次出版更名为《中国古代玻璃研究》，亦因本书虽称回忆录，也是扎实的研究专著，兼备开阔的治学视野、严密的实地与文献考据，严谨的内在逻辑。（编者注）

② 琉璃，最早是中国古代对玻璃的一种称谓。一般认为，琉璃是一种人造水晶玻璃，因其对光的折射率高，呈现出晶莹剔透的效果，古人以之为贵重的艺术品。现在用光学玻璃、平板玻璃、水晶玻璃或硼硅玻璃等材质创作的作品，都通称为玻璃艺术品。可见琉璃应是玻璃的一个种类，其范畴远较玻璃为小。因中国古代著作常将琉璃与玻璃混称，以及蒋玄佁先生亦未作明确分辨，编者不作强行统一。（编者注）

③ 璧流离，据蒋玄佁先生辨析，本义应指宝石。中国古代常用玻璃代璧流离，故有时也将玻璃称璧流离。（编者注）

五、S.W.Bushell《中国美术》：中国人不自谓玻璃为自己之发明物，故吾人亦不能谓斯物之制于中土，其期已古。还有学者C.G.[①]认为远东玻璃导源于西方。

六、李乔苹《中国化学史》：西方琉璃输入，是自大月琉璃后，在广东仿造。实际上琉璃输入是汉开始，无疑是在六朝至隋的时间内制造。

七、张子高《中国化学史稿》："隋唐时代我国开始了瓷器阶段"，而对玻璃并未提及。又南京方面一直把有三国时代年号、东汉墓已有出土的青瓷，称为六朝瓷，把六朝金粉的繁华，当作南方文化顶峰的概念，时常应用于考古学。由于玻璃研究，不能不涉到瓷与釉，如果无法脱出传统的瓷书框子，将无法进一步研究，故将瓷与釉的问题附提于此。使下面研究中涉及瓷釉时，可作对照。

二

我研究中国古代玻璃，试小结如下：
玻璃自19世纪大起作用，不，在6个世纪之前，

[①] C. G.，代指学者 C. G. Seligman，H. C. Beck 所作 *Far eastern glass: some western origins* 一文，此代称在书中多处出现。C. G. Seligman 应是当时活跃在远东的英国人类学家塞利格曼教授。（编者注）

发现了它在光学上的性能之后，在19世纪以来，展开了大力研究，渐渐成为玻璃世界。无论医药卫生上、光学上、通讯上，它超过了钢铁的作用、纤维的作用，还可以制成类金刚石，通过它来检查一切。玻璃虽然向人类献出了它的秘密，然而它仍然希望人类进一步彻底去揭开更深的秘密，为人类的需要而献出一切。

中国应有一些自己如何发展玻璃的著作。我，则仅仅是写出了研究过程的回忆录。因为，我并不研究化学，我是一个画家，仅仅涉及美术考古学而已。

中国是全世界釉瓷创始的国家，由于文献的不足，只能从民俗学的诂问，理解它是从光艳的各种窑汗①上得到启发，而创造了釉。它以生活实际经验，在草木灰中，取得硅、铅、铝、铁、钙、镁、钾、钠、锰。又以土法的石灰、窑汗，完成了釉的发明的光荣任务。由于中国崇玉，特别是青玉，故悟得了坚与光以及色，似玉的要求，开始了青瓷工艺，开出了世界上不凡的花朵。由于釉的化学成分已具备了制作玻璃的条件，从这个内因，就能适应外因——客观要求，从釉的流淌液中，必然地创造了玻璃。

当然，陶器到原始瓷，是在铜器时代。由炼制

① 窑汗，是指附着在窑顶或窑墙上的低共熔物质（玻璃态物质），实为玻璃与晶体的混合物），由于熔点低，在窑温的环境下，呈液态状，像「出汗」一样。（编者注）

铜的坩埚，以及后代发明铁、炼铁的坩埚，理解高火度中，各种土石有不同的作用，于是从陶到铁质紫砂土，又到含铁分的高岭土，其间发生过无数次大变革，才找到与釉的密度相适应的原始瓷，而釉从此得到了广泛的发展。

从出土的物质来看，殷代遗址已有了相当高度成就的釉瓷器工艺品。到周初，从屯溪①遗物看，则是有了大发展，因为它已制造明器了。而就是在周初时代，于虢国太子墓②中，发现了大量玻璃珠。

相隔不到二三世纪的公元前7世纪的中州路③、固围村④等遗址中，出土了玻璃上附有传统乳纹装饰的玻璃珠。此后，从周到汉初，中国制造了任何民族所无，而中国独有形式的玻璃璧、羽觞、矛、带钩、九窍器、仿玉匣、剑饰物、玻璃尺、玻璃筓等，同时又从殷代镶绿松的镶嵌技术，发挥在铜器上成为玻璃镶嵌；又借鉴金银错细工技法，玻璃上则施行错采。

在古代，自然物对人类的启迪作用，乃是必然的。古代玻璃工艺，自自然物果与核中，习用仿造，而成核形、圆果形的玻璃珠，小的其大如粟，大的从骨管状带圆，而饰以传统佩饰的乳纹珠，由此发

① 屯溪，今属安徽省黄山市辖区，城郊出土西周墓葬。（编者注）
② 虢国太子墓，位于今河南省三门峡市上村岭。此地有各类遗迹八百余处，包括西周、春秋时期大型邦国公墓。（编者注）
③ 中州路，指今河南省洛阳市中州路一带，此地发现东周墓葬。（编者注）
④ 固围村，指今河南省辉县市固围村，此地发现战国中期魏国王族墓地。（编者注）

展为瓜形、云纹形等珠饰。在器物上，则从仿木碗的汉瓷碗型开始，玻璃碗也出现了。

从玻璃的质来说，最初是以陶为胎，卷上一厚层掺有窑汗，像满布气孔、砂糖状的类玻璃，制成了近骨管状的圆珠。陶胎之后，又变革为瓷胎的玻璃。而通过几个世纪，才发展到大量圆珠首饰等，由不透明到半透明，逐渐达到透明，比重符合玻璃的规格。到了明代，制作鼻烟瓶，则完成了水晶玻璃，加以多种套色，然后同玉工一般车出博古山水人物的车玻璃。其间，还为释氏张罗，吹成玻璃瓶与琉璃灯以及大量舍利子。

古文献上，有汉代知识广博的王充《论衡》，记录了当时消烁五石（石英类）铸玻璃的情况，也有在道藏中记录着对炼丹中如何化验了硝以及金属、各类石英等矿物的经验，这应是丰富玻璃制作的一个侧面。

三

可是，这其间有无数造成错觉的插曲、弯路、大变革中的矛盾。这些插曲，如：

实际为制作营造业琉璃瓦的北史记录及隋代《何稠传》等文献，几千年来被误为玻璃史料。还有更古的汉代帝王梦想找到印度神话金翅鸟化成的宝石璧流离，均为食古不化的文人，误传为玻璃，而走了弯路。同时迷糊了真实历史。

其中也有受到域外影响，含有金属而成多色玻璃，丰富了玻璃工艺。但它并非中国创制玻璃的主流。

其中也有域外人带到中国来的一些玻璃制品，增加玻璃细工的见识。但它也不是主流。

然而中国创造玻璃，没有飞跃，而是有她铁一般的循序发展的规律的史实，有原源，有系统，有民族性的。既不孤立看，也不绝对看。当然，单靠文献是不够的。文献的利用，加以分主次、多方面的综合观察分析，得到结果。

在文献不足之下，首先是亲身去经历。在民俗学中，发现窑工们在生产中如何发挥智慧，善于试验传授，掌握了火的艺术。只有发现了这种智慧，才能理解古代，理解古代物质文化史的创造力。至于走了一些弯路，那也是在所难免。受一些域外影响，也是发展中常有的事，例如中国有固有的青瓷釉，后来产生了外来金属物铅作用的琉璃瓦釉；但不求内因，完全归功于外因，甚至以一元论的观点，不加分析，强加于学术研究中，这就不是可取的道路。

因而过去的文化史、化学史、艺术史、陶瓷史，要改写、补写或者重写，一误再误，会影响史的进展。考古学是一门多方面边缘的科学，也是物质文化史的基础，其慎重与科学态度，是要不断提高发展，来创造今后研究的条件。它与民俗学关系很大，并不次于文献，迷信文献，倒是容易受累的。

写一些祖国玻璃发展史，读一些祖国玻璃史，中国人民有志气，他会发挥作用，使得玻璃更深的秘密，会在科学领域内贡献出为人类造福的一切力量。

正因如此，则排除那些谬误的观点和结论，而写出中国古代是怎样创造玻璃，是有其必要。

壬子年十一月二十一日全篇记完

今后开始作画了　玄怡记

第一章 研究旅行和学习

我是教员，是一个中国画家，业余看看中国文化史有些缺课，我便一往情深钻将进去，虽以后有所觉悟，却拔不出来了。

但70年生活，赢得藏书万卷，只是东西奔波，荡然无存，仅得有用者一肩可担之剩而已。老伴相劝，后弄堂废品店有书可卖每斤八分，我想，阿呀！如将此一肩之剩都秤掉，这回忆录也写不成了，笔记散佚，脑壳不广，少不得还要在翻来厌的故纸堆中淘金，不然，终日枯坐，百无聊赖，且待我一年再秤掉吧！于是乎回忆录开锣了。凭此来写回忆录，可能记忆书名页数等，会有错误。

一

我生在富春山中，本来想刻个印"白阳尖下吾以降"。因为白阳尖山高，洪水来时，桌面大的石块，它可以汹涌向前，碾成沙石，沙石之中有莹澈如水晶者，少小时以二石相击，即生烈火，我们称之为火石。某年，画家唐云就住在这大石溪对面，所以他自号大石。

溪的两岸，全长凤尾草，葱绿可爱。这种草，初生的芽，可以炒来吃。它的根，捣碎之后，加以沉淀，冲来吃，同西湖藕粉一样，我们称它乌龙粉。在考古学上，它是原始植物中，仅仅留下来的蕨科植物。想不到童年玩的火石和可爱的葱绿蕨草，就是我研究古代玻璃的基本知识。

我这里想多谈一些南方，少谈北方，北方研究的人多。

我的青年时代的腿，走过了南方九个省。我还有些机会，走的是高山大岭，山村鸟道，懂得一些民俗学知识。当地人在极简陋的情况下，如何酿酒，如何捕猎，如何做手工艺，真是看得多，学得多，其微妙处，就是土生土化，生活上有需要，就有办法做出来。越是小生产，变化越多，祖祖辈辈往下传，便是精而又精。这些所见所闻，对我来讲，是书本上看不到的。然而，它是创造发明的原始记录的最好真实资料。

二

说来也怪可怜的，我的中年，一大半是在四个古庙中度过。

一个是仙居①高山上的广度寺。从缙云仙都的风景处走到壶镇，在壶镇，必须在快天亮时上山，这就是括苍山脉的苍岭，整整爬一天，才爬过岭。可是在这么高的岭顶，却是鸡犬相闻，三三两两的人家，就住在山顶上。夜来在大城市是开电灯了，他们是一支松枝插入墙上就是一只明灯。脚上草鞋，着点火，一脚跌去，山就烧起来了，烧完之后，掘松了泥，苞米、小白青，就在酸性山土加上灰的肥料，生长得挺漂亮。

那我住的广度寺，也要从平地爬一整天，才爬到山顶的寺内，这生活同苍岭之顶一样。你说古代的新石器时代，如殷人王朝已在铸千斤重煮牛肉吃的铜鼎，在僻地的农民，还用什么生产工具呢？新石器时代之长，新石器时代的地区性，根本不能谈绝对年代，连新石器时代这名辞，也不妥当。然而各色各样的生产方法、手工艺方法，却告诉你是如何发明与发展的。

我为什么要到这个万山之中的山城仙居去呢，

① 仙居，这一带发现了下汤新石器文化遗址，距今约7000年。下汤遗址为浙江省台州文明发源地，与浙江省河姆渡、良渚文化遗址相比并不逊色。（编者注）

想成仙么？当然荒唐。那是因为我想知道，在这样僻地，什么时候，才有人居住？原来在离仙居县城之西——横溪，发现了大型砖的汉墓。在仙居的淋山，发现了无数的石器。这件事朱洗①也知道，可惜他著作未完成谢世了，不然他倒可以谈谈，仙居的古代人是什么民族吧。在这样偏僻之地，新石器时代已有人居住，在汉代还烧造大砖，营建墓室，二千年来人口发展，并不怎么了不起。

当我住了二年之后，这个少见人迹的青峙山顶的古寺，听说一火成了灰烬。原来寺中有些旧藏经，我本想从中找些释氏对琉璃的记录，佛教使用它的意义，因为在别处参阅藏经非常难，比进天一阁查方志还难，而我当时却为了研究另一个问题，来不及细阅，失掉了这个机会。

三

西湖的广化寺，在苏东坡诗中常谈到的六一泉旁，我不知住了多少年。客地和尚大休，我常和他在一起，他会弹琴，我不会，我只研究琴的漆器。如浦城十二琴楼的第一材②，在我寓室住过，第二材住得更久，漆工好，音也好。而一架益王琴，干燥皱裂，最坏。留下的只剩一架杨椒山③的琴了。

十二琴楼后代，留有个漆工，我请教他，他说，琴好坏，在面上这块木材，老树根无音，大枝音弱，取材，是件难事。他们做底用碗屑，我问他，将玻璃打碎做底不好么，他说玻璃最没出息，轻、脆，与玉、玛瑙屑不好比，连细碗片屑也不如。我说，为什么你们漆得这么漂亮。他说，阿呀，福建地处偏僻，没有更多的工作可做，祖上学漆工，年数多了，

① 朱洗（1900—1962），浙江临海人，中国杰出的实验生物学家，1955年当选中国科学院学部委员（院士）。（编者注）

② 浦城，是中国近代古琴流派浦城派（又称闽派）的起源地。浦城派的创始人为祝凤喈，他生于嘉庆年间，卒于道光朝，因家学渊源，精擅古琴。他收藏有名贵古琴数十张，在浦城设十二琴楼贮之，经常往来其间，宴会天下文士。此处『第一材』应指浦城祝氏藏琴中最珍贵的古琴之一。（编者注）

③ 杨椒山，即明朝中期著名谏臣杨继盛，曾师从南京吏部尚书韩邦奇学习律吕。（编者注）

几代传下来，越做越好。手工艺发展，都是世代相传。他看了看大休的琴，摇摇头说苏州货。我说严嵩有名琴54张，近年杨时百①有古琴56张，单唐琴就有八张，古琴多雕镂镶嵌。他叹道，刻字多，音也不好，镶嵌音更呆了。

某一天，我请大休看住大殿门，他问干什么，我说要爬上佛头看一看，他大吃一惊，当家进来还了得。我上去看了佛额上的一块玉，是块玻璃，眼目也是玻璃，不是什么琉璃。他说这算什么一件事情，本来很简单，就是一个目的，你要弄清楚就复杂了。释家说琉璃，是为了它是明澈的宝，他说他的，有他的目的。你又没有目的，你当它琉璃是宝，就好了。我说琉璃长明灯，我也得看过明白，他说，不用看了，我天天上油，是玻璃做的。我说，经上谈了多少琉璃，你怎么解释？他说，经一大部分是音译，不懂梵文，就不知道，正因这样，就有很多人可以说法了，如大家懂，就无法可说。

广化寺，是我看经最多的一段时间。当时有个叫熊十力的讲唯识，跟的学生好几个，我也听到了一些。真真假假，很微妙，凡愚者所感，多是真，聪明人所感，多是假。总的讲来，佛徒原始性很浓。中国老子是政治性的哲学，比释氏实在要高一着，这对我研究琉璃与释氏，启发很多。听说，我离开广化寺后，大休死了，除了六一泉，以后全部房屋多倒了。我存在大休处的经文，也一本不留。

四

广因寺是在松阳②的古市郊外。松阳，有不少

---

① 杨时百（1863—1932），名宗稷，字时百，自号九嶷山人，近代琴学大师，中国古琴重要门派九嶷派创始人。（编者注）

② 松阳，隶属于浙江省丽水市，位于丽水腹地，西北连遂昌，南接龙泉、云和。（编者注）

读透线装书的老先生，有些原是我亲戚的学生，在我去时，老的有些死了，书还有一些，全是程朱之学，朱批满书，只有部琴谱好玩些。儿孙则是做木匠，种烟草。广因寺附近是遂昌，遂昌的山崖岩洞，似为墓葬，但多次调查，一无收获。而松阳附近的丽水碧湖，则是个烧缸窑的地方，所有原料，就地取材。

长期地看到造缸过程，会理解古代原始陶瓷和造缸，是一脉相承的。特别是汉代的，陈万里（参见43页注①）所谓吹釉器，烧成后，外观显出赭红色，这类器物，可说完全一个类型。从它用拍子的方法、薄釉的原料与色相、陶拍子上的条纹，特别是缸胎的原料，则与古代几何纹器，完全为同一类石块，就是研得粗一些，附加了一些砂，它就是原始陶瓷器工程的残留。

和尚问我：老师！你学烧瓮么？我说，我在学烧法钵。他说我们是法器，要名贵得多，怎么能同缸瓮比呢？实际上到处都有烧窑的土石，到处都有窑，何止考古家发现的几个呢。如住在窑场，一点不神秘。

我看看，同我的玻璃有缘的，是龙泉的釉，透明度高、釉厚。我从广因寺的后山，走山间鸟道到龙泉去，走了三天。在山道中，有个村叫白岩，村里人同亲人一样待我。他们没有什么副业，我问：仙居的山上种白术，你们种萝卜，白术比萝卜贵一百倍。他们笑了，泥土不同呀！我听到这句话，想起了所谓物性，产生什么东西，先得有物质条件。

可是我走后不多久，有人说广因寺火烧了。文化是人建立，但也是人破坏，我住了三个古庙，三个古庙都已剩了一块白地。

五

在龙泉①，认识了烧窑的好手，也认识了造剑的铁匠。我认为釉的发现是从铜器制作的坩埚及窑的窑汗上得到启发的。坩埚烧久，与窑汗一样，有泪状的玻璃质。铁的火度更高，其坩埚的陶，可以使人懂得怎样的土，火度高了坚硬异于一般窑器，它促使陶业起了大变革。20年前，龙泉、云和在溪水中采的铁矿粒炼的土铁，还存几千吨。②而越是古代创作铁的发源地，又是善于锻铁的地方，因而我喜欢它。

这山城做宝剑的铁店倒有二十几家吧。我同我的朋友讲，这个剑，没有钢，做什么用？他说道：这是玩的，现在没用了，不过我祖上的剑，是有名的。他去取了把出来，很薄，有三条线，即当中一条，两边的刃，也各有一条，颜色青青的。他说，我们小城市，没有钢买，祖上多是冷锻成钢。他把剑插地板上，摇摇地，像是有弹性一样。现在的剑，插在地板，像是木条，一动也不动，就是磨得净光，装得漂亮。

我说，你祖上的剑，既是宝剑，为什么不镶点宝石、翡翠？他说：剑是武器，也是刺器，又是击器，二剑相比，挡开一剑，要七八十斤气力，如是镶得花花绿绿，岂不是一震就碎了。我们的柄是山梨，算顶坚的了，祖上的剑是丝带生漆编出花格来的，木心只是一个衬里。我说，你还能造你祖上的剑么？他说，失传了，手工也不够，脊也打不挺，刃边更难了，钢火更是锻不好，现在是骗碗饭吃算了。

---

① 龙泉，是浙江省丽水市代管县级市，位于浙江省西南部的浙闽赣边界，历来为当地商贸重镇，自古人文昌盛，是著名的青瓷之都、宝剑之邦。（编者注）

② 《华东区滞销土产情况介绍》，18页。

陶工铁工，都是朋友。大家说开了，谈到手工业，各有秘法，手艺好坏，相差很远。龙泉仿古瓷名手，本来有好多个，全死了，留下来就是我这位老年朋友。他送我一只宋代试釉小臼，八角形，中凹如臼，釉在中心，很厚重。他说要烧到瓷胎烧熟，釉不脱肩（即不流下去，露出胎骨），底不沉釉（要上下一样匀），底上有个叶字，大概是叶姓的试品。

他又送了我一只缺上段的破小瓶，颜色真清丽无匹。我问：你也试釉么？他笑了笑，说何止试过上百次，你把破瓶留下，我把它接好上段，加上釉，烧出来，上下同宋釉一样。到我旅行一年多回来，瓶变成完整了，上下一色，就是多了点反光，真是神力啊！

这两件小品，我带在身边玩了40年，跟了我走过数千里山路。我看到这两件小品，常会想到我国古代手工艺，真是鬼斧神工，特别是釉的变化。

六

我本想去小梅①，如翻过一座山，可跑到福建浦城。朋友劝我，小梅发生鼠疫，浦城倒是有些古窑，过些时，他伴我走。于是我就留下来谈空天，玩山头。无所不谈，他也无所不答。从外国人收古瓷到县长收古瓷，我说写本书，记上你的大名，他却认为千万不要写，这个世道，人怕出名，玩玩谈谈，饿了去吃碗肉丝面，最好不过了。

下面是他的谈话录：

> ① 小梅，位于浙江省西南部浙闽边界，是一个历史悠久的商贸重镇，也是中国青瓷的发祥地之一。（编者注）

瓷器的精妙，就是四个字"温润肥糯"。

你要我把釉做成玻璃，这没试过。但是瓷工眼火不好，烧过头了，变成玻璃一样透明，就算坏了，你到窑基去寻，宋瓷就是完整的，只要脱肩，透明白化，全是废品，丢了。我们中国人不喜欢，因它没一点温润肥糯的特点。

窑门边烧过性搭釉的多，挂下来像冰柱一样，开窑时，丁丁当当搞下来，丢了，这不就是玻璃么？

我们是仿古的小窑，小窑样子多，各色各样，大小全有，要烧到古器一模一样，不知要花多少精力，上几十道釉试出来。

大窑厂不行，一缸釉水，做出来几千只，完全一样。所以元、明龙泉出货多，窑大，精的少了。

你说，为什么不在龙泉开窑，龙泉釉瓷土倒是有，可是一个窑，一年要吃多少柴火，不得不到山乡去。好吧，我们看龙泉的釉土去。

就在龙泉后山，他掘去一些浮土，就是白色"子塔"（即嫩的岩石）。铁器掘得下来，石上有些化石般纹线。他说，这就要水碓打了，人工石磨、捣细，总不及水碓捣的细（水碓是山上水下来，木轮转动，用臼捣细如粉）。釉，就是靠这些釉土。他给我的启发还有很多，下面论到时，再择要举例了。

过一些时日，他伴我通过山道，到小梅、黄坛①、竹口新窑②。

有机会，得到一件已故世的老仿古名手做的采麻菰③的人物瓷塑，上面还有签名。还在浦城得到二件色彩非常好看的捧烛台的女像。他说，龙泉也有好东西，就是不肯显出来，因为你不像做买卖，你是个游历的老师，见识广，不顶用。

---

① 黄坛，浙江省宁波市宁海县辖镇，为宁海西部重镇。（编者注）

② 竹口新窑，今浙江省丽水市庆元县竹口镇新窑村。（编者注）

③ 麻菰，即蘑菇。（编者注）

七

为了避开鼠疫,我住到闽北山上叫留洋的村子旁的一个古庙里,这庙叫中峰寺①。寺大好清净,睡到三点多,虎也啸,狼也嗥,黄麂在黄昏就叫了。我问师父,这怎么的。他说野兽白天睡够了,醒得早,鸡不是天未明就啼了。

我住在中峰寺,闽浙交界,这一路的龙泉碎片、窑基、烧造方法,全摸到了。连丽水附近古窑也知道了。古代"瓯"这个地区,原来瓷土产量很大,不但白瓷,就是宜兴紫砂的紫石岩也有,这不单指浙江、沿海山区,包括闽北。从碎片看,我怀疑龙泉窑不始于宋,要提早。

老朋友伴我去看了高山深岭的麻菇——实际是黑香菇。多少大树躺在山上等它生香菇,而虎豹,却在更高的深山上。他告诉我,跑这点路不算什么,几年前,采了香菇,要肩挑浙闽粤三省,到韶关去卖,广东韶关,还有个公所呢。我说,也想跑一跑。他笑起来了,以前不是一个人跑,要结队呀,你住下去会懂的。于是我送他回龙泉去了。

这个高山密林人稀之区,怪不得烧窑吃柴,是个好地方。我有机会,看到好些人,用银子镶好的虎爪,挂为装饰。也看到老猎户,采药煎膏,一箭射死大虎,吃了虎肉。傍晚跟猎户取四支竹片,在山边找一块平石板,天亮了,一只压死了的斤把重的大鼠可取来做菜了。也看到肚子痛得滚地的病人,老和尚给他吃只芋艿就病好了。而山上的藤皮,我看好多全可造纸,而我在仙居青岇山顶,采的藤杖,皮可造纸、藤如鹤膝的美丽藤杖,这里,这种藤就

① 中峰寺,应指今福建省南平市松溪县旧县乡古刹中峰寺。(编者注)

没有。相差几百里,植物也不适应了。但有一种称洋桃果的,很好吃,倒是满山都有。苍岭下,满树红得可爱、任你采食的杨梅,这里则一点也没有。而中药中夏枯草之类的草药,倒是有好几十种,满地皆是。

然而,最失望的,我认为古瓯,是有古陶瓷可发现之区,连一点汉代的文化,都不曾遇到。那么,这个大建筑的中峰寺,是在什么经济基础上兴建的呢?问留洋村的老伯伯,他说,浙江生活好一些,这里(指闽北)是一向艰苦的。你看,几十年来,浙江办了几个瓷公司,多倒了。看来,靠山货,出息不好。以前主要靠瓷货。

我所希望从古瓷古釉得到新发现,是失望了,我离了我住过的第四个古寺。

从这个古寺,要走八九十里,到闽北松溪县,如向前走,更艰难,因无旅伴指导,不敢走,只可坐在竹做的筏上,上无盖,下无坐凳,就在竹筏上,看它在浅水滩上,流呀,流呀,两天两夜,流到另一个城市,古代出黑色瓷——天目器的建瓯。

我的中年与四寺,就告一个段落,是的,我的研究与旅行,并未结束。

由此得出经验,研究事物,都是有相互联系的,是在相互之间的边缘发现问题。不可能单一研究什么,向单一范畴进行,是得不到相互启示的。民间流传着的民俗学,正是事物原始史迹的遗留,补文献的不足。由此,我得扩大我的见识。

第二章 玉、宝石到民族特点

中国古代玻璃，如不和玉以及宝石联系起来看，就和研究玻璃不与瓷釉挂上钩一样，摸不着它的头。

玉，在今天来看，不若八分钱一只玻璃茶杯适用，然而，它在几十年前，或者千万年前，起着多大的支配人类文化上、历史上的作用。

一

一般对玉的称呼，大别为西土、南土。南土是南方出土的古玉，凡后来发现古物的地方，在五六十年前，早知道这些地址。再早一点，则张廷济[1]亦早知道有哪些古遗址，以后《俑庐日札》[2]也谈到下溪等地区的地名。良渚、荀山、双桥、安溪、下溪、长明桥、瓶窑[3]，以及远一点的清江浦[4]之类的出土物，他们一见便识。如果中国考古学像埃及学一样发达，则有些问题可早解决一些。

由于家人喜欢研究玉石上的古代文字，我的幼年就有对这方面的接触。杭州城站附近有个叫梅花碑的地区，同南京夫子庙、广州文德路一样，有无数的古玩铺。梅花碑的铺子，有些发达了，有些便保守秘密了。如有个叫杨培森的，原也很穷，其后将重要资料，便秘密起来。

有一些身背箱子，手托一玻璃盘的，上面挂些眼镜、妇女首饰，既开小铺子，又走江湖。一位叫南阿毛，一位叫汪长寿，我和他们多年往来，他们把出土的秘密，甚至远在淮河地区的秘密，也私下同我谈了。

这个姓杨的，最怕我这样的人。我采到资料，

---

[1] 张廷济（1768—1848），浙江嘉兴新篁人，清代金石学家、书法家。（编者注）

[2] 《俑庐日札》是罗振玉成名前之作，以叙事的形式记录他收藏经历中之所见所闻。（编者注）

[3] 罗振玉（1866—1940），祖籍浙江省上虞县，生于江苏省淮安市，近代著名金石学家、考古学家。1936年发现的良渚文化遗址，是今浙江省杭州市余杭区良渚、瓶窑、安溪三镇之间许多遗址的总称。目前良渚文化遗址中心所在地为瓶窑镇。荀山位于良渚街道北部，山上有多处良渚文化时期遗址点。安溪、下溪今属良渚镇安溪村。（编者注）

[4] 清江浦，古地名，今属江苏省淮安市清江浦区，起源可追溯至春秋时代，于1415年开埠，明清时期是京杭大运河沿线享有盛誉的、繁荣的交通枢纽、漕粮储地和商业城市。（编者注）

明知有问题，其玉红润可爱，我当着各色顾客之前，把玉在盐酸中一泡，一缕青烟，把所有古气红润全消除了。有些极古玉块，也有红块，我的朋友南阿毛，劝我不能泡，因为南方出土古玉，出来时，如烧的石灰一般，是几百年的人功抚摸，才有红块，这就是张廷济等说的，由受子等"盘"出了玉润。这是上百年的工程。

然而，我所要知道的，是古代的玉，实质是什么？这样，我把最古的、厚而朴无纹而带酱红色的大玉璧，同南阿毛到制玉作坊去，把它一圈一圈旋出了几个玉环。这是汪长寿、南阿毛为我在古玉中选出来，外表酱红色，而内部尚未变质的一块标准的最古的璞玉——他们从形式、出土深度、重量及外表上的星点（即发亮的玉质），认为是最古的了。到切开之后，我看出了内部却是深绿青色的质地。它和战国秦汉，玉块无瑕、嫩绿半透明、器薄、雕镂精美者，完全是两种质地。由此，使我理解到，嘉兴、杭州、湖州一带，在古代，早已成为重要居住区。因为下溪等地的玉块小，在地下烧成了石灰状，而重大之物，却保存了实质。许多学者，把这些地区，只敢推到战国的越文化，谈到这些地区的新石器，便难言了。

二

徐天许①在衢中教书，有一次他请我去作客。那时，他们住在石梁②，石梁山上，我们拾到化石，有龙的脊骨，可做我们坐的圆凳。暑天山溪，坐在龙骨化石圆凳上饮泉纳凉，这简直不是一般人所能想象的。

① 徐天许（1898—1994），浙江省金华市浦江县人，画家，从事美术创作、教学四十余年。（编者注）

② 石梁，应指今浙江省衢州市石梁镇。（编者注）

第二章 玉、宝石到民族特点

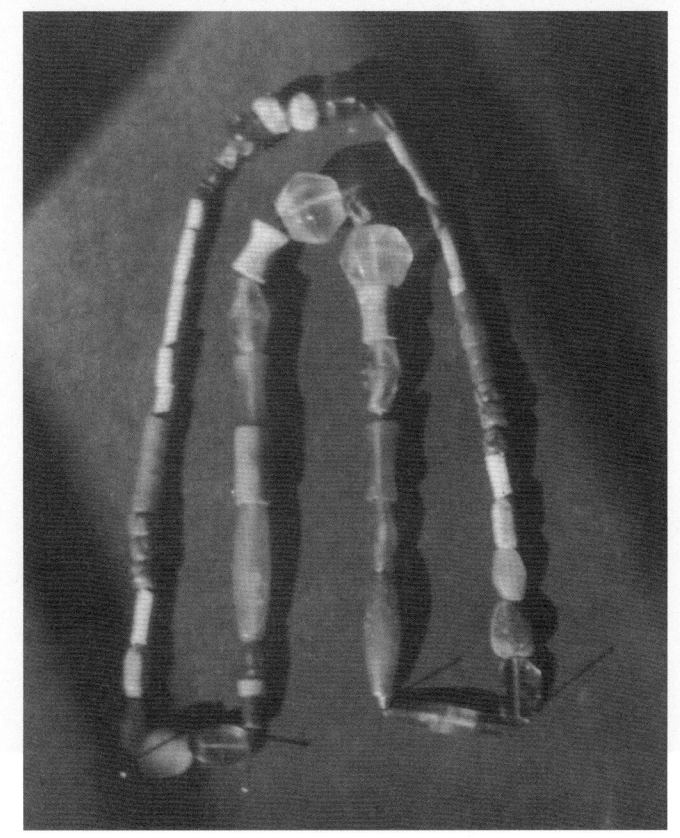

图1 古代各种物质制成的珠，混合串成。内有玛瑙、水晶、玉、石、琥珀，以及不知名之玉石。视其形式，可知其复杂情况

问阿毛，为什么玩玉的人这么多，是有钱的遗老么？他说：不一定，这个习惯很久了，女的有玉首饰、手镯，男的有挂件。辛亥（1911）之后，旗人改姓换名，卖出的西土好玉很多，这风气城里有，乡下也有，我一个月下乡一次，换进换出。你要的极古的，实际"多宝串"（各小玉串为挂件）上的小珠小管，倒是顶古的，雕得好看，多是新黄玉，甘肃皮子。那天去玉作坊，不全是这些么，古玉多是青色，白玉大的顶少。吃这个饭，是骗人的多。

我问，老杨处，一盒玻璃烟壶，为什么这样贵。他说，这是皇帝赐旗人的，镶的多是宝石、翡翠，怎么不贵。但我不收，没这种吃户（顾客）。

这些安溪、下溪我全去看了。过一时，我住在嘉兴，好友从上海到嘉兴，西到双桥试掘，他是采陶中有几何纹的，结果，什么也没看到。农村的人说，要看土色，瞎掘哪有古董。但却买到一些陶器。

有个老丁，是体育教员，他每次回湖州，就为我带一筐子来，全是出土的，我要的玻璃，古代的，却一点也没有。古代玻璃研究，题目太别扭了，资料难，我就灰心了，而陶瓷却是最容易的。澉浦、乍浦、嘉兴四乡，古陶瓷可多极了，对古代文化研究有帮助，而古玉件，价高而少，实际我还不是顶懂。

考古学，要从书本学，是学不通的，非得亲自手中看到它的实质。在姓杨处的美丽色的古玉，不一定有历史价值，而阿毛说的这种串的玉珠玉勒，却是可靠。结论是，即使南方古玉已成石灰质，或由盘而成黄润，而古代玉质，大都是苍玉、青玉，白玉极少，汉后较多。

玉贵在青，在古代，可成定论。

好玉，既不单是遗老遗少，在民俗来说，传统地认为可贵，可以保身，生命同坚，故葬玉、璧玉均向羡道，而面部则向璧，有引导之意，有璧殉葬，即可如木乃伊一样长存（后详）。

而最大关系，是民俗学的。传统地对于玉之坚、色泽、光润，有一个很深的观念，这个观念，影响各种工艺，如陶瓷、釉色、服饰等，成了民族色彩。釉色中的雨过天青、绿瓷、翠等诗词的赞美，即是民族色，非下意识的自然的流露。中国成了青瓷的古国，越、汝、钧秘色，修内司、大邑、瓯、龙泉等[①]，可全部归纳为古代青瓷制作。并非越、钧、大邑、龙泉不会造其他色彩，而实际唐宋窑、五彩釉早已具备这种条件，然而民族色彩的要求，是色青如玉，温润肥糯。如果不明了这一点，不能理解玉，不能理解中国青瓷。

单重文献，不理解民俗学，也永远不会理解古代工艺的产生以及生产。

---

① 越窑，古代南方的著名青瓷窑，窑址主要在今浙江省。汝窑，宋代五大名窑之首，窑址在今河南省宝丰县，以玛瑙为釉，色泽独特，独树一帜，历来被称为"国之瑰宝"。钧窑，宋代五大名窑之一，修内司窑，宋代五大名窑之一，也称南宋官窑，是宋室南迁后在杭州另立的新窑。大邑窑，在今四川大邑，为唐代四川白瓷产地，但窑址至今未发现，也无此窑白瓷出土。瓯窑，地处浙江南部，窑址主要分布在以温州为中心的永嘉、乐清一带，历史悠久。龙泉，宋代六大窑系之一，主要产区在浙江省龙泉市，开创于三国两晋，结束于清代，是中国制瓷历史最长的一个瓷窑系。（编者注）

三

当武王伐商，俘得了商人的宝玉一万四千点，佩玉一亿八万点。① 有人认为这是石贝货币，但我所看到的殷墟，有骨贝。贝，可当货币。而贝，就名之曰贝，原文多是"赏贝十朋"。当然，殷人玉石难分，有些是石工具。石工具也可挂在身上为饰物。

北方的殷周民族以玉为宝，这个时代，在中国有多少民族酋长呢？我们认为，整个平原上，多是有人生活着，南方出土古玉之多，也不亚于北方。如淮河流域，出土古玉，比北方的精美；吴兴、绍兴等地，在古代，早已出土过古玉件。②

但古代没有玉字。殷代的玉字，是以火烧山的旺火之象。直到后代，才有珏字，它是说明古人服装好坏不顶重要，可是身上颈上，挂了几大串玉石之类的饰物，比服装重要得多。如挂的是贝壳，则成为朋字。

那么中国古代无玉字，能不能说玉字是外来语，玉是外国货？

中国到处有玉，人人佩玉，因而没有产生如此荒唐言论的前提。至于地下发掘出来的古玉，则仅仅是极小的一部分，而被保存的，则是更少了。殷墟发掘，还未出过一册完美的图录③，全部精力用在将甲骨文字掌握在自己手中进行考释。我们只能在几本特殊的书本及各地看到一些些儿。

在广州惠吉西路，一件一件作比较研究时，第一清楚了古代玉的色彩，从深绿到嫩绿，绝大多数是Ⅶc4'1色④，这就是中国历代瓷器重青釉

① 据王念孙《读书杂志》《逸周书·世俘篇》："凡武王俘商得旧宝玉万四千，佩玉亿有八万"，这可能大部分是石兵。

② 《演繁露》："绍兴十三四年间，或于会稽禹庙三清殿前发地得瘗玉……其一苍璧也……其二苍璋也……又有一物，体圆如璧，而旁出两角。"

③ 董作宾《新获卜辞写本》后记："同时出土之古器物，有骨制器、蚌制器、玉器、石器……其时代及与甲骨之关系，皆待考订。"

④ 中国科学院色谱，色号，精确表征色彩的波长、饱和度等参数。在无法说明色彩时，以下均引用此书。此色彩类别虽不够用，但只有此一种。

图 2

图2 金冠。正面。朝鲜庆州在金铃塚发掘物。庆州为古新罗旧都。宝冠上饰物颇多。与之伴出之茄子形玻璃珠,小圆珠颇多。时代在中国汉末到六朝时代,约在1500年前

① 定窑,宋代六大窑系之一,即吉州窑,江南地区一座举世闻名的综合性瓷窑,产地在今江西吉安。枢府,即枢府瓷,系元代军事机关枢密院在景德镇订烧的卵白瓷釉。景德镇,举世闻名的中国瓷都,自元代烧到明初。(编者注)

② 陈大年(1882—1969),原籍广东南海,世居广州。古玉鉴藏大家。1936年曾应叶恭绰邀请,在上海博物馆举行古玉展览。1953年任广州市文史研究馆首任馆长。(编者注)

③ 计有《古玉石器说明》《陈大年藏玉展览说明书》《陈大年展览古玉器说明书》《陈大年展览石器玉器演进说明书》《中国古玉之研究》。

的民族对色彩感情的基本根源。特别是那二百件大玉璧的色彩的标准色,嫩色之外,则为白色,这也就是定窑、吉州、枢府及景德镇①的标准白瓷的根源。

玉的纹样,比铜器更具民族特点,也可说是标准纹饰。关于谷纹,一个圆粒、一线拉出如芽,我始终不理解,这是从什么演变而来。在陈大年②先生大量的资料中,有大量的圆粒纹,又有谷芽状,此圆粒圆如半珠凸出,其光圆程度,使人无法想象在古代能磨半圆粒到如此整齐光圆程度。其中一璧,圆粒凸出璧面,达半厘米,粒粒圆浑,润滑无匹,说明雕出芽状是原始型,半圆粒状是进一步的精细雕工,也是这样纹饰的顶峰。古人称谷纹,楚人读谷为乳,二者同音,故亦可称乳纹,这才是原始名。乳纹在玉的纹样上,占最普遍地位,也是最高地位,无论圭璧、剑饰、佩件,均可使用,是原始的,认为人之初生繁育的崇拜对象。

陈大年先生研究古玉一生,约有几千件,失而复得,拓好图谱,还未付印。约1937年开过展览会,以后有说明书写成③,都寄与我看了。我对陈先生说,这些玉,有缺环。一无殷代及初期仪仗上的戈戚玉件;二无大型玉瓮玉杯用具;三无细小到被人忽视的珠状佩玉,而珠状佩玉,应是最大量最普遍的民间民俗器,又是我研究的一个关键;四无宝石。陈先生听了,叹了一口气。其中原因又大又深刻,我也只好报之以喟然而已。陈先生的直率,至今我常梦寐中思念他。

第三章 玻璃的祖母釉

图3 富阳亭山下发现之石器孔圆心。从其形制看,为金属器轮制两面旋切而成。此种石器孔圆心之发现,当为石器制作地

一

在杭州西湖之滨,那个时候,有家大茶室,喜雨台。在这茶室中,靠南的一室,全是玩古董的人。1932年间,在古玩市上出现了一些黄青釉的破碎片,谁也不认识是什么窑,但器形很古朴。这时我年纪轻,好奇,听说出在富阳,我就去访问,实际上是好游。

小轮船在黄泥沙上岸,走15里,到大源镇,镇上有个姓王的,掘了不少古物出卖,他告诉我一些出古玩的地点。有个叫阿金和尚的,请他吃了斤黄酒,他就伴我去这些荒山了。

出大源镇,镇口三座大坟,看外形的砖,就近似汉墓。这位酒客伴我从大源到太平村的一路上,都是从最高的亭山上洪水冲下来的小石块荒地,一路走了十多里,没有看到一个坑穴,但在桑树地上,拾到半块石斧破片,一个石器孔的圆心(图3)。

图4　原始青瓷。器形与数十年前高阳出土者同式

当地人告诉我，要寻古董，要往山上跑。大约走到半山，是个古庙，称为白龙庵，只一个老人住着，他说四周全有人掘过，没一点好东西。前面有条沟，还开着，我去一看，不像墓道，只一米大小，全是粗石块叠成，有些被人把盖开了，可以看出是排水之用，但没墓穴。

庙中老人桌底下有不少黄青陶瓷器，他送了我多个。三四十年来，全部资料失了，但与现在新出土的釉陶，完全同一系统，与图4同形。但它有个特点，底内多有手塑的弦纹，有的竟旋到底穿孔，成为一个洞。

我上山看看形势，山尖火烧一片，全是石粒。山高，东望可看到杭州附近，西看可看到新城桐庐之间，《富春大岭图》①就在它的对面，富阳县城，像一脚可以跨了过去。这是一个军事瞭望之地，因此，这条沟可能是堡的排水之用（因往上行50

① 即中国元代画家黄公望（字子久）所绘《富春大岭图》。（编者注）

里,即天子岗,传称孙权家族的墓)。

亭山白龙庵下,闻今已成水库。而这种古釉陶瓷器,实际上,富阳江南北两地多有出土,只是无人留心,富阳没有这种好学的人。而杭州喜雨台茶店中有不少玩古董的人,当时陈万里[1]还组织了一个研究瓷器的青社,由于这些人,却传下这种故事、考古的线索,得到有所发现、保存、记录的史料。现在这种古釉陶的发现,却成了件大事。这种事情的得失,谁来评定呢?

陈万里在《中国青瓷史略》中,谈到传闻的富阳窑,遗址未发现。富阳附近出土颇多,器物内部及底部多是弦纹、平底,釉色的青极薄,以微微一点青而带黄色,这是很少人注意到的、在浙江所烧造的极早期的青釉器之一。他在《瓷器与浙江》一书中,又谈到在绍兴看到编钟之类所谓吹釉的古瓷。到柯桥去调查王蟒洞,因为这个洞出过自来以为富阳窑的器皿五件。他在《文物参考资料》著文说:"尤其是富阳窑的烧造,当在西汉时代……更需要进一步的了解。"[2]

这是中国古代釉器最早发现的一些情形。当时没有人进一步研究,四五十年来浙江对这一方面,缺乏一定程度的知识和对它的重要性的认识,故即有发现,也无收集报道。陈氏谓富阳窑,窑可能不在富阳,但发现一定有。我在富阳鹳山左右,根据《苏东坡集》中谈到这些地区有无数道观,而黄子久《富春大岭图》,大岭头即在鹳山之东数里,黄子久就是这些道观中的一个游方道士——我从这一线索,探索了这一带的文化。现存着无数的古墓,鹳山后花坞附近,当时多被掘过。闻前两年为黄天坂开了一道"北渠",开此

---

[1] 陈万里(1892—1969),中国近代享誉世界的陶瓷专家,故宫博物院研究员。下文提到的陈万里先生专著《瓷器与浙江》出版于1946年,《中国青瓷史略》出版于1956年。(编者注)

[2] 《文物参考资料》1954年5期,37页。

北渠时，却发现了无数古墓古物，但目前还未看到记录。

二

原始青瓷，近来报告中有称釉陶、有称釉瓷、有称黄釉，有的专家还用科学根据，看到黄釉云是铁质。有一次，我有目疾，学生为我采到碎片，但云是否古代看不准，因为釉面是黄色。我说，用热水泡一下吧！我鼻子一嗅，气味是南方出土。再一块用稀盐酸浸，一块用过氧化氢溶液洗。过了一天，他们说釉厚的部分是玻璃般的青色，其后逐步漂白，胎色釉色的黄，渐渐地淡了。因为它是高岭土瓷胎，故定名原始青瓷。

几何纹器，有的称印纹硬陶，而同一书中，又称几何印纹陶。这是以有几何纹制器拍子拍出各种花纹为特征，而且大部分是紫色胎，故定名几何纹器。

原始青瓷最早发现在富阳。陈万里写在书上，但不愿多讲。时间过了40年，为什么没人注意，没人讲？这问题倒落在科学专家身上。科学专家保险数字定得高，他们口口声声，中国在唐代发明了真正的瓷器，如果说乾隆窑才是真正瓷器，那更保险，即他们死后千年也不会有人批评。专家顶怕批评，顶爱面子，当然顶会拖后腿。

在1949年前，我编了《中国瓷器的发明》一书，文字部分没有印，因我没去投稿。图片及说明，由我的朋友秦先生去付印了，他没通知我，加"绍兴瓷器研究"等副题，实际不单是绍兴出土的。我玩了一二十年，跑了九省，提出这个发

第三章 玻璃的祖母釉

图5 紫砂胎箆纹尊。上有点滴状薄釉,已土蚀。近似蒲纹、竹片纹。上部以手用水摸成光圆。属江南文化型。此种几何纹器,有为紫砂胎,有为灰白胎,外表不能肯定,剖开后即为今之宜兴紫砂胎、宋代之修内司胎。火度高,属瓷器发展的过渡时代原始作品

明的过程。

有一次周仁①由他儿子扶着来我的陋室闲话,他说,上海集中陶瓷专家开了个会,我把你提出的瓷器发明过程四个系统提了出来,可他们没有反应。但我也没提到你的名字。

实际上他自己和我老朋友,时常瞎谈山海经,但他对此也不发表意见,因为他是科学专家,中国科学院陶瓷研究所所长,官也不小了,说话是要算数的。所以他什么多可谈,就是要算数的话,守口如瓶。我说天下哪有绝对的事,你高寿?他说:82岁了。我说:不一定靠得住,钟表店挂的百把只钟,没一只相同的。他说:听无线电的一只可靠!我说:你若把指针引长又引长?他笑起来了,你在搞爱因斯坦。我也笑了说:玩儿不当正经,做

① 周仁(1892—1973),江苏南京人,冶金学家、陶瓷学家,原中央研究院院士,中国科学院学部委员(院士)。(编者注)

1

2

3

图6 1—6 原始青瓷。本图与图4（42页）、图9（53页）所示原始青瓷，器形特殊，无法定名。这是中国南方某一地区一种特有的风格，虽若干形式与中原地区器物同类型，但仍以地方性为主。一、为〰形单数（三只）装饰；二、为内外弦纹；三、为白灰色瓷质胎，器为青釉，釉不匀，成为泪状；四、这八件均在中国南方采集，与屯溪出土周初瓷同类型

4 内外有青釉，黄蚀或黄青色。胎灰白色，半手塑，半轮制。厚薄不匀

人才舒服,如同观音菩萨、孔夫子坐谈,就连放个屁也不自由了。

这种原始青瓷,这些年来,实际上各地出土的,为数不少。下面将一些目睹的情况写出来。

三

原始青瓷独立成一系统,与陈万里所谓吹釉之类,完全不能混合。其釉色,由于土蚀,从青绿色受黄土侵入,表面呈黄色,釉厚处成Ib77号色,俗称鸭屎绿。里外有釉,厚薄不匀。辘轳与手塑加工,以弦纹为主,附〜形三只为装饰物。偶有划纹、点纹。无大件器,一般在径10厘米左右。这些特点,成为原始青瓷的特征(图6)。

上述富阳地区有出土以后,在无锡发现了四

件，原放在惠山公园，台阶上最后几间平房内，据云是在无锡到太湖边的公路边发现。在未到梅园的路旁，有些在建房屋的泥土中，各色各样的陶片颇多，但找不到较大的。

嘉定的旧文庙，柏树可真大，姿态好，一排五六株，近年渐渐地死了。在一间平屋中放着四件原始青瓷的短足豆，据云是在外冈一座古墓中掘得，原有很多破的全丢了。到外冈去一看，墓不大，半个已填去，碎片不少。从外冈到太仓，有些古墓，外形如土城，故称冈。上海人，看到高的土丘便以为是山岗了，略有二三条，故称外冈。

昔年在苏州文物商店柜底下放着二件原始青瓷，一件豆形，一件钵形，土湿未干。我要知道从什么地方收来。他们推说新收物品不值钱，价目也未定，不能谈，可下午来。到下午又去，他们藏到楼上红木柜内，一问三不知。我与搞古董的人打交道五十多年，他们的方法，就是摸你的底。后来托我亲密学生张慰人，以本地人熟些，去了解出土地址。他们说上海人看过了，东西已不在，下文不谈。把东西藏了起来。过了十年，今年春，学生告诉我，颐园对面，弄个小店，只陈列给外宾看，这二件东西幸好还陈列在当中，真是万幸啊！

1966年在青浦崧泽①，发现了地层复杂年代较古的遗址。有黑色外表的陶器，新石器时代的石器，其间也发现了原始青瓷，小浅盘形，有⌣形装饰，与屯溪型的釉、胎均同一质地。淀山湖几年来已发现了几十件石器，整个地域的文化层，还未有人整理。在古代淀山湖和太湖是相通的。这件原

① 青浦崧泽考古发现新石器时代文化遗址，距今4900—5800年。这一类型文化分布范围大致为长江以南、钱塘江以北，太湖以东，由此命名为崧泽文化。（编者注）

始青瓷,上海的专家定为公元前770年。

青浦孔宅发现一件直口罐,色白,可能在水中发现,胎细薄,时代较上一器为晚。

上海马桥,也有一个极早期遗址,与上文嘉定外冈相联缀,即高阜似断似续。除新石器时代遗物外,在金星大队,也发现了一件极小原始青瓷,似盏形,釉青白,胎薄,可能时代要晚一些。

那一年,我到鼎山、蜀山①去查古窑,偶然遇到刘汝礼②也在紫砂厂,我去游山,刘汝礼和紫砂厂做紫砂壶的顾景舟③也跟了去。我脚健,登山过岭,柴草丛中乱钻,拾碎片,编号。也没中饭吃,我茶叶蛋、牛肉干,红茶一大瓶,家中备了去,生活蛮好。可是大热天,又不走大路,到天黑才踱回来,他们连声叫苦,回厂去了。

我晚上写笔记,第二天一清早又上山去了,发现了所谓越窑青瓷的窑基两处,又在窑基对面土上,看几百人在削平一座小山,我拾了无数碎片。老师傅说到我们寝室去看,多着咧。果然满地多是,内中也有原始青瓷,可惜破了点。我写了个记录,《文物》编者把窑基部分刊了,土山发现的情况这段删了。

刘汝礼听到我发现窑基,也去看了,写了一篇给《文物》并报告了南京单位。过了一年,南京单位也去查了,写了大文章发议论,明明窑具满地,却说这不是窑,南京六朝青瓷可能是别处运入。《新中国的考古收获》大著述编印,就以这篇宜兴发现六朝青瓷窑址为依据。④

富春江发电站已发现在东汉已有这种青瓷。《洛阳出土文物选集》第一辑说明中,谈到出土过越窑青瓷罐,是汉献帝初平元年(190)的纪

---

① 鼎山、蜀山,原为鼎山镇、蜀山镇,是明代宜兴陶器的主要产地,今属宜兴市丁蜀镇。后文「鼎蜀山」亦指这一带。(编者注)

② 应指当时南京艺术学院美术系刘汝礼教授,他有《宜兴紫砂文化史》等著作。(编者注)

③ 顾景舟,宜兴著名紫砂壶艺人,工艺师。(编者注)

④ 《新中国的考古收获》(1961)"129页,注释294条。

图7 六朝青瓷器熏炉。江苏宜兴西晋周处墓出土

年器物。而各地有三国年代的，更不用说了。编者怎么会知道这是六朝时代？写者如再去读一读，便会觉得这些议论多别扭。

最遗憾的，我所设想原始青瓷至今未发现的产地，绍兴附近是个值得注意的地方，而宜兴在削平一个土山时发现了如此多窑口不明的陶瓷器的这个线索，文字被切去了。从地理上看，沿太湖到湖州、歙县、屯溪、景德镇一条线上，可能是古代窑产区，这对人有多大的启发。特别是新石器时代几何纹器的紫砂胎原料，鼎蜀山是长江以南最丰富之地。不能认为鼎蜀山是士大夫紫砂壶的圣地，应设想它是古陶瓷的原始产区。

我炎阳下孤行山谷，采集像岩石一般的紫砂原料，以及不知名的碎片，在我来说，是颇有深意的。何况无锡惠山下的发现、周处墓各器的发现、湖州钱山漾①的发现、屯溪的发现、皖南瓷土的发现，说来相比之下，景德镇仅是一个小伙子罢了。为此，我对土山露营中的原始青瓷碎块，寄予很大的期望。我反复研究了这一地区的地理和地质资料以及标本。过后一直在注意它的新发现。

非常有趣的是，就我30年来在手边渐渐存有的原始青瓷标本二三十件，类型、吸水程度、制作手法、用途等，晨昏琢磨，得到了明确的概念。虽然有被无知者糟蹋了些，幸好我白发苍苍仍然保持着研究的青春，与中国古代玻璃发明的祖母，成了相当娴熟的近邻。

四

下面看一下已发现原始青瓷的文字记录。这些记录有的称釉陶，有的不称釉陶。有的虽称釉陶，从类型、制作手法看，不是本书所指的原始青瓷，故应有所区别。例如《辉县发掘报告》将汉代陶明器也混称釉陶②，这名称可真混乱啊！

南方原始青瓷的发现情况：

江苏丹徒烟墩山③发现的西周墓，据铜器铭文，定为成王时代，约为公元前11世纪，其中附出了原始青瓷豆形一件，又原始青瓷"碗"一件（实际上近长沙漆盘）。碗这一类型，最早在汉墓中有极少发现，我保存一件，是用器，故这个"碗"字，决不是我们对碗的概念的碗。因为原始青瓷的造型，很新颖，形式多样，很难定名，这是要特别注意的。这墓出土铜器群，特别是宜侯夨簋有铭文的一件重要铜器中，杂入原始青瓷殉葬，就大可研究了。④

---

① 钱山漾，遗址位于今浙江省湖州市吴兴区，距今4700多年的钱山漾文化，也是良渚文化的一部分。此处出土大量石器、陶器。（编者注）

② 《辉县发掘报告》（1956），140页。

③ 烟墩山，今属江苏省镇江市镇江新区大港街道，山顶有西周时期吴国的第四位诸侯王周章的土墩墓，该墓出土国宝级文物宜侯夨簋。（编者注）

④ 《五省出土重要文物展览图录》（1958）。

图 8　原始青瓷，西周釉陶尊。灰白色胎，青釉，有黄土锈，近红色，釉不匀。安徽屯溪一号墓出土

山东益都苏埠屯①2号墓出土原始青瓷，豆形，高7.7厘米，口径12.4厘米，定名"青釉瓷豆"，时代商。有几何纹器罐伴出，其纹为麻皮纹状。②

1959年安徽屯溪发现二座西周墓，铜器中有仿几何纹器的形式，同时也发现了几何纹器砂胎的罐（原著称硬陶），其中原始瓷器（图8、图9）共出土了71件。黄绿釉器，内部有釉，外部不到底。灰青色釉器，内部全部有釉，说明全体挂釉，必有丁状窑具。③据《新中国的考古收获》著者研究，认为质地、化学成分与北方不同，与南方早期越地区青瓷非常接近。这一批原始青瓷，造型类别扩大，烧造比较进步，而且大量殉葬。可惜原书图版印成红色，比当时黄泥中掘出土湿未干时还要红。

① 今属山东青州苏埠村，出土商代晚期墓群。（编者注）
② 《文化大革命期间出土文物》第一辑（1972）122页。
③ 《考古学报》1959年4期，《安徽屯溪西周墓葬发掘报告》。

图9 俯视之内部。下为整器形。胎与左页器同，釉色略浅

新安江水库初步试查，在淳安富德村，发现紫红胎几何纹器，同时也发现灰白胎的有釉器，器内有弦纹，底平，当亦是原始青瓷。从碎片上看，无整器，当时希望它有继续发掘。①

长沙出土有青釉螭梁壶，引自郭仁一文，未见原始报告。②

在无锡华利湾，清理一古墓，是原始青瓷与几何纹器同出。这一墓是很典型的。几何纹器褐色胎，刻纹，平底，约30件。原始青瓷，豆形成大小套，圈足，弦纹三道，茶绿色釉。尊形一件，高15.9厘米，釉色同上，周身弦纹。③编者认为与所出汉墓几何纹器，质、纹皆不相同。

山东苍山1963年出土青铜器，从铜器铭文、纹饰看，可定为商代。④其中发现一件，与屯溪型

① 《文物参考资料》1958年10期，46页。
② 《文物参考资料》1959年6期。
③ 《文物参考资料》1956年12期，48页。
④ 《文物》1965年7期。

原始瓷器完全相同，出土时放在一铜殷上。高 19 厘米，手塑制成，以三块坯合成，小口，圈足，胎黑色，釉在全表面及沿内，质坚硬，叩之有声，不吸水，全身印有方形回纹。故原始青瓷实同几何纹器同一系统。因胎为炻质，釉用黑青色。同时出土白陶、骨箭头。当时制釉，已有几种。

北方原始青瓷的发现情况：

1936 年春，河南小屯殷墟，第 13 次发掘，发现了一些有釉碎片。在 107 号窖中，发现了一件原始青瓷的豆，高 90 厘米，外径 140.5 厘米，内缘径 134 厘米，底径 8 厘米。厚度不等，平均约 8 厘米。它的形式，是标准的原始青瓷，而且同白陶豆同式。据当时研究者推论，是 C 区版筑层下深窖中发现，质料釉子较诸从前所发现的带釉陶片，更为进步，简直酷类瓷器。① 这是商代原始青瓷较完整的记录。而第 10 次、第 12 次侯家庄西北冈等地的发掘，发现带釉罍等，多与龟甲同出，说明其数量与时代，是小屯文化。

殷代已使用了釉，发现物亦非常多，由于当时尚未注意到它的重要性，记录就不够完整。早在 1929 年秋季发掘殷墟时，在小屯发现甲骨白陶，已伴出了有釉的碎片。②

1931 年，发掘 E16 号坑，在 4 米以下，龟甲外，有白陶、带釉陶片，时间可早到祖甲时代。③ 即公元前 1258 年。

1934 年，安阳侯家庄发掘中，第一层、第三层无釉陶，在第二层发现了釉陶，这第二层是第五期帝乙、帝辛时代的堆积。④ 即公元前 1191 年间的遗物。

在商代有釉的利用，从上述各点，可以知其大

① 《中国考古学报》第二册（1947）"殷墟最近之重要发现，附论小屯地层"，46 页、47 页。
② 《安阳发掘报告》第 2 期（1930）"民国十八年秋季发掘殷墟之经过及其重要发现"。
③ 《中国考古学报》第四册（1949）"殷墟文字甲篇目序"。
④ 《中国考古学报》第一册（1936）"安阳侯家庄出土之甲骨文字"。

略。下面可再看一看，在北方，到周代发展到怎样程度。

陕西西安斗门镇西周墓发掘中，发现了铜器群，其中长由盉的铭文上，考证为周穆王时代，约为公元前 10 世纪。其伴出物中，有陶器，却发现了原始青瓷的豆。[1]

长安张家坡发掘中，出土的与屯溪原始青瓷同类的豆形碎片，经研究，烧成温度达 1200℃左右，吸水性极少。

洛阳西周墓中，也有与上同类型的碎片。[2]《洛阳出土文物选集》这一小书中，却印了二只完整的豆，说是西周遗物，1953 年老城区出土。形式与屯溪型完全相同。

《文物》1959 年 6 期郭仁一文，引有河北石家庄周代遗址中，发现了带釉碎片。说明了周代釉的利用，已很普遍。

《文化大革命期间出土文物》，印有青釉瓷罍，时代西周，洛阳出土，肩有三角纹，二耳二钮，这真是件伟大作品，不是屯溪型的"小八辣子"。看到这件青釉，使我增加了信心。

五

原始青瓷，在南方不断有所发展，釉薄而匀，胎薄而整齐。

如香港附近岛屿中，有带青绿色各种器物，其豆形已有变化。[3]

绍兴漓渚的墓葬中，发现了一百余件铜器，虽其上仍有⌒纹装饰，但器形已大有发展，鼎、盘、盉、镰等皆有仿制。[4] 这种已在发展过程中的器物，所

[1]《五省出土重要文物展览图录》(1958)。《科学通报》1959 年 21 期，称西安普渡村西周墓发现。
[2]《新中国的考古收获》(1961)。
[3]《考古学报》1957 年 4 期，《香港考古发掘》。
[4]《考古学报》1957 年 1 期，《绍兴漓渚的汉墓》。

见何止千百件，而与原始青瓷，应有区别。

无锡荣巷漳山遗址，亦有所发现。三十余件几何纹器中，杂有青釉尊及豆，但制作整齐。①

吴县五峰山等东周遗址，所发现者，则介于发展之间。②

浙江萧山浦阳江边、茅湾里、四州村、马面山，发现四个古窑基，有大量的几何纹器，又有白胎有釉器，可能是同窑烧造，同时发现大量各色釉渣、釉块。③这窑基的发现，是非常重要的，它介于几何纹器和釉器的发展过程中，且有大量各色釉渣，是有几何纹器又有原始瓷器。这是第一次发现最古的窑基，是很重要的史料。可惜当时调查不详，举例不典型。

六

几何纹器是个比较复杂的问题，听说有专家当初认为几何纹器是南方文化的主体，后来又改变此论，如何说法，却不知道。也有人写了一册《华东新石器时代遗址》，封面印了几何纹器，内容对几何纹器说不明白。新石器时代不用长江分界，基本分区上，特点就不明不白。他只可在结论中说："仰韶与龙山文化曾南下深入东南地区……而仍以几何印纹硬陶地方文化为主体。"

看过高山族一位老妈妈做陶器。口径大小一只手可以伸入，在一块平石上，一只手在器内，一只手在器外，竹篮内有各种拍子，外面的手就使用拍子拍器形，最后拍成有规则的纹，加上三条蛇的印纹。因此内部厚薄不匀，平底。

几何纹器也是这样发展。到现在，宜兴造缸，

① 《新获卜辞写本》第三五八片。
② 同上。
③ 《考古通讯》1957年2期。《考古学报》1957年4期。

绍兴造酒坛，丽水造坛钵，仍用拍子，最后出条纹。问他们，拍子上为什么要有条纹？原来拍拍子，要将泥贴住，有条子倒反而脱开时轻松。为什么几何纹器均为大口，而无明青花的小口瓶？原来是一只手要在器内工作。明青花小口瓶，还分二段接成，清人就有办法，不用二段接了。发展的规律是有的，就是没有人去弄通它。

几何纹器有原始的，有的在汉墓里就放在头部，完整的，是一坛水，绍兴人好酒，死了也带去。铜器贵重，有铭文，能看出是商器、周器，甚至在长沙发现的，也可看出是商器。在长沙时，唐裁缝说，长沙出过极古古墓，现在战国汉墓，器物好玩，时行了。他送我一个大鼎，说是西周器，最初我种花，后来丢了，留一拓片。

研究南方文化，你至少要深入到看几何纹器，哪些是新石器时代，哪些是中、晚期，做到像看铜器一样。研究得深，看纹样、大小、器壁平匀、厚薄，能够分别。《华东新石器时代遗址》71页引用梁思永①、裴文中②语，说几何纹器发现在南越王墓，由新石器一直延续到汉代。这几千万年中，毫无变化，是一个样么？那才滑稽。

上书（因为它是集中各报告的精华）云这一地区的印纹陶是属新石器时代，但绝对年代不能肯定，因当时闽、越比中原地区落后得多。梁思永说印纹硬陶首次发现于南越文王墓。这个结论是用含蓄的方法，来说明南方的所谓新石器时代。由于这种结论，使得引用到某一时代时，就毫无办法了。

但云南发现了猿人牙化石，《禽彝》铭文"王伐楚侯"，《令簋》铭文"王伐楚伯在炎"（炎是"成

---

① 梁思永（1904—1954），广东新会人，梁启超次子，中国现代考古学家，近代田野考古学的奠基人之一。（编者注）

② 裴文中（1904—1982），河北丰南人，史前考古学、古生物学家。主持山顶洞人遗址发掘，是北京猿人第一个头盖骨的发现者。1955年被选聘为中国科学院学部委员（院士）。（编者注）

王残奄"奄字释音），卜辞"戊戌卜，又伐芈"①，《史记·楚世家》："芈姓，楚其后也。"从文学绘画、雕刻工艺，南方比北方要高明得多。越人剑的图案字组织比周人的字，那周人是小学四年级，越人是艺术专校程度了。上书所举新石器地点，似比我们亲眼看的还少些。

我特别喜欢万山丛中，一般人迹少到之处。如仙居淋山，发现石器。海丰陆丰，这种狂涛海上，比美土稼种之地，也有石器。江西一些红土不毛之地，也有石器。南方当时居住人类的面相当大，如奄、越、楚等，人民数量不多，文化差，以殷周武力，一脚可以踏碎它。但是殷人的贝龟，从什么地方来？铁和陶瓷是同一个母亲，铁不是南方发明么？因而新石器在南方时代不明，其实龙山、仰韶早到了南方，它们不是标准的新石器文化么？

这个问题没有解决，主要是南方考古学者没劲儿。北方借助于龟壳牛骨头刻上年代告诉了你，说话方便了。南方要靠类型研究、化学鉴定、有计划发掘，这就难倒了秀才。

有一次周仁来闲谈，我说修内司窑、德清窑②、天目器③，是称瓷器么？他笑着说，你又在出难题了，这当然应称瓷器。可是以前城隍庙有个老头，我们老朋友了，我的几何纹器、碎片、整器，外表青灰色，吃不准，他就代我把它切开磨光。我把天目、修内司、老紫砂壶，也切开磨光，原来一个样。我就把这些资料，和他一起做吹水试验，有时我们就这样玩个整天。我还有些学生为我用炉子复烧，有一些土蚀不深，就复原了。紫胎的，比磁州窑之类要硬得多。

① 《新获卜辞写本》第三五八片。

② 德清窑，在今浙江省德清县，故名。窑址在德清县境内已发现几十处，是以青瓷为主而以黑瓷闻名的古窑场。可上溯商周，历经汉、六朝直至唐宋才停烧，影响很大。（编者注）

③ 天目窑遗址群位于浙江省临安市西天目山，属宋至元代遗址。该窑主要烧制青釉、黑釉和青白瓷三种产品，特别是黑釉兔毫盏在日本影响很大。（编者注）

为什么这许多科学家，要称印纹硬陶？印纹二字，文法上与制作时手法不符；硬陶二字，则是不通。我们在鼎蜀山采一块石头一般的紫砂原料，科学家不能为它起个科学点的名字么？瓷胎，大家混称高岭土，实际何止几十种，现在做卫生白瓷的，根本不是高岭土。烧缸的，又是一种羼和的粒状土（不是石沙），我细细一分，弄得毫无办法，称缸胎，不行，称紫砂胎，别人不理解，有时没办法，用日本字，炻胎。

几何纹器这个问题还没解决。例如殷墟出土的几何纹器，我年轻时早发现了，但向他们要一块，却难了。有个工人同我说，你何不早说，发掘时，这些是丢了不管的，可一取回来，编了号，就难了。因而殷墟几何纹器，有人说高岭土胎，我未实际看过。总的来说，有个概念，殷墟几何纹器，有些不同于南方几何纹器。

上海青浦崧泽、嘉定外冈，从这冈延长到马桥，在这些遗址中出土，大型，三高足红陶，那一些怪样子的早期几何纹陶器，才可把几何纹器的原始型找出来。几何纹器地域碎片中的陶器足部，不能称鼎足，那是原始三足几何纹器的残足。这不是什么商代、某代，而是千真万确的新石器时代。它不能称印纹硬陶，因为其中有刻纹。原始的是黄红陶，不是什么硬陶。

为什么谈了这许多几何纹器，因为"印纹硬陶""釉陶"这二个混名，在解决问题时遇到困难。也只可一般地来说，几何纹器早期属新石器时代。时间比原始青瓷要早。

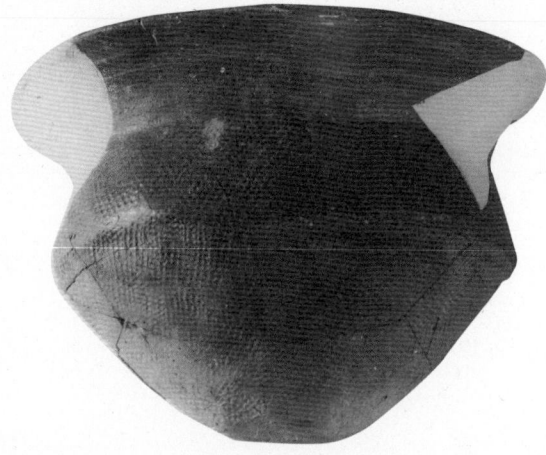

图 10

图 11

七

郑州二里岗发掘中，在 5 区发现了一件几何纹尊（图 10），肩及腹底都印有小方格纹，器表涂有一层黄绿色釉。这是一件较完整器。又发现一残器，肩部印有雷纹，胎青灰色，器表涂有一层淡绿色釉。

与以上同类器，在郑州文物 7 区第 25 号墓葬中，曾发现一尊完整器。这一发现中，尚有若干碎片，质细腻坚强，火候高，高岭土胎。器表印有方格纹、雷纹、条纹等，器表涂有一层很薄的淡绿色或黄绿色釉。模制兼轮制，器表纹饰是打印的。①

商代不但是几何纹器有釉，山东益都苏埠屯第 2 号墓，连进步的青釉瓷豆也出土了（图 11），高 16.4 厘米，口径 14.9 厘米，青色釉，口沿外有凸弦纹两道，如这种瓷器不与铜器伴出，什么专家也不敢定为商代。我是早年已看到过了。

40 年前，在南方研究几何纹碎片，是从奄城开始。奄这地名，在古代，可写一册书，当时也确由志良编了本书②。时至今日，发现了只独木船，编钟、铜尊等十多件。③ 其中有件盂状器，有青釉。南方几何纹碎片集中地出了件有釉器，这是南方古代的有釉器，非常重要。④ 最有趣的，还有件同形尊，几何纹很清楚，留着种花而保存着。

1952 年发掘时，又发现了同上的碎片，一为麻布纹，一为条纹，一为 S 纹，胎灰白色，质细腻，含有石英粒，像是有意羼入，表面挂有一层很薄

图 10　几何纹原始青瓷尊。高 14.4 厘米，口径 23 厘米，腹径 18.4 厘米，壁厚 0.6—1.4 厘米。胎坚硬，内外有釉，不吸水。郑州二里岗殷代遗址 1953 年发掘时发现

图 11　商青釉弦纹尊。白胎，月白带青绿色釉。腰以下有弦纹

① 《郑州二里冈》（1959）"30 页。

② 20 世纪 30 年代，考古学者卫聚贤（1899—1989）带其学生陈志良赴奄考察，后陈志良在《奄城访古记》中曾记载："今常州城南二十里许有奄城遗址，亦作「淹城」。"他们认为淹城是古奄国的领地。（编者注）

③ 1965 年出土于淹城遗址。该遗址位于江苏省常州市武进区，是目前全国保存最完整的春秋地面城池遗址。（编者注）

④ 《文物参考资料》1958 年 11 期，80 页。

的淡绿色釉。①

墓葬器整，容易看清问题，但主要是居住遗址，而器皆不完整。如大辛庄商代遗址②，据勘察时，有细泥硬陶，而有釉碎片，多出在下层，深灰色（外表），质地坚硬，里外敷绿色薄釉，火候甚高，纹饰分细网、翼纹、素面三种。同时出土甲骨，认为接近二里岗遗址，而发现釉陶片为数不少，给研究硬陶片提出了新问题。③

而上述无锡漳山发现的几何纹器，其中有有釉的器物，可能是几何纹器之有釉者，如是确实，那是有釉几何纹器，南方也多次发现了。

湖州钱山漾，40年前我们在水中摸到过很多石器，1956年发掘过二次，石器几千件，几何纹片上有黄褐釉的也有不少。这地点似为古代居住遗址，故全是碎片，整器少。据报告记录，认为是铜石并用时期。

杭州水田畈④发掘，几何纹器而有灰绿釉及黄色者，器形为豆、杯及碗状物。数量相当多，有一些釉下为几何纹。豆形与一般原始瓷器豆同形，伴出物则大部分是几何纹器。

再南方到广东，在中部地区，也出土了原始瓷器的杯状物，伴出物则是石器和几何纹器。⑤早在1957年，珠海华仔石村几何纹器与釉高足杯形物同出，翁源江头山⑥几何纹器与青铜斧同出。⑦

吉林热河及辽宁锦西沙锅屯等地出土新石器，与龙山文化、小屯文化是一个系统，且出土陶器上多划浪纹带釉，其时间似较龙山文化、小屯文化悠远。上文未注明出处，比龙山文化早，则肯定是新石器时代，新石器时代陶器有

---

① 《考古学报》第八册（1954）"一九五二年秋季郑州二里冈发掘记"，83页。
② 大辛庄商代中晚期遗址，位于今山东省济南市。（编者注）
③ 《文物》1959年11期，9页。
④ 水田畈遗址，位于今浙江省杭州市半山街道，属于距今四五千年前的新石器时代文化。（编者注）
⑤ 《考古学报》1960年2期。
⑥ 江头山，位于今广东省韶关市翁源县。（编者注）
⑦ 《文物参考资料》1958年9期，60页。

釉，也未见过发掘报告。观其文字，是成汤建国前的文化，那就是说是公元前 1766 年以前的文化。[①]

我上面谈了这么多，主要是要知道中国什么时代发明了釉，什么时代使用釉。

八

有一次周仁先生说，釉，会不会是自然灰落在上面变成釉，不然为什么釉多在上面一层。这是指陈万里所谓吹釉的东西。

但这些仅是战国或汉代的器物，我手边的有釉錞于、编钟、鼎、提梁盉、匜、权、虎头彝，不可能是件件遇到自然灰恰好落在它身上。而釉的使用比这一些不知要早到千百年前就发现了。

我们熔铜的坩埚，以及砖瓦窑，时间烧得久了，都有一些黑绿色光亮润滑的东西，有的还像山洞中的钟乳状。我看过几百只废窑，差不多年久的，全有这一些鼻涕状的物质，这就是陶土之中杂有成为釉的杂质，年久相互累积、化学成分互相掺合的结果，这是釉的发明的自然现象。这种物质，窑厂称窑汗，亦称窑渣，是石灰质发生反应成玻璃状，黑色，多气孔，质脆，宜兴制釉它成为主要物质。[②]

我问陶瓷研究所，为什么不做大胆设想中的化验工作呢？周先生说，上面没有交下的任务，怎么能做呢？我说，我如有物质基础，我就自己办实验室。周先生笑了，你画图画，倒颇有点像私人实验室，自说自话，什么材料全用上，什么方法都试验，因此，失败、成功的新产品不少，你的脑子太复杂了，晚上睡眠好么？我说一般说来很好，可是有时，我是紫气东来才进被头，深夜好静，若有所悟，就

[①] 吴泽《中国历史大系古代史——殷代奴隶制社会史》（1949）。

[②] 《宜兴陶瓷制造》（1959）", 28 页。

在这个辰光。

釉的发现，可能就是土石在燃烧的工作中得到启发，而逐步发展的，不可能一下子发明了釉。但必然是具备这些自然条件的区域。

原始青瓷，据上述资料，南方八九起，北方七八起，而地区只有三个。冯先铭于1965年做了一个古代窑基的统计，现已发现的魏晋南北朝时期的窑址，都在长江以南，长江以北未发现。南方四个省13个县市区，其中十处在浙江。[①] 这是地区物质条件的一个因素。

据现有资料，原始青瓷都是小件，如图4（42页），其中径6.5厘米。而富阳出土的，与此件同型，底部由于是手塑，旋成了一个孔洞。这说明了不是用器，从豆、尊等形式看，是明器。屯溪出土的，以我手边的资料看，有不少特殊形式，很别致，而且均有◡形附饰，这是有某一个民族的特征的。虽然这种釉，可认为至少是周初或商代，公元前11世纪或更早的遗物。

从产量、发现地域，从河南殷墟、山东、安徽屯溪，如此广大地区使用，那就不是发明时期，而是一定的成熟时期的产品。没有发现日用器，而全部为专用明器，且全部内外有釉，使用了浸釉、荡釉二种方法，虽然不匀，但已是比较有经验的方法。总之不能说是最原始的。

上述资料，发现了几何纹器上的釉。

九

几何纹器有印纹、刻纹、范制成纹等，制法有手塑、半轮制。恩格斯认为："陶器是由于用粘土

① 《文物》1965年9期。

涂编制或木制的容器上,使其能耐火的方法而发生的。"① 由于陶器的发明,是将粘土涂在编制的容器中烧造而成,因此古代陶器,大部分是有植物纤维的编织纹样的。② 所以中国古代陶器中几何纹器,对陶器发明发展来说,是符合规律的。

但起源早,延续期长,必然要根据地层、发现情况、类型,来鉴别其先后。很早以前在殷墟的发现,我不是顶信任,我认为是越人的地方文化,后来认识到各地多可能按这一规律发明这一制作。有人虽然亲自发掘,而多是从一地一墓一区,以孤证论断时代,故有汉代说、战国说、新石器时代说、商代说,而把新石器时代又可拉长几千年。到现在为止,还没有一个作类型比较的深刻的研究者。

例如长沙406号墓,在四米深的填土中,发现石器、几何纹器碎片,与浙江出土者同样花纹。后在烟墩山,确实发现了新石器时代遗址。③

饶惠元④年轻时,告诉我江西发现陶鼎足,我同他谈到深入调查下去,必然发现新石器时代的石器和几何纹器。果不出所料,他在清江发现了。

我的看法是,经过数省长期的深山高岭实地的考察观摩,觉得到了新石器时代,气候适宜,土地地质好,人口、文化必然发展。我抛开了史籍看实际,不能信任这些不用脚走路的文人所云,南方新石器时代比中原落后几十个世纪的说法。

我写到这里,接到洛阳来信云,壬子四月间,在洛阳中州路发现了周代四匹马拉的马车,坑深三四米。使我想到北方地理,适宜骑兵车战,奴隶主为殷周二代,所以控制力大。南方崇山峻岭,酋长各据一地,使经济力集中比北方难,因而大

---

① 恩格斯《家族、私有财产及国家的起源》(1950)。
② 参看《安阳发掘报告》及其他有关绳纹、席纹陶器。
③ 《考古通讯》1956年5期,"长沙发掘报告",67页。
④ 饶惠元(1907—1983),江西省清江县(今樟树市)人。江西考古先驱。(编者注)

型文化遗物少，而人们只凭力之所及创造地方性的文化。

信中又说在洛阳孟津，学生掘薯窖，掘出了司马将军印好几百个。当一个统治者更换时，就有大量的文物埋藏了。经济的控制力量集中，大范围的毁灭，大范围的制作。这就使后人误会断定文化发达。而地方文化，则是每个劳动着的人，仍有他创作的自由，因而范围小，品类多，类型复杂、多样，新创品自由地展开，这就是南方文化的特点。而规格化、大型器，就显得薄弱了。

与石器并出几何纹器，多有先后之分。杭州古荡[①]出了一些半制品，孔中的石圆心，这说明是个居住遗址。石器有打击而成，有用金属器、轮钻圆孔的作品。故是兵器为多，也有些装饰之用。因而几何纹器，也是日用器，有殉葬用，但制作目的是实用。它的特点，口颈低，是将食物加盐用箨包扎，上面加泥封住，可终年不坏，这就是南方人的民间文化。

石器、几何纹器，合在一起出土，问题较明白。在春秋战国，越是制剑闻名全国，而且还是发明铁器的地区。越的联盟楚地，发现商周铜器，那越人用铜不会太迟。石器的漏斗形两面钻孔，可能是石钻，大而直的两旋孔。有石心者，则是金属轮制器，也即金石并用期。从这些来看，几何纹器最早期在商代之前，正是仰韶龙山文化流入南方时期。

上面列入二里岗发现几何纹器而有釉者，计八条，从用途说是民间日用器，当然不可能是殷奴隶主用几千斤铜器作为殉葬器，那只能是奴隶随身带的日用器被埋入土内，故全部为碎片，或可以修复者。这种几何纹器的尊与之同型的，南方也发现了

---

① 杭州古荡遗址，20世纪30年代为考古学家卫聚贤等人所发现和试掘，著有《杭州古荡新石器时代遗址之试探报告》。蒋玄佁先生记录："当年的古荡，是个义冢地，不出钱葬尸的公墓，40年前突然开办公墓（即葬尸也得出钱），几百人动工，石器、几何纹器及碎片，如你要的话，可拾得几百斤。宋以后的坟，更不用说了，把当时的荒地开垦时，真是白骨累累。古荡这册试掘，是造公墓以后编的，实际上，这个问题到现在也没有搞清楚。"（编者注）

一些，我手边存有几件。① 但我谨提出来供参考而已。

据发掘报告，认为二里岗期的商代遗址，可能比安阳小屯殷墟稍早。② 据吴泽推论，小屯文化的堆积，是殷族自盘庚至纣之三百余年间文物。③ 那就是说是盘庚至公元前 1401 年之间的遗物。中国釉的使用，是公元前 14 世纪到公元前 12 世纪，发展为原始青瓷上可浸可荡厚重的青釉。

我认为中国使用釉的时代，且不提什么新石器时代，有实物可证的是公元前 14 世纪。到公元前 12 世纪，已完全掌握了制瓷技术，制作仅用于殉葬的原始青瓷明器，而日用器倘有，釉色一定更好，但还是一个缺环，尚待发掘。存世的原始青瓷，估计已出土留在人间的，当在五六百件，希望有识之士好好保存它们吧，不要像白鹅一般，昂起了萝卜头，突着眼丝，随手糟蹋了。而写历史特别是写文化史者，要多走走路，多读些书，不要瞎抄书，沽名钓誉，骗人骗己，要为自己的民族争气。

我写这一章，原来是为玻璃的祖母——釉，拍个照片给我的后代看看。然而祖母也必然有母亲，这位年轻母亲，名字叫"窑汗"，她同我倒蛮面熟，我且把她的容颜略作介绍吧！

十

萧山临浦的浦阳江边，有个大古窑群，至少有个五六座，去调查过的人员，至少有六七个，前后有过五六次。④ 你从杭州坐小轮船，临浦上岸，

---

① 参看《中国瓷器的发明》第一图。

② 郑州二里冈《1959》43 页。

③ 《中国历史大系古代史——殷代奴隶制社会史》（1949）92 页。

④ 《考古学报》1957 年 4 期，称临浦裘家山为春秋前的窑址。《考古通讯》1957 年 2 期，称进化区发现古窑址，二次调查。《文物参考资料》1955 年 3 期，《萧山上董窑发现记》。《文物参考资料》1955 年 8 期，《陈万里最近调查古代窑址》。《文物》1965 年 9 期，冯先铭定为晋代古窑（他同春秋前窑址说法，距离多远）。

就可看到那条一时清、一时黄的浦（浦江）阳（暨阳，即诸暨）江，静静地流入钱塘江。临浦是个专做糕饼的热闹旧镇，你沿江走去，可能会发现古窑。

如果你是好游的，还可沿钱塘江到戴村鱼山，这些小山坡也可能会有古窑。我是一个游客，不能动手挖掘，但我拾得了宝贝，观察全部形势。我还是一个画家，昔年黄子久所未到之处，从鱼山到里山，登上绝顶，连最深的灵峰山顶，也有我的足迹。如果再从浦阳江走到诸暨，在洪水退了之后，这些沙石中，元明青花，浦江宋瓷花碎片，你可拾到一箩，够你几个月的玩弄了。

我们知道齐家期①是公元前 3500 年，仰韶期②是公元前 3200 年，这些时代，早已烧窑了。我仅仅说釉是公元前 1400 年产生，而在它之前，尚有二千多年的烧窑历史。从二千多年烧窑经验，得出烧窑启发而制釉，实际上是我胆小，打了个大大的保险数字。这些各色釉渣釉块，调查者全未留意。而且同时发现鼎足，在古窑基发现一表中，给它填了年纪，是晋代。如在陶器中有所发现，那就有资料可谈了。

几何纹器，一般是紫砂胎或白黄胎，白黄胎烧成温度是 1350℃，紫砂胎是 1150℃，绿色紫砂器是 1300℃。萧山古窑废品，有的烧成柿饼一样。这是火度已烧原器到玻化程度，使器物软到像糖果厂的软糖一般了。这就是有它的原始性，烧到这样子的温度，当然超过上述的 1350℃，到何种程度了。我到过的古窑基，凡废品贴住像台子一般大的废窑，"釉渣"必然多，这就够我们深思、研究了。

1952 年二里岗发现的碎片，其中像是有意加入一些石英粒（见上文）。我们如把石英研成粉，既

① 齐家文化是以中国甘肃为中心地区的新时期时代晚期文化，主要遗址在甘肃省广河县齐家坪，制陶业比较发达，已掌握了复杂的烧窑技术。（编者注）

② 仰韶文化是黄河中游地区一种重要的新时期时代彩陶文化。（编者注）

不能制成方形，也不能制成圆形，如经火烧，它仍然是一堆粉末，凡是自己做过这些实验，就知道是这么回事。古代人，看到水晶一样的石英，以为可以使器光亮，有意羼入。但石英烧到1700℃，透明度马上增强了。以这样的逻辑，去看古代的釉，你会深切懂得母亲的伟大。

周仁听我谈到这些问题，他说，你又不是硅酸盐专业，你怎么知道。我说，我能给紫砂壶敲下一个把柄，马上断柄再植，一烧而成。但也正因是一个外行，有时器物未干足，我性急，加入烈火中大烧特烧，一声爆炸，把我辛苦建成的玲珑小窑，像丢下了重磅炸弹一般，前功尽弃。我不懂化学，更没学过什么科学，但我会玩。天地山川当作玩物，悠然过着穷原竟委的生活。

我既不爱读书，又不爱受约束，少年到中年，云游四方，虽然我也弄化石泥土，但我也有感情和眼泪。我游临浦诸山时才二十多岁，倦游归来，住在临浦忘年交蔡彦才①先生的古宅中，欣赏白天拾得的一些古典遗物。蔡先生是个画家，从宋人画到王石谷，全画得挺像。他哥哥也是个画家，是以一个半疯子半画家的风度出现的，他喜欢画的，是些剃头店中挖耳屎那种酸溜溜表情的人物。绍兴人，连大文豪在内，多少带有点滑稽列传的血液，玩世不恭，嬉嬉为乐。蔡彦才先生好饮酒，一日晚上，我们小店中饮酒归来，他一手燃烟，一手拿册游侠传，待我醒来，棉被已烧了一大块，他还睡在烟幕之中。他没有儿子，有个女儿嫁给中药铺的店员。如今，我70岁，我的忘年之交的友人们，半多成为白骨。人生几何。当工作之余，观赏一下古典艺术演变，多有趣，有时竟达物我两忘的境地。

① 蔡彦才（1892—？），字俨斋，浙江萧山人。画家，善画山水、人物、花鸟，1949年后任浙江省文史研究馆馆员。他是蒋玄佁先生早年的老师及后来的忘年之交。（编者注）

附记一1

上举各点中,尚有许多问题没有解决:

一、无疑,几何纹器是南方民族特有的文化,它是新石器时代的文化。至于延续期,到了汉代,是汉代器,稍有经验,是一望而知的,这里不详谈这个问题。为什么汉代几何纹器,上截有釉;远古的,还未发现过有釉的。我集的碎片,有几千,已拓出的纹样六十多种。其中有白点痕,但无釉迹。一则可能紫砂胎未烧到一定硬度,略有吸水,年久膨胀,釉即脱落。因这种碎片,大部在水边采集。二则是否既有刻花(如白陶)印花装饰,就不加釉了。总之,这在釉的问题上,还是一个问题。

几何纹器的古窑,仅萧山发现了若干个,但发掘不彻底。而其他地区未完全发现。我当时对宜兴地区,是抱有极大兴趣的,发现几何纹片比较多,有人指点的地方也很多,可惜工作忙,又无旅费,很难作较长时间的寻觅。

绍兴当然是个重要点,但未发现几何纹古窑。有旅友告诉我,禹王庙东南的禹陵乡,有名称毛竹山麓,窑址废品如山,其图如下:

图例: ▱ 绍兴　⚐ 禹庙
　　　▲ 山峰　⊗ 窑址群

事忙,故未能去一看,但绍兴发现几何纹器窑址,可能性是很大的。《演繁露》:"绍兴十三四年间,或于会稽禹庙三清殿前发地得瘗玉……其一苍璧也……其二苍璋也……又有一物,体圆如璧,而旁出两角。"故毛竹山附近有古文化层,可能性较大。只有发现几何纹器古窑址,古代用釉时代、地域,才得到确证。而较古的几何纹器,大都为碎片,整器较少。

二、古窑,如龙泉窑,决非一开始即为烧宋龙泉;宜兴,当然不是烧紫砂壶开始;吉州窑,废品如山者(约虹口公园的土山高一倍)计二三十座,那一定不是宋代开始的。有一次景德镇窑编者,一位老先生、二位青年来看我,我说景德镇史,不能受书本约束,不能重点放在御窑上,主要是实地查调。但镇内人屋全满,碎片满地,调查很难。近唐代的蟹壳青碎片,倒可以找到,但不能满足。更原始的,虽有人查过几次,未发现窑址。后来书出版了,他什么调查也不做,却把全中国瓷器历史,一口吞下去了。以景德镇的原始,从环境、地域看,必有它更原始期。

南方原始瓷窑址,尚未发现,是个重要问题。一则因为它与所谓晋瓷——东汉时代的青瓷,是一个系统。二则一般考古简报,混称漓渚发现釉陶,指的是陈万里说的吹釉一类,而质地有铁,还原后,内白胎,表面呈赭红者,与屯溪型的,我这里称为原始瓷器,是两件事。

附记—2

《考古学报》第八册(1954)《一九五二年秋季郑州二里冈发掘记》,有一件大的肩部碎片,肩上分三层,每层是密排的S纹,腹上印小方格纹,肩径40.5厘米,壁厚0.9厘米。原文提到辉县的釉陶。而且并提,辉县出土的是汉代绿釉明器。此类我国出土至少有二三万件,怎么可与二里岗遗物并提。

所以,"釉陶"这个名称,被人当作上下二千年都可用的名辞了。名不正,这个发掘记就不顶可靠了。而且这一件,是第一届考古训练班在郑州,不知从什么地方弄来的,也编入了发掘记,因而不能成为论证的资料,仅供参考而已。故列入附记。

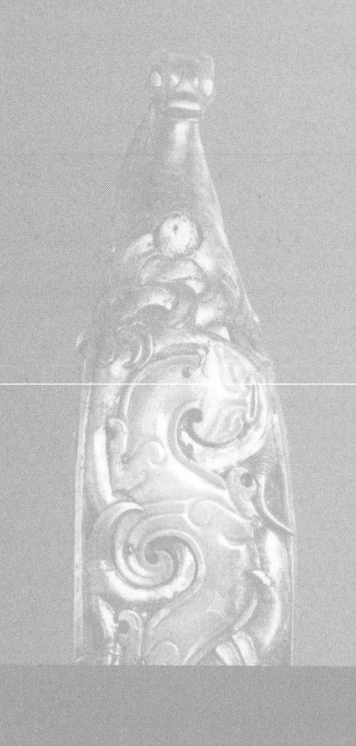

第四章 釉、类玻璃、玻璃

一

经过几千年漫长的经验积累，烧窑逐步得到发展。对古代一件事物的创造的看法，对我来说，也是从少年到晚年，这么长的岁月，积累了经验，通过了无数反复过程，才有了某一些理解。尤其是学会了某一些技术（工艺的），更不是一时忽然贯通，一下子制作出来。我是用自己切身体会来看待古代文化的创造与发展。

欧洲所有谈到玻璃发现史的，多说是菲尼基的水手在海岸烧饭时发明的。这故事的来源，是一位罗马的学者[①]，以一生精力，著作了一部《自然史》，这是一部人类各种知识的大百科全书，后来他为了要观察火山，在维苏威火山爆发中窒息而死。他在《自然史》中谈到玻璃发明，是菲尼基的商船水手，在海岸沙滩上烧火煨食，用船上的苏打块支架锅子，下面烧火，到第二天，发现了晶莹可爱、闪闪发光的块块。全世界的玻璃，就是由这些远古的水手发明了。

凡是世界上一切事物发展的一元论，一切事物发展的绝对论，一切事物是由某一个智者发明说，都是可疑而又可笑的。

关于文化传布的各种学说（也有称为文化移动论），那就有几十家。比如法国派，以为全世界可分七八个文化区，各种文化互相传布，成为文化的混血儿；英国派，如斯密司[②]，提出埃及文化中心说，认为文化只有一个来源——埃及。总之，多是反进化论的。我国对考古学不顶有兴趣，至于真正研究埃及学的，在我的一辈中，一个也没有，但老一辈

[①] 应指老普林尼（Gaius Plinius Secundus，23/24—79），古代罗马的百科全书式作家、哲学家、历史学家，以其所著《自然史》一书著称。他是植物学研究史上第一位使用经典拉丁文描述植物的学者。（编者注）

[②] 斯密司，应指1862年自埃及卢克索购得莎草纸书，由此发现了古埃及科学成就的西方学者埃德温·史密斯（Edwin Smith）。（编者注）

的，读过一些洋书的，埃及文化中心说是有一定市场的。①

我问过高中生、三年级大学生，中国玻璃是什么时候才有的，他们说大概是家中有玻璃窗，就有玻璃了。我还问过一个大学里的同事，他说中国玻璃是外来文化，如日本人称"加拉司"。又说，如中国自己有玻璃，为什么这许多文化史、化学史上，一字不提呢？其中有同学说，这种学问没有用，不实际。我与同学们多很要好，他们和我是能畅所欲言。当时同化工学院的同学谈，他把老师的教科书，可以完全背出来，可惜没有涉及到我提出的问题。

是的，在我的幼年所看到的，是把云母切成方片，用竹钉成一大块，可以成为高级的窗，而不用纸糊。它的名字叫明瓦。也可以一夜之间，用云母钉成的大块，建成一个大棚，内中可容几千人，而幽静明亮。我南北两地都见到过大棚。至于一个烛灯，外罩一个软的半透明椭圆罩子，称为明角灯，我在古代绘画中所见到的贵妇人出游的图像中的宫灯，也就是这种灯。大宫灯，大的径可一尺，外缀大红流苏，朱红龙头贴金把手。这种幼年印象，是和打气煤油灯、电灯并存着快一个世纪。

文化发展多慢啊。实际，这种宫灯流苏上，都有白玉小璧联缀在丝带上，而这种小白玉般的璧，实际是玻璃制品。我的祖母，听说只差二年，就是一百岁，当我童年手中拿着玩具给她看时，她就是说"又弄这些琉璃货！"她所指的琉璃货，即是玻璃，"琉璃货"是嫌脆弱不牢、不耐用的专名辞。这里，到现在回想起来，中国人对玻璃，是认为不耐用不贵重的物质，从来就是不看重的。而玻璃确实也不顶争气，每当中国旧习的欢笑的春节，忽然来了个宾客，

① 这个问题很复杂，书也很多。即使现在有人看达尔文、摩尔根的书，但各流派也会有不同概念，如《文化传播辩论集》这些小书，可以看一看，如先入为主，有了绝对论，对学术进步不利。

正当主人要敬他一杯热茶的时候,玻璃杯从不照顾你欢乐顺利的心情,它砰然一声,爆炸得四分五裂。

在30年前,中国有几百万家茶室,它们从来不用玻璃器,宁可用它古老的紫砂壶。中国还有实用的瓷器,所以玻璃的不发达,这也是一个因素。然而研究古代玻璃,却要从这紫砂以及瓷器开始。

一个世纪来,玻璃已登上科学的顶峰,成为人类各项事业发展尖端的东西。我抱着微妙的感情,在工作之余,静静的深夜,几十年在一个北窗之下,精神焕发去研究。我们古代窑工,英雄智慧,可能一大部分还是妇女,在公元前几十个世纪,从陶器烧造,到发现玻璃的祖母的母亲——"窑汗",创造了玻璃的祖母——"釉",从而又创作了祖母的子女——"类玻璃",从而又创作了我所研究的玻璃。

在这漫长的年岁,显然有过艰辛的反复挫折。从我个人的生活体会来说,要做一件事,必然会受到反复阻难、转折,还有干扰。我当初研究时,是在广东,后来广西、长沙、江浙,以及其他地区的千里旅行,我没有借重专业单位的资料、看一册图书馆的文献。我病躯不能行动,就凭记忆,以及卧铺下的一些杂书,每天只有几个小时的精力(自去年心脏病休克之后),来写此回忆录。在这种体会下来写古代文化的创造,是有动于衷的看问题,大概不会有绝对论吧!

二

经过一段研究之后,觉得要研究产生玻璃的问题,首先要弄清楚三个条件:一是陶器的胎在什么时代开始变化,能制造符合釉的密度的器物;二是釉为何产生，什么时代产生；三是金属铜铅产生的过程与时代。

所谓陶器，应是指砖瓦一类的东西。中国陶器，照现在看，如用放射性碳素断代法来鉴定，可能比以前所定的年代要早得多。以前定的什么文化之类，有些是域外自名学定的，国内学者，一般讲来，是跟上，没有研究出新东西。

这称陶器，是当地什么土壤，它烧成一定是这一类陶。比如前几年要做雕塑，在二米下挖出青泥，以为细极了，实际不是粘土，青泥烧成，却成为很美的红陶。浙山的田地，去掉一尺耕熟土，即为黄泥，掘时很硬，一捣，黏得很，烧成时，成为较硬的青砖。所以不懂得满山杜鹃花、兰花，就不会知道这个山是酸性土。

上海青浦崧泽出土红陶器，那可以肯定是古代当地水边居住民族的作品；如发现紫砂胎几何纹器，那肯定不是古代当地人在当地烧造的作品。但可以知道，这是古代人对于制陶，既从别处学会了新工艺，也从别处采集了新土质。但从石器时代当地制陶，到陶器改变质地，这不是几百年的时间，而是要几千年的时间。

原始陶器只有改变了质地，它的质地的密度符合敷釉的可能之后，才可能产生有釉的器物。这就是说一件事物的变化要有时间，而且必然有它的过程。

中国原始陶器，参看第三章中所举各地出土物，是有过几次的改革，而且各地不一样。有的是改用瓷土，色白带黄，性坚硬，如屯溪型的原始青瓷。但瓷土何止几百种（如现在景德镇用土，也有几十种），所以绍兴烧造的，虽也是改用瓷土，但胎白带青，烧成后，表面呈红赭色，这是含有铁质的瓷土。

又有一种改用紫色土的，烧成后呈黑紫色，外面有几何纹，中国考古家称它为硬陶。这个硬字用得很通俗，也很活，到现在还没有一个科学的矿学名称。

这三种胎质，多可以加釉。从出土物的年代来说，最早是公元前14世纪，而且在郑州铭功路[1]有窑穴，也发现过废品，说明了当地烧制。[2]图5（45页）的尊，是浙江出土。图10（60页）的尊，是郑州出土。二者多是青釉，而出土碎器碎片相当多，地点也很多，这说明了公元前14世纪之前，早有发明了。因为多是用器，完整者少，碎器多。

原始青瓷，南方发现有年代可查者，丹徒及屯溪出土的为公元前11世纪。山东苍山出土的原始青瓷而带几何纹的，出土时放在青铜器簋上，故贴上了很多铜绿。铜器铭文定为商代，约为公元前14世纪。从这一件来看，则和郑州型几何纹器的釉，是同时产生的。

但原始青瓷的数量、地域、器形，远远超过有釉的几何纹器。如上章所示八件（图4〔42页〕、图6〔46页〕、图9〔53页〕），是我从平时偶尔采集起来的二十余种类型中选出来的。这些器形，很难找到它的根源。比如豆形，南北各地所出，都与古代陶豆同式，那是传统的形器。其他各形，不同古代陶器，也不同古代铜器，其特征一为⊚⊚∞二为▨▨，三为弦纹，大体上不是仿于铜器。与绍兴出土的薄釉仿铜器式的编钟、錞于、壶、匜、提梁盉等，完全是两回事。对这种器物，目前还没有研究彻底。屯溪一批出土的七八十件，还不能算是早期的。这里显然还存在着一些问题，特别是产生的时代问题。

上章图4（42页）所示原始青瓷，口径仅6.5

[1] 铭功路，位于今河南省郑州市西北，该路东西侧发现多处商代遗址。（编者注）

[2] 《考古》1960年8期，26页。

厘米，不合实用。它与富阳出土的同式，富阳出土的制作不精，底部成一孔。因而可以肯定，这一类器物，全部是明器、殉葬专用器。在当时，陶器幼稚拙劣，这种有青釉的原始青瓷，为什么不制成日用器？可能我们挖掘古墓多，发现、研究古代居住遗址少，故有很多问题无法解决。

从目前出土实物来说，中国在公元前14世纪，大量用釉，是可以肯定了。但照胎的质地起变化来看，根据发现规律，自发现金属、所谓铜器时代开始。

从炼铜来讲，比较简单，即在地上开一窑，四边用另一种泥土，羼些石英粒，打实。遗址详情，即此而已，但发现了古代已懂得石英粒的作用。而炼成了铜，要加工的工艺程序，非得有坩埚不可。单有砖瓦般的陶的知识，是无法解决坩埚的质地、铜工艺的铸造施工的。这是要求陶起特殊变化的必然趋势。

因而陶质变化，从制造坩埚，采用各种陶瓷土，到能耐高温，能在1300℃高温中，在一定时间内不玻化不变形。在这一趋势下，试用了各种土石，懂得了无数种可制器物的土石质性能的知识。陶器大变革应在这个时代开始，这早于公元前14世纪有釉器产生，不知要早几个世纪。

铜，肯定不是在现存有铭文的铜器时代才出现，它可能在中国传说时代早已发生。我们发现的几千万件石器时代的石器，凡大口、对穿孔、直壁、有孔心者，如上章图3（41页）之石器孔圆心，都是金属车工具车成，与石英钻的漏斗孔（外大中小），是绝对两种不同年代的产物。从坩埚发明来看，中国烧造器的高火度，符合釉的密度的器物，是什么时期产生，客观现实告诉你要提早。

三

下面是釉的产生问题。

当年,发现晋瓷,认为是了不起的事情。以后发现永安①、升平②等年号器。而南京方面,一看到青瓷,便不分迟早过程,混称六朝,令人难以信服。

其后,1951年,在漓渚西汉墓中,出土了通体施釉的青灰色青瓷。③1957年,新安江水库进贤建初六年墓中,出土了一件青绿釉水盂,器形制作,与一般说晋瓷者,完全相同。可惜《淳安进贤出土汉建初六年瓷器》,早已编好,然而到今天,已16年了,还未印好。其他天玺④、天纪⑤纪年器,也陆续在黄岩出土。⑥东汉建初六年为公元81年,与孙吴相隔一百三四十年,与西汉相差更远了。所以某一些考古记录,发议论推断年代,不一定可信。

考古学者,某一些顽固性,是非常惊人的。记得有一次和周仁瞎谈瓷器发明问题,周仁认为先决问题,要弄清哪些是陶,哪些才算是瓷。我却说了些笑话:刚出生的胎儿,赤条条,看看不像人,而你是科学家,我是个老不死的教员,是绝对的人。然而人的生命,不在出娘胎第一声叫喊。而付与人的生命,早在娘胎中,关键在质的变化。

事隔多年,我们多渐渐变得老而衰了。今天又看他的科学著作,他写中国在新石器时代发明了有釉器,如何伟大,接着又说:"至宋代越器在艺术方面已达高峰,但器的本质还是灰色的瓦

---

① 永安(258—264),三国吴景帝孙休仅号。(编者注)
② 升平(357—361),东晋穆帝司马聃的第二个年号。(编者注)
③ 《考古学报》1959年3期,119页。《考古学报》1957年1期。(编者注)
④ 天玺(276),三国吴末帝孙皓的第七个年号。(编者注)
⑤ 天纪(277—280),三国吴末帝孙皓的第八个年号。(编者注)
⑥ 《考古学报》1957年1期。《考古学报》1958年1期。

胎。"① 这是代表科学院的总结报告，而云唐越窑是瓦胎，不愿称青瓷，而称"器"，真像是左氏春秋一字之贬，有千斤之重。而他到底是个有修养的学者，谈吐也有含蓄。

然而，我们房屋上的瓦，能适应釉的密度相容成器么？这是小学生的科学知识。然此一个字，其影响之大，却可想而知。不知多少治文化史者，将跟在科学院的脚跟后转，因着作家没有实践研究，而是抄以成书，有手无脚。

如一些与玻璃相关的问题不谈清楚，玻璃不可能凭空跳将出来。

西汉或东汉已发展的"所谓六朝青瓷"，根据我手头材料，有一个妇女人头②，嘴是红赭色，眼是绿色。而有一些紫砂胎的，则全身釉是黑色。说明公元前后，中国的釉，已有青、黑、赤、绿等色。西周屯溪出土器，有一些是红釉（图8，52页）。只有知道中国古代釉已掌握了各色配釉的能力，才知道中国古代玻璃有如此多的色彩，才不会大吃一惊。（我已写好一册③，宋代已有五彩釉，并收实物百余件，可为知己作长谈也。）

中国从古代到明，都崇青瓷。而越地区青瓷、龙泉地区青瓷以及最精美的修内司窑，则是与古代玻璃相互起作用的结晶。然而最主要的，是从古代釉的产生后，在相当长的过程中发展起来的。

从原始青瓷、几何纹器上的釉来说，出土文物情况表明，在公元前15世纪或公元前17世纪，已有釉这一物质文化了。而这种釉基本上是青色，从一开始，便由玉的启发，向着这一方向发展。因而这种釉，由它的一个基本物质因素——原始原料上，不断改革变化而发展着。

① 《考古学报》1960年1期，周仁、李家治《中国历代名窑陶瓷工艺的初步科学总结》，101页。
② 蒋玄佁《中国瓷器的发明》，38页。
③ 本册已遗失。（编者注）

没有进过冷藏库的人，他顶多有过电影院冷气的经验，然而真进了冷藏库，如等人吃了饭来放你出去，你已变为铜铸造像了。没有下过煤井的人，更不知道井底什么滋味。当进入从山脚到山顶的龙窑①中去，一方面在出货，一方面已在进坯了。我一进口，我便叫，师傅，好烫啊。他们说，你吃蕃薯么，你切片贴上，等你下来，挺香甜。龙窑两壁，有些真是五颜六色，光滑无比。我从山口爬到山顶，有时在边门透口气。窑口的壁上釉渣厚，上部就少了。老师傅说窑口火度高，土泥也变金子。这种烧有釉缸碗窑而有玻璃状的釉渣，对我有启发。

我看了很多石灰窑，以及古窑口的玻璃质窑汗。其次是砖瓦窑。

有个叫金子方的山坡，一个瓦窑孤立独厂，东家用看坟地先生的蘴扦——铁制一扦，头上孔心，扦下农田，泥色好而深，就开采造瓦。中国圆瓦，是放而成无底圆桶，安在车上一转，三个瓦片就制成了，放在太阳下的畦地上，一收圆桶缩小，三个圆瓦即立在太阳下，日光浴。我玩了两天，就学会了。畦上要洒一些砂，没有砂，即用窑灰（草木灰），瓦砖晒干，便点成堆，上洒一点点石灰水，以防人弄乱。

因为入窑的数目，是事先计算清楚，这东家是一点空隙也不准漏的。一边出窑，一边便进窑了，如短了数目，他脸色一变，配上白眼，京戏上也化妆不出这个寡人的样子。他说，小先生，你不进洋学堂，厂里也没个女的，你混点啥。我说，等开窑。唅，山下妇女多着，为什么不用女窑工。他指着一张红纸牌位说，用了女的，我们

---

① 我国古代的一种窑式，多依山坡倾斜而建，形状像条卧龙，故称为龙窑。（编者注）

的陶朱公要跑走了。"这是什么祖师爷,他传下了些什么?""唷,经络多啦,窍门全是祖祖辈辈传下来的。""你懂烧别的窑么?""跑过四海,门道全懂。"

开窑之日,我看全部窑壁,原来陶器窑也有光滑闪闪各色俱全的膜。我说,东家,你会做瓦么?"不会,小先生聪明,两天学会了。""你说这窑壁上的膜,是什么原故?""这出入大咧,我说,年轻人要会用,不可靠,同女的一样,老窑工,才可靠。我吩咐明天闷窑,这些小鬼,也不看火候,瞎烧,火候过高的老窑,就有膜,这叫窑汗。我们做生意,火候一够就闷,宁可烧不足,有些发黄,买主不是全内行。可是火候过高了,砖变得两头高,瓦也不圆了,这就得亏本。看火候,就是祖辈传的,非内行不可。"我向他要凿一块窑汗,他大摇其头:"一只窑上千银子,能凿么,你原来是来采这宝贝的。"一位窑工拉了我一下袖子,背地说:"这白眼小气鬼,你要他丢一根毛,也大惊小怪,等会,我给你在废窑砖上凿一大块。"

除了石灰窑古窑口有窑汗外,烧造陶器,只要火度高,多年老窑,也会有窑汗。而且烧砖时,带进了各种不同的土质、细沙、草木灰、石灰,时间烧久了,便生窑汗。正如我们试用坩埚,用风箱抽,陶的坩埚,外表就是红蓝斑彩,颇像钧窑。这对我的启发,比釉渣大得多了。

在古代,釉未发现之前,有几十个世纪烧造陶器的经验。他们也同我一样,发现了窑汗。窑汗是釉的母亲,又是打开釉的门户的锁匙。

四

在龙泉，那位仿古龙泉青瓷的土专家，他告诉我很有趣的秘方，要到丽水缸窑去取点缸釉，则青瓷色闷而古气，缸釉是加入了一些窑汗的。原来如此，千古之秘，由此而启。

窑汗，陶瓷书上从未写及。有本难得的书，叫《哥窑与弟窑》，其间秘方中谈到采用缸釉（内用窑汗），但亦未言及窑汗。有一册《宜兴陶瓷制造》，书中才正式说明了采用窑汗制釉。宜兴、丽水的窑厂，我着意认为是保留祖祖辈辈古代土法的最好园地。我反复跑过龙泉、丽水（碧湖缸厂）和鼎蜀山。以一个民俗学入手的研究方法，我觉得很亲密，比科学家、文学家找文证物证，似乎活泼有趣，更接近了古代人的生活。

宜兴窑厂，知道碎玻璃价钱都贱，为什么还保留着窑汗的方法呢？这不是显然保留了古代手工艺的传统么。

窑汗在宜兴的制釉中，金黄釉占 18.50%，白釉占 34.20%，绿釉占 33.57%。窑汗在制釉中占百分比如此之高，就可以知道它的作用了。再看一看，它的化学成分（碧湖缸釉之窑汗不再列）。

① 矽是硅的旧称。（编者注）

表1 窑汗化学成分分析表

窑汗	SiO_2	Al_2O_3	Fe_2O_3	CaO	MgO	K_2O	Na_2O	I.L.（烧失量）	总量
	48.26	6.73	1.85	15.92	4.03	10.20	1.15	11.54	99.68

釉的基本成分，主要是氧化矽[①]、氧化铝、氧化钙、三氧化二铁。次一点，是氧化镁、氧化钾、氧化钠。氧化钙是主要因素，它的百分比是 15.92。窑汗的基本成分已全部包括，主要因素比重也很大，那就

是说，基本上就是釉。

在古代，凡是烧造陶器的旧窑、石灰窑、坩埚，多有这样的物质。几千年来烧造窑器的古代窑工、金工，特别是商代铸几千斤铜器的金工，他们不是早已发现了釉的母亲。《文物参考资料》1955 年 12 期记："在洛阳涧河发现一古代窑址。在 4.4 米之下，窑壁是垂直的，壁面不平，已被烧成琉璃质……中部窑壁也是垂直，壁面是蓝色。"

《文物》1959 年 6 期记："山西侯马东周窑址，范围极大，但无有釉碎片，但有琉璃瓦质残片。"中国有琉璃瓦，要在魏时代，这种近琉璃者，是黏在陶壁上的窑汗。

从考古发现的古窑基来看，烧成琉璃质，烧成蓝色，就是窑汗。

江南地区，比较重要的，是萧山浦阳江边茅湾里四州村的古窑基，这里出土了大量紫砂胎几何纹碎片，窑底货废品。同时又发现陶鼎足、陶器，白胎薄釉器碎片。窑壁上有残釉块，又有黏在红烧土上的釉块。砂胎几何纹器，浙江发现的一般无釉，此区却是加釉的碎片。文化层在 3 米以下，这是一个非常重要的窑址。二十几年了，浙江的考古工作者没有进一步发掘研究。

《考古》1965 年 5 期记录了绍兴富顺古窑，也烧釉陶，更无人知道了。照表面看，这里可能有几个时期的堆积，如釉块是在陶器几何纹器的窑基，那就是我在这里所指的窑汗到发明釉的阶段。而它的遗物有紫砂几何纹器，烧成柿饼一般的废品。根据紫砂的烧造温度为 1150℃，东山紫泥为 1300℃，如烧成废品，至少 1700℃，这是会产生窑汗的。但如釉块，与有釉原始瓷伴出，那是另一回事了。因为未经发掘，这可提供参考。①

北方地区，郑州人民公园附近，发现商代古窑基二座，出土物有陶压锤、印模、陶坯、陶废品。窑壁烧土内有草杆，可能是草拌泥筑成。窑的内壁，已烧成灰色，表面带有一层薄薄的色附着物（窑汗），似为火候高烧所致。②

这南北两地古窑中窑汗现象，启发了制釉的可能性。在我觉得这是发展规律，这是发展釉的第一过程，对物质文化创造研究方法，是有物质基础的。

五

在明人的记录中，认为釉的质料，随地而生。江浙闽广用蕨蓝草灰二碗，加红土一碗，而成釉料。③饶镇白釉，用小港嘴泥和桃竹叶灰调。

清人记录制釉：釉无灰不成，以青白石与凤尾草烧炼。④

当年，我在龙泉的朋友——老窑工，他的秘方：

一、稻壳、石灰，100与36之比，烧灰后，称乌釉。以十成乌釉加十二成白玉，成紫金水釉。用稻壳则色绿，用凤尾草灰则色青。

二、碧湖（即上文丽水的一个镇）缸釉一斤三，碗厂白釉二斤，乌釉七两。也可成龙泉仿古釉。

三、嫩竹灰、龙恭树灰，多可入釉，竹灰更绿，故是以钱计，配方是照仿的色来配。

但石灰有石英，烧时火度高，而成玻璃状，就算失败了。他以仿古的色泽为目的，配法多，不详记了。

《太平御览》卷八〇八引《南州异物志》："琉璃本质是石，欲作器，以自然灰治之。自然灰状如黄灰，生南海滨，亦可浣衣。"

① 《考古通讯》1957年2期，《浙江萧山进化区古代窑址的发现》。
② 《文物参考资料》1955年9期，66页。
③ 明《天工开物》。
④ 清朱琰《陶说》。

古人用灰为釉，同时也可作玻璃，这一传统方法，起源很早，一直延续到近代。

景德镇是个传统集大成的烧窑区，过去全部用釉灰，釉灰是用箕草（含氧化钾）与石灰混合烧成（化合为碳酸钾易溶剂），在三十余年前才改用花乳石配釉。[①] 这充分说明用灰是原始的传统。

从这里，是否能说明釉是窑汗与草木灰中生长的新兴工艺。几千年窑工的经验，逐步达到改进。

釉的使用，在公元前14世纪。殷墟有釉器，不单是上举的二里岗。十二次发掘小屯文化，已有釉器；十三次发掘，出土有带釉豆。小屯二次发掘，窑中发现了釉质更高的豆。其他有釉碎器碎片，何止千种。殷代使用釉的普遍，从目前出土物看，发现期还可提早。

当这种青釉发展到一定阶段，釉的漏失在窑底而成为独立体时，便发现了玻璃。

各种草木灰，在窑内落到砖瓦那样的陶器上，是变化不大的。但到陶器胎的土石质已起了变化，如宜兴山上的酸性土，其中必然含有铁分；浙皖山上的土，有很多是伟晶花岗岩，长期风化而成粉土，其中就含有长石。当陶器的胎质变化，而利用了含有铁分以及长石的土（石）质为胎时，则烧窑时，草木灰自然落在上面，会产生点状的玻璃釉。但必须具备高火度的烧造。

古代人就是在工作中成为实验员，但与现代具备科学设备的实验室相比，当然须漫长的时间，获得这些启发的机会。我的仿古龙泉这位窑工朋友，他在配釉时，一钱一分计算，后来几乎达到几十个配方，而使一件破古龙泉瓶，用他配好的釉，补好之后，烧成与宋代原物同一色泽，这不能不使我感

① 黎浩亭《景德镇陶瓷概况》156页。

到，经验是多宝贵的东西。

而中国古代，在新石器时代，有了所谓"硬陶"——实质是含铁分的紫砂，又使用了瓷土高岭土的白色胎，这是具备了世界上任何一个民族，多没有在这样的古时，就变革了的陶器的质地。我想，我之所以从青年时代，就以业余时间来关心这样一些问题，不能不说是对伟大祖国文化之早，寄予了极大的兴趣。

草木灰应是古代制釉的传统方法，从现在看，这些白灰是难以分辨的东西，它的化学成分和釉，有多少关系呢？

表2 各种草木灰化学成分分析表

成分 种类	氧化矽 （石英砂） SiO_2	氧化磷 P_2O_5	氧化铝 Al_2O_3	三氧化二铁 Fe_2O_3	氧化钙 CaO	氧化镁 MgO	氧化钾 K_2O	氧化钠 （苏打） Na_2O	氧化锰 MnO_2
稻草灰	80.17	2.34	3.25	1.39	4.92	1.53	5.02	0.58	0.62
高粱灰	70.82	1.62	5.49	2.51	7.61	3.85	5.98	0.80	0.32
松灰	24.39	2.78	9.71	3.41	39.73	4.45	8.98	3.77	2.74
蚊母树灰	34.60	3.93	4.38	0.49	47.71	5.99	2.51	0.06	0.33
枹木灰	63.71	4.86	3.87	0.88	22.59	1.32	1.35	0.33	1.09
槲木灰	39.81	2.30	15.11	3.58	23.54	4.09	5.77	1.48	4.32

这些成分，作为釉来说，基本上都包括在内。但当时如为了黏的要求，加入石灰或含长石的土，在古代如混有窑汗，那是有可能的。

下面要看一看中国古代最早的釉和窑汗及灰的成分，有多少关系。周仁科研了新石器及殷周制陶总结，当他将抽印本送给我时，我就认为不全面。他对殷代的釉，没有做化学分析，只凭直觉下一结论："殷代釉陶上面的石灰釉是后世青瓷釉的鼻祖。它和战国时代的釉陶以及历代各窑所烧造的青瓷，在化学组成上和胎、釉外貌特征上有着许多的共同之处。""釉陶（原始青瓷）的釉，是用天然的碳酸钙矿物配合粘土而成。"

他做的化学组成分析表：

表3　釉陶釉的化学成分分析表

编号	名称	时代	SiO_2	Al_2O_3	Fe_2O_3	TiO_2	CaO	MgO	K_2O	Na_2O	MnO	总量	分子式
37G	山西侯马釉陶釉	东周战国	–	–	2.21	–	15.71	0.32	1.26	0.79	–	–	–
42G	山西侯马釉陶釉	东周战国	–	–	–	–	20.59	–	3.53	3.35	–	–	–

看这一表，分子式、总量、各重要成分全未分析，多是空白[①]。实际不难看出，SiO_2必然很多。

再看一看屯溪西周有釉器的釉的光谱分析：

表4　屯溪西周有釉器釉的光谱分析表

估量百分比\元素\器物	矽 Si	铝 Al	铁 Fe	钙 Ca	镁 Mg	钡 Ba	锶 Sr	锰 Mn	钛 Ti	钠 Na	钒 V	铬 Cr	铜 Cu	铅 Pb	锡 Sn	铍 Be	锆 Zr	镍 Ni
1:临1釉（釉陶罐釉片）	大量	>10	2	<10	2	2	>3	0.2	0.3	多量	0.003	痕迹	–	–	0.001	0.003	0.001	0.001
1:临3釉（釉陶罐釉片）	大量	10	2	<10	2	2	>3	0.2	0.3	多量	0.003	痕迹	0.003	0.002	0.02	0.002	0.001	0.003

他们的说明：黄釉的Fe_2O_3为2%，青釉为1%。黄青之分，是铁的多寡关系。[②] 铁仅百分之一二，而能有青釉黄釉的区别，这使人表示怀疑。

虽然从这二表中可以看出大概情况，但觉得研究古代文化，单凭一加一等于二的硬性逻辑的思想方法、分析分法，有点不对头。人是相对灵性的动物，完全凭硬性逻辑，体会不到古代人凭经验的创作。

比如嫩竹灰、海藻灰，用水沉淀后，上面是带黄的水，这种水很滑，我在山村同他们一起洗衣服用。这不是充分说明了是碱，碱不就是钠，钠不就是苏打，不就是Na_2O，说明草木灰中，有大量SiO_2，达到80%以上，这不就是我们大学硅酸盐专业搞的硅么。而化学上，偏写作矽，矽不就是石英，石英不就是博山地方造玻璃用的石砂。苏打和石英打交道，基本就是玻璃的基础。

而实际上，二里岗、屯溪出土的古代釉器，

[①]《考古学报》1964年1期，22页。
[②]《考古学报》1959年4期，81页、88页。

多是青釉，并没有什么铁分红釉（安徽的科学研究所结论），它和汉代已有的所谓晋瓷，以及龙泉、唐越窑、宋修内司，都离不了草木灰釉。照龙泉老窑工朋友的经验，主要灰性质不同，绿的浓淡有别。当然其中还有一个用"还原焰"烧，青色就鲜艳，而"还原焰"，实际上是古代窑结构通气差的结果。

在江浙地带，凡是灶的烧火，多有烟囱。当我进浙闽交界的山村，如以松阳为例，灶口烧柴，烟火仍由进口吐出，氧气无法流入，所以满房是烟，而将猪肉挂在灶口烟中，终年不坏。古代的窑，从原始的烧陶进化而来。原始烧造陶器，是陶器与柴堆积，外盖杂草，草上涂泥，出烟孔是极小的。我在海滨，同他们一起烧蜃灰，是地上掘一窖，将蚌之属与柴堆入窑内，上用泥封，其旁有一长二米的土风箱，箱口接底部，风箱送入空气，而内部是原焰回绕。这二种，多是还原焰窑的结构。

正因为氧气进入口小，不至氧化，而成了青釉。青釉原始的因素，当然还有其他的要求，而一些复杂的根源中，即存在着原始性。古代带青味的绿色釉，是需要铁和碱，草木灰中正是有着这些成分。

另一种是草木灰中含有多量的硅酸，就会增加釉的蓝色而近于青色，古釉为什么有时发黄，这是减少了其中的硅酸而增加了盐基。因而古龙泉有带黄的，屯溪型的釉也有带黄的。这同他们的报告看法上有分别，他们从近代科学说，而我单就古代利用自然物来说。

宋代的灰釉为什么这样明澈，古代青釉为什么暗而有乳浊现象。上面，我已谈到利用窑汗，有时也有人叫它铁锈。如使用了窑汗铁锈，即使是明澈的灰釉，也会产生乳浊现象（仿古即要加杂窑汗缸釉，而使闪光减少）。古代釉，古代玻璃，还不及彩青龙泉透明，问题就在这里。

我想，有了以上复杂因素的说明，对这些因素有个概念，了解玻璃的祖母、玻璃的母亲，不难懂得玻璃的发现与发明。但其中还要插入一个类玻璃的阶段。

六

在出土物中，常有陶心、瓷心，外面有一层近似玻璃的物质，或嵌乳纹、弦纹装饰。有些考古简报，则称之为假玻璃珠。

《辉县发掘报告》记：在赵固区一号，出土了极精美铜壶、金银嵌马头辕饰，同时出土一玻璃珠，径4.6厘米，红陶胎，嵌白点如眼。[①] 原文称为假玻璃珠。

图12（93页）之1，为一黑带蓝的珠，径2.1厘米。经剖开观察，心为红色陶，入土年久，松如红土。外层所涂黑色物，厚0.3厘米，表面有乳纹及小白点装饰（此种装饰纹样，当于第六章去论述）。这种黑的表面层，硬而脆，放大看，全部有气孔，我把它同窑汗、釉渣比照看，颇有共同之处。把陶心挖空，陶心与外层无黏贴之处，与古瓷釉之剥落相同。这一类古代玻璃珠，我称它为类玻璃。

图12之2，为此珠一对中未剖开者，红陶心全部保存，完整无缺。

玻璃和瓷器发明一样，有其发展的过程，不像周仁他们想的，至少是明青花、康熙五彩，才算发明了瓷器。人也是一天天幼而壮，壮而老，是有发

① 《辉县发掘报告》（1956）¨ 110页。

图12　1 类玻璃珠剖面。内胎红陶，外黑色类玻璃，剖开后可看出多气孔，硬而脆。外部为白色乳纹，及白色小点璎珞状装饰纹样。当是早期作品

2 类玻璃珠。即上珠型之另一件整器

3 白玻璃嵌蓝花纹环。白色玻璃地，不透明，蓝花纹

4 白玻璃云纹珠。即图61（194页）之4放大图。为同一白玻璃珠

类玻璃与玻璃，2、4是最好的比较标本

展过程的，玻璃发明也不是一下子就如捷克车玻璃，发展过程长而复杂，下文将为述说。

这种类玻璃，可能利用窑汗釉渣，以及其他易溶的物质。当烧造时，内心是普通泥土，无法烧成一定的硬度。或者由于工艺处理上，必须采取这种泥土的黏性，便于施工。

但我在这里，将不定出这种类玻璃的年代，因为有可能一方面已生产像水晶一般半透明玻璃的年代，而这种类玻璃仍延续烧成。等于雍正粉彩已薄透如灯罩，而我年轻的山村生活，仍然是青灰色的瓦壶烧开水。

这里，我是按照规律——发展规律来谈的。我的研究过程，实际上，主要是多年来摸清发展规律的过程，而不是为了写年谱。如我的研究是为年谱

图13 1—5 红陶胎细点饰乳纹玻璃珠。大者径2.6厘米,红陶已脆化为泥,外敷黑粗质玻璃,如瓷器之厚釉。眼为绿色,或有白色乳纹。绿色玻璃已酸化成白粉状,或成蛀孔状

6 陶质乳纹玻璃珠。中为红陶,外层为酱色玻璃,径5.3厘米,此为最大玻璃珠。为下乳圈组合

7、8 红陶胎细点饰玻璃珠。内部为红陶心,外敷深绿色玻璃,上缀嫩绿色乳纹,已土蚀成白粉末

9—11 红陶胎细点饰乳纹玻璃珠。内部红陶心,外敷酱色玻璃,上缀绿色玻璃乳纹,以细点联璎珞状装饰。其特点,形体不圆,近管状物切断,是制作圆珠的原始方法。此种红陶,与一些铜器陶范极相似,即火度等于陶范

图14 1 细点饰乳纹一弦玻璃珠。黑色地,翠绿色乳,已脱

2 细点饰乳纹二弦玻璃珠。深绿色地,翠绿及白色乳及弦纹,部分脱落,白色不透明,近瓷质,亦不酸化

3 细点饰乳纹三弦玻璃珠。蓝色地,风化后近绿色,白绿二色乳及弦纹

4、5 细点饰乳纹三弦玻璃珠。深绿色地,翠绿白二色乳及弦纹

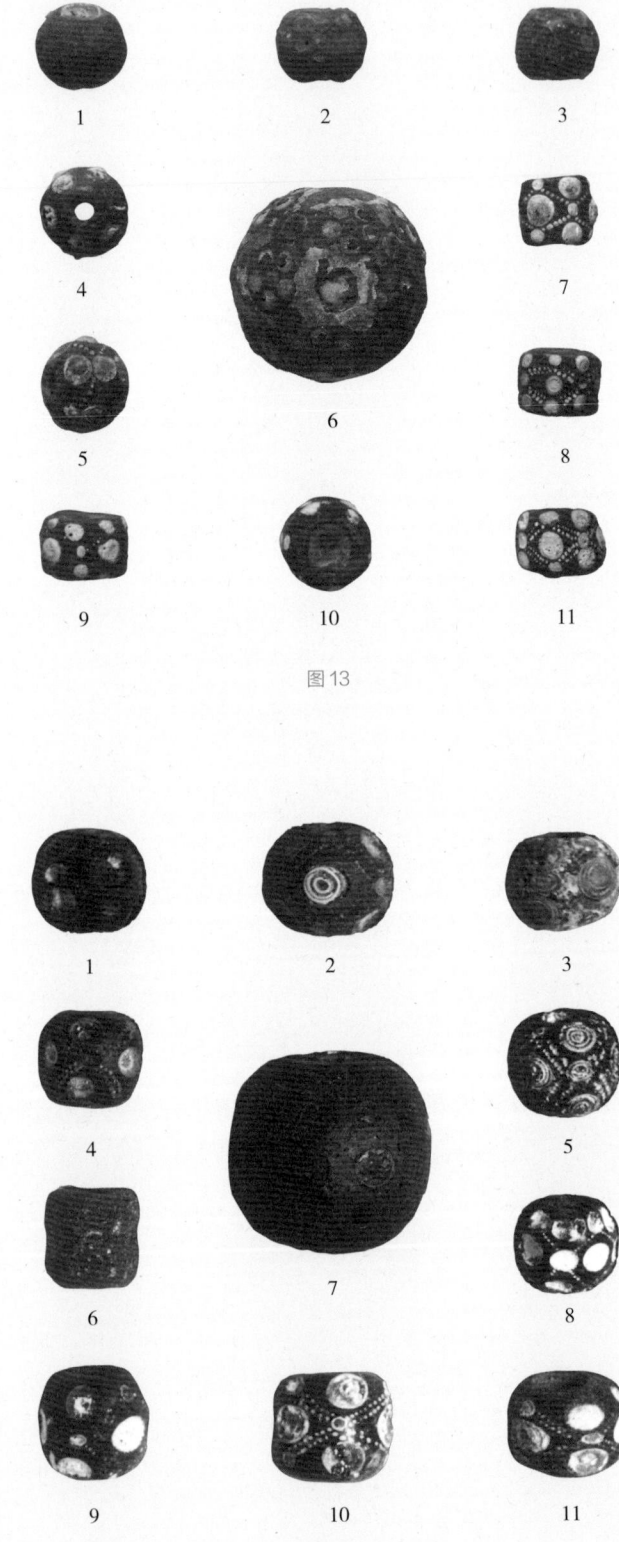

图13

图14

6 红陶心二色玻璃珠。内部为红色陶土，外层为极薄黑色粗质玻璃，上缀绿色乳纹，土蚀变色，大部脱落

7 红陶心二色玻璃珠。与6同式，特大，径4.1厘米，黑玻璃外层厚0.1厘米，上缀乳纹及细点装饰已全部脱落。这是中国特有制作方法，也是较为原始的作品

8、9 细点饰乳纹玻璃珠。深绿色地，白与淡绿色乳纹，部分脱落，残存如石灰粉末

10、11 细点饰乳纹玻璃珠。黑绿色地，白及翠绿色乳纹。凡纯玻璃质均酸化、风化。此种白色不透明如中国特有白瓷质，不酸化脆脱

而年谱，抄书就行。这里我得说一说，为什么时常提到周仁，一是老朋友，二是他有科学基础，对陶瓷研究做了不少实际工作。所以提到的，也就是研究对象。

我的眼睛是朝前看，要找发明期。按照规律，中国发明玻璃，应与釉的发明是前后之间，照理论是公元前14世纪。因为釉的物质成分，基本上等于玻璃。如我朝后看，研究一种物质文化的延续期，我得去研究清朝帝皇鼻烟壶。当然最后要谈到它。

这种类玻璃，不是孤证。

河北石家庄，一个晚周遗址发掘，在有玻璃残器口及原始青瓷片22块的发现中，出土了料（玻璃）渣一块，其特征是半透明，带绿色，布满气孔。① 这种全是气孔的玻璃渣，还不到可以运输出去的玻璃原料程度（这种玻璃原料下文述及），而是作为制作类玻璃的原料的一部分。

长沙湖桥古墓发掘，在E10号墓的头部，发现一珠，直径2.1厘米—2.4厘米。② 这种珠的外形，均非正圆，而是陶心，制成管状，切截断，外面卷上一层极厚的类玻璃物质，然后印上装饰浅孔，孔中填另一色的类玻璃。这种镶填的装饰，出土时，一般脱落。

这种管状截断的珠形，应与古玉的勒子联系起来看，凡制珠，正圆难，管状截断式，是较原始的。

这一类珠，在我的收集品中，约有71例。计图13之9、10、11、8、7，图14之10、6、4，图12（93页）之1、2。其最大特点，是两头不封满，红土的心，露出外面。如图12之2、图13之10，是很明显的。

当这种制作工艺有了一定发展，在实物上，可以看到形式的改革，从管状截断珠，成为正圆形珠，

① 《考古学报》1957年1期，91页。

② 《考古学报》1957年4期。

而且两头封满，看不出红土的陶心。

西安半山坡的古墓，出土陶器有鬲形器，一般来说，鬲是比较早期的器形。棺内出二玻璃珠，外表为绿色，釉质，但印的镶嵌孔比较深[①]，虽然仍为管状截断柱形，而总的来说，工艺已有进步，色彩从黑蓝而进步，制成带绿色。

关于陶心圆形珠，如图13（94页）之6，珠直径为5.4厘米，可称为珠中之最大型者，全部正圆，孔口已看不到陶心。同图之1、2、3、4、5五粒，全部为圆形。又图14（94页）之7，亦为巨形珠，径4.1厘米，外层类玻璃，厚0.1厘米。装饰图案，全部变化。此一图版中，凡形式装饰图案同一类型，而质地都有变化，这多是发展的迹象。也就是说，外表的玻璃质，既有变化，而纹样仍属此一类型。

七

下面，我将谈到发展中的第二型的类玻璃珠。

第二型的类玻璃珠，其特征是，内胎为白灰色原始瓷器的白胎，表面玻璃较薄，色彩多样，图案复杂，有乳纹，而在乳纹上，加有无圈的弦纹。而乳纹的眼和一圈圈的弦，是两种色彩，乳的中心，由于点比较厚，而成凸起状。但瓷中制釉，有窑具，可以隔开釉与釉的黏贴，而此种珠，无此设备，往往孔口（即着底部分）由于釉的流失，而贴在其他物质上，当取下时，多有破口。而现在我仍可以从破口观察它的心是什么质地，什么色泽。

因为近年发掘出所谓釉陶——原始青瓷，我们才知在公元前11世纪前后，使用了高岭土——瓷土（早一点，殷代也已有釉豆），我才有信心来谈

[①]《考古学报》1957年3期。

图15 穿孔巨珠。类玻璃质。高4厘米,全体淡黄色,白眼,蓝色纹饰。布拉格国家博物馆藏

① Dr. Josef Poulík—W. u. B. Forman *KUNST DER VORZEIT*.

到它的时代。如在旧的陶瓷研究范畴,将无法研究这一物质文化的产生。为此,不能轻信未作实践调查轻易定论的书本,我将分析我亲自接触的问题。

我在第三章详细地研究了瓷与釉,主要就是要解决类玻璃,特别是类玻璃第二型的瓷胎的年代。如没有这些基础,则将成为武断的绝对论者,或去跟上文化移动论的一元论者,成为反进化论的迂腐老人。

这种玻璃发展,各民族可能进度不同,但也不能否定发展规律,会发生共同情况的可能。当然在年代上,必然是有先后的。

布拉格国家博物馆,藏有一粒巨珠(图15),是白陶胎,全体浅黄色,白与蓝色图案。这种黄白蓝外表,就是类玻璃①(但我们民族艺术对这种形式,感情上不能发生兴趣)。

我认为这样来说明古代艺术的发展规律,是合乎情理的。而那种埃及考古学，记着某一个世界最古代的皇后，在其项颈上发现了水晶般的项链，这简直夸张得出壳了。

中国发现了原始青瓷（釉陶），而出土的面如此之大，又全部是明器，则实用器当然会更早一些。到龙山文化和殷周时期，瓷土、高岭土开始被应用于制陶、釉和1230℃左右的高温窑,都已创造成功。①

这种类玻璃珠，图16之1、2二粒，其中一粒，加以剖开，胎质带青（有些釉陶带黄），是瓷质，但剖开后，断面粗，不光滑，是器物小、火度不高，不是质地的问题。外表为极薄的青色玻璃，有乳纹图案。而这种玻璃表面，受土蚀作用，完全失去光泽，比中国最古的釉还要无光泽，但与胎密度一致，没有脱落现象。

故类玻璃第二型是进入玻璃领域，也可说又跨进了一步。

郑州二里岗古墓群的发掘中②，出土类玻璃二型者18件。内胎白色或灰白色，烧制火度不高，或入土久，已脆化。表面敷棕、黄、蓝、绿等色彩玻璃质薄釉，在其乳状纹饰上，则点极厚之玻璃质，成凸起状，乳纹圆点上，又加点各色玻璃。域外研究者称为复眼珠及角珠。

48号墓，出土一白色珠，用蓝色涂成斜形S纹，原始瓷器上之特征为⌒形装饰，这种内胎，正是屯溪型等各地原始瓷器（釉陶）发达的基础上的新兴工艺。当然，也只有在原始瓷器，利用有所改革的瓷土之后，才会产生这种内胎的质地，它同时也绘上⌒形的图版，这就理所当然了。

此种类玻璃珠，在出土时，是与蚌珠、水晶珠、骨管珠、玛瑙环、铜璜等放在一起，尤其是与骨管

① 《郑州二里冈》（1959），78页。
② 《考古学报》1964年1期，16页。

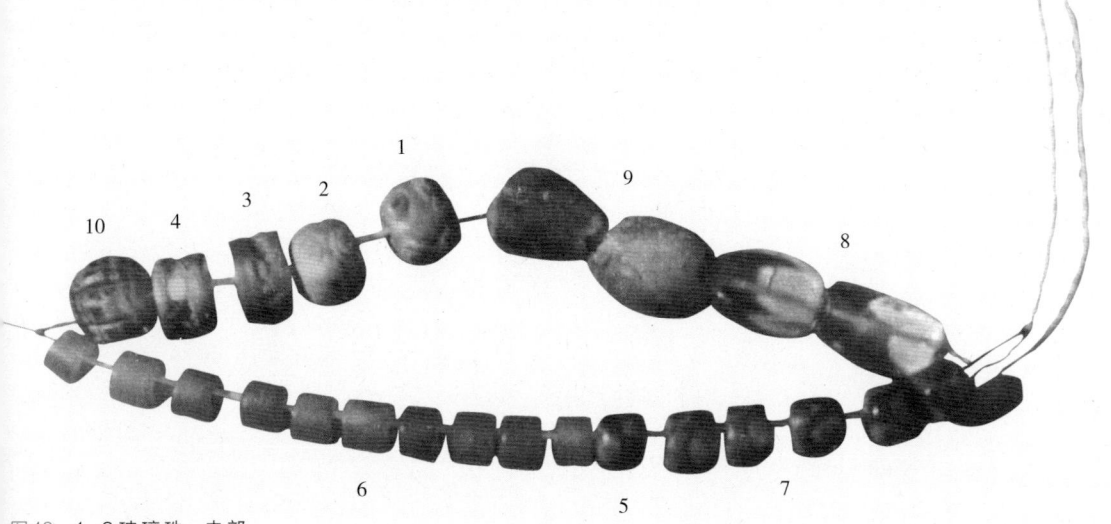

图 16
1、2 玻璃珠。内部白灰瓷胎，外部玻璃，已土蚀无光

3、4 骨珠嵌小玻璃粒

5 黑玻璃珠。瓜形，有白、红、绿弦纹

6 玻璃小管状珠。碧绿色，为管状切断成珠。似未入过泥土。共 10 粒

7 玻璃珠。绿地，有眼，为黄色嵌红色。似未入过泥土。共 6 粒

8 水晶松子形珠。透明淡青

9 松子形琥珀珠。内部深红色，半透明，表面土蚀

10 瓜形玻璃珠。黑地草绿纹，丹红乳点，现代

相接，孔与孔相对。这里说明了，使用骨制珠，相当原始，但其他为单色类，玻璃二型珠为复色，间隔穿串成组，是可以想象的。

关于"铜璜"（俗称），其质极薄，可称古铜器之最薄的一种，一般古董商混称桥形币，货币学者亦列为一格。实际，佩饰、串，最下为璜。古代玉制，此为用器或明器，尚不可知，但在串饰之下，璜这种形状，不管玉制、铜制，使行走时，叮当发声，则是必然的（但是否可称璜，则尚有疑问）。

此墓群中，同时出土二铜印：🖃 🖃，这种文字可能对墓的时代问题作一定的佐证。因为发掘报告中，对于年代判断，有些过于看得简单，分析不够细致，有一些不一定妥当，故附说些印章，作为古墓年代的证件。

这种类玻璃二型，古代的生产量，已相当的大。它有细小到 0.8 厘米直径，到大可 2.3 厘米直径的

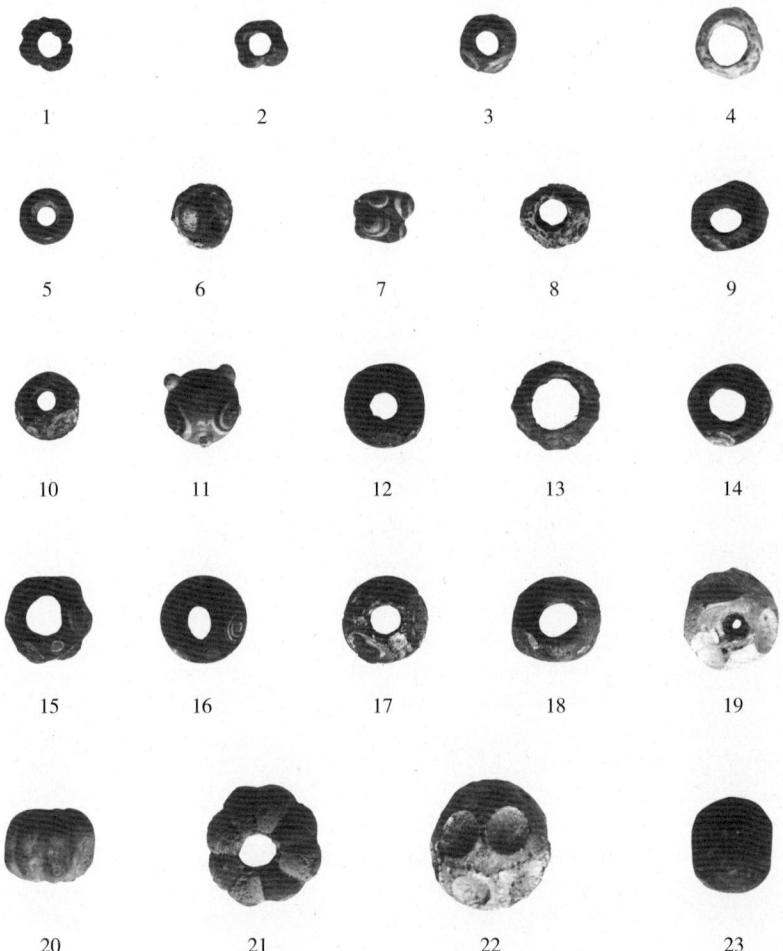

图 17

图 17　1—4 乳纹凸起玻璃珠。包括蓝、绿、白等色

5　白瓷胎玻璃珠

6、8—10　乳纹玻璃珠

7　乳纹二弦凸起玻璃珠。四色凸起

11　乳纹一弦玻璃珠。四色，装饰点心凸起

12—14　乳纹玻璃珠。色彩不同、制作方法不一，特别是孔大者，似有胎脱落，均不圆整；孔小者，圆整结实

15—18　乳纹二弦玻璃珠。16 为结实圆整复眼珠，与 13 为显明的对比

19、22　乳纹玻璃珠。绿色半透明，有银光，但乳饰全部脱落

20、21　瓜形乳纹珠。绿色地，淡绿分块，再加白绿二色乳纹

23　乳纹珠。黑绿色，少土蚀。从小珠研究，黑色玻璃，最少酸化；绿色酸化最甚；白色不透明瓷状者，亦不脆化

不同大小的花珠，全是有乳纹组成而又是精细加工，每一乳纹上，加上一圈圈不同色的弦纹。颜色复杂，精细无比。我的研究，还无法来说明这种工艺技法。

的确是这样，我们的考古学研究，会把几百只带钩或陶器，量出各部大小尺寸，写出一张大表格，但没有去实践研究一件古物的制成工序，如金银错、鎏金、瓷器烧造中各种窑具的安装。我在制瓷上做了些工作，而对玻璃上的工艺，正在小窑研究中，可惜时间误我，我不得不老，老而衰病不起了，要等某个脚踏实地的后来者来完成了。

八

周仁先生是有实验精神的，他研究瓷器，也造出了雍正式的薄如蛋壳的杯子，他是非常高兴了。他拿了新制品给我看。我把一只雍正粉彩蛋壳般的大碗（我是用来当灯罩的）给他看，我说，在古代，如黑胎龙泉、修内司，是先在内部加釉，然后将胎切削，使薄如铅画纸一般厚时，再几次加釉，不然，海棠形多瓣紫胎，而达如此之薄，是不可能的。

近来我同景德镇的老窑工做朋友，谈到大器削薄，他们说：小器可以，切大器，已无这样的人了。我还有一件内部底部加釉写款，而外部无釉，削切一半的标本。至于削海棠瓣形的薄胎，是更难了。

我上面谈到类玻璃二型的古代生产量。请参看图 17 之 1—7，这些小珠，多有胎，但白、黄胎都有。图 18（102 页）之 1—22，这 22 粒，多是白瓷胎，其中 7，在孔中的胎与其他物被玻璃贴住，碎为大孔，可以看出胎的内幕。非常明显的，这 29 粒，由小到大，装饰纹不一样，说明不是一区、一次的制品。

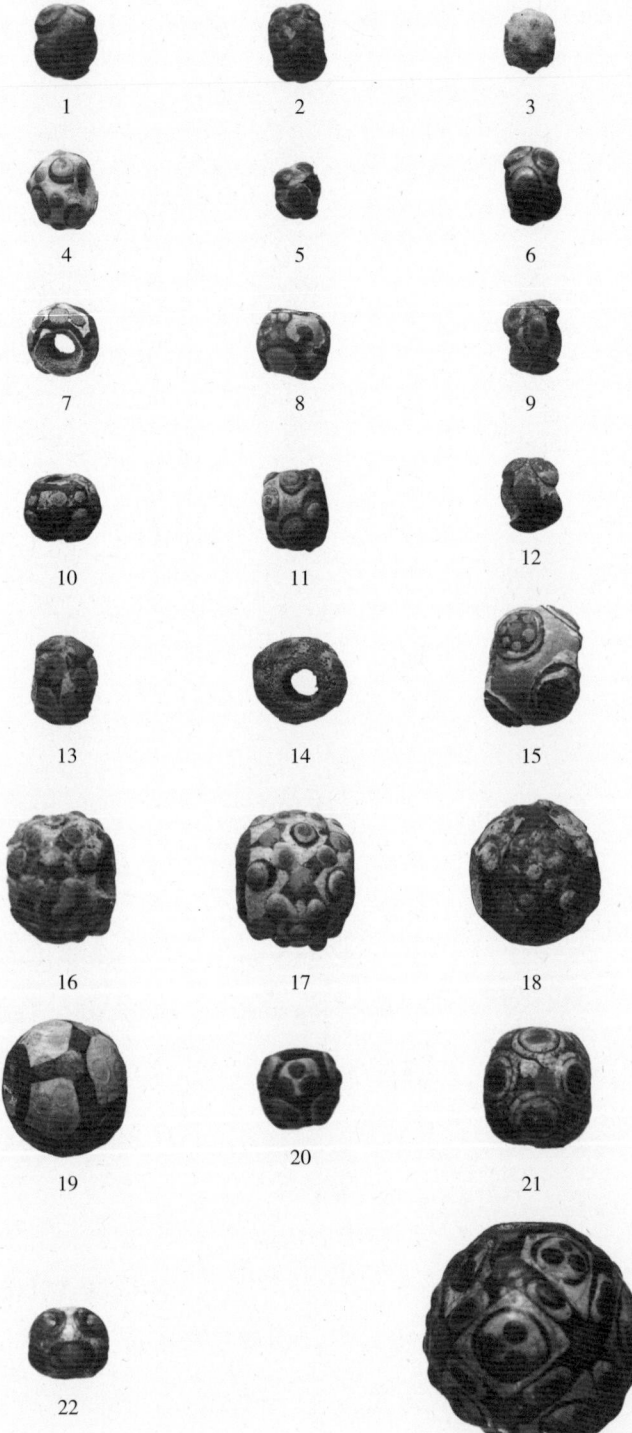

图18　1—14 白原始瓷胎玻璃珠。白胎近瓷质，尚硬，灰白色，极粗，外敷绿玻璃，较薄，故穿口由于玻璃薄而脆脱见胎。上缀之乳纹，有一弦二弦，已脆化成白灰色，弦纹之圈，有酸化成赭色（原非赭色）而硬度极高。出土时数量较多，有同一地而逐步寻得，故有散失

15 白瓷胎七乳纹圈组合玻璃珠。制作与上同

16—22 白瓷胎乳纹玻璃珠。制作与上同，其装饰为先敷地色，地色分成块，每块饰乳纹，三弦或二弦不等。故近陶瓷器敷色之釉，而乳为凸起之玻璃

23 白瓷胎瓷釉珠。此为极少见之珠。内为白瓷硬胎，外敷各色釉装饰，上缀釉乳纹。釉与玻璃乳纹之分别：凡是玻璃质均酸化，出土见风，干后为粉，纷纷脱落，酸化变色，略保存色彩；而瓷质不透明，较玻璃的变化少，能保存光泽

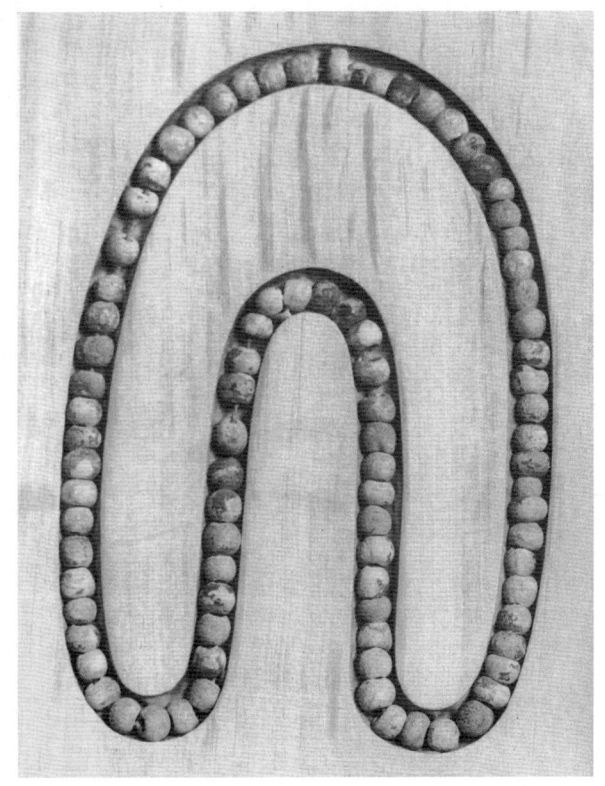

图 19 玻璃珠。草绿色,剖开后,其中心色甚鲜绿,表面已土蚀成黄白色。计 88 粒,大小不匀,孔及图形亦不整齐。西安普渡村西周墓发现

我采集的地点,从北方到南方的广东,还有湖北、湖南、上海、杭州,其地域之广,可以想象了。但近年出土报告中不多,这是 30 年以前的事。不过由此,可以理解中国发明玻璃第二阶段中,各种装饰纹样,特别乳纹,其玻璃色彩已有六种。点得很厚的玻璃,是玻璃已经形成,是类玻璃到玻璃的过程中的一个过渡阶段。

我谈到这里,玻璃的母亲类玻璃,以及与它的祖母釉的关系,已算说清楚了。

补充说一下,凡是懂得玻璃史的都知道,单从颜色上讲,最早的玻璃,像烧焦了的砂糖一样[①],即我所说的类玻璃,就是这种样子。如要造成有色半透明玻璃,就得有铁、铜、锰。在古代,用什么方法去发现它们呢?

① 苏联斯维什尼柯夫《玻璃的故事》。

中国何时用铁，是个争论不休的大问题。但我所要知道的，是在古代，什么地方、什么方法发现了铁的成分的物质。

在第一章，我看到龙泉旧街上有几十家造剑的铺子，而多是祖辈相传的。文献记载着，吴人干将，采五山铁精作剑。[1] 我知道南方出铁的地方很多，如六合、云和、繁昌还有古炼铁遗址，而龙泉也出铁，故有称生铁、瓦铁、方铁、云铁。

我到龙泉，没有走大路——汽车路，而是从松阳古市的后山，根竹、玉村等深山山路，走到龙泉。我带着化验纸，我要看一路的瓷土。我看到溪中，沙泥流去，铁砂沉淀，乡人取以炼毛铁。如在赣江边看到满山红土，对我都有兴趣。我是想，他们找到含铁、含铜的土，配合釉，因而龙泉瓷的青釉，是最好的玻璃研究标本。

从类玻璃到玻璃，须先具有这些实际常识，那就是南方出铁，到龙泉古剑，最后到含小量铁的龙泉瓷土，然后去往釉中的铜……

这样，使得我知道的东西，更丰富了。

[1] 《吴越春秋》。

附记

类玻璃珠，是照发展规律而论，目前符合这样时代的遗址的出土物，还有待今后的发掘。但一种古器物生产的延续期的物品，以应用于发展规律的生产状况的，作为例子是可以的。如较原始的民俗制度，作为原始社会的论点，同样可以引用这一研究方法。

窑汗的化学成分是有了，我的若干种窑汗标本，如与类玻璃表面同时化验，分析其成分，以为对照，则论证更为可靠。但我的朋友在这方面工作的，拒绝了我提出的有目的的为解决一个问题而作光谱分析或化验。目前，我自己的一些小设备，都已坏了，使我无法展开工作。

几何印纹硬陶，这一名辞，不十分妥当。一、几何纹不是全部用拍子印成，有些是雕刻而成，如白陶一样。二、名辞太长无科学性。几何纹发展，是符合原始的发展规律的，从编织物到陶品。几何纹从陶、玉、瓷、木雕、织物、挑花、织锦，始终在发展着，保留着地区文化。江南文化与商遗址物品，同是此一发展规律，也有一定的交流的可能。但系统不同。

几何纹器是日用器，偶有作为殉葬物。故碎片应以居住遗址为主，一般多是在水边居住点发现碎片为多。如杭州古荡，如上宝石山顶一看，地形，在古代确是古荡。青浦淀山湖，如在此一百里内跑一圈，它附近的湖泊，基本与太湖相联，是断发文身的水边民族的特点。因而外冈是古代沿海区，与我们在金山卫、澉浦、乍浦、钱山漾的采集遗址，基本上是居住遗基的一部分。考古者把居住遗址忽视了，而把殉葬集中点作为他们的重点。

这些几何纹器，从碎片看，有红色沙土陶、青灰陶、黄灰陶、紫砂胎器、石瓷胎器。这五种质地是几何纹器发展的五个时代改革变化的极重要的关键。新石器时代如此长，着重在类型纹饰，而研究质的改革，这是错误的。要知道类型纹饰延续是民族文化，其延续期之长，贯穿在这一民族文化中，而质的改革，则是人类文明的进步。

《中国新石器时代》一书，引用了古荡的印纹平底器为例，显然，对红砂碎片，青浦、澉浦、崧泽红沙土高足几何纹器，基本上没有看到，研究更谈不上。无怪此书之后一篇小记中，否定几何纹器是新石器时代。他可能看到绍兴汉墓的薄胎有规则的印纹器，那当然迷惑无主了。

浙江方面，认为南方几何纹与商代几何纹，没有什么差别，但商代为泥质，浙江少数属泥质，大部分是碉砂质。① 商与江南几何纹，不是一个系统，相同的是发展规律。江南文化，不能分浙江、江苏，其质，有发展过程，至少五种。他们不去细分，似为只有两种。"碉"质，不知什么来源，碉是碉堡，非矿物质名称《文物》有人称缸质铁质，实际还是紫砂质通俗，但均非学名。但质的变革，是进化，我们应该懂得这一点。

科学家能分出一氧化铁、三氧化二铁，而不能分出几何纹器五个过程的质的成分。单以硬陶来说，这个硬字实在太通俗了。难道没有一个更科学些的代表化学成分的名词来分别它么？

由于我要寻求胎与釉的密度的适应性，我不能不关心所谓"硬陶"，更不能不关心长沙出土的东周青釉螭梁壶，河北石家庄周代遗址的带釉碎片②，故要否定的，只得否定。

安特生的仰韶文化论点，要重加分析，那么其他关于龙山文化、小屯文化等分期问题，一点也不值得怀疑么？考古学在进展，这些幼稚年代的分期问题，我认为都值得重新分析。名辞、时代有的亦不妥当。

《华东新石器时代遗址》，从书名看，就不妥当。以新石器时代而用现在行政区来分，这不及《水经注》的治学方法，或更差劲些。所以作者有一篇谈到江苏新石器，不能不扯

---

① 《文物参考资料》1955 年 8 期，76 页。
② 《文物》1959 年 6 期。

到浙江良渚去。在古代，江南文化，是非常明显的，这条伟大的长江，限制了它的同化，是必然的。但由于水边民族，一个独木舟，沿岸将文化传到山东，则极可能。但要再北，就被一股武力阻住了。他就不懂得地理环境与古代文化的关系。他怀疑了玉器，是否为新石器时代遗物，没有去研究形式，孔的钻法、壁的圆度以及纹样，而时常把重点放在一种古代物质文化的延续期作品上，而不去眼睛向前看，追究其起源，因而必然会陷入不可知的深渊。

类玻璃二型，我仅仅凭我把古瓷剖开的断面的光洁度，用若干原始瓷的剖面来观察，而决定其为某一种高岭土胎质。故进一步研究，无论胎与玻璃，还须做化学组成分析，或光谱分析。

非常遗憾，《我国黄河流域新石器时代和殷周时代制陶工艺的科学总结》一文的化学组成分析，郑州二里岗的釉没有做，山西侯马的有釉器做了，但不做完。山西侯马，《考古简报》中没重点提到釉陶，故不典型，而且还提到有琉璃瓦，这遗址，看来很乱。而二里岗釉器，是非常重要的，涉及到中国瓷釉，原始问题为什么忽视？每做一次化验，必须是有目的的，有比较的，解决什么问题，而且根据其结果，做出分析，则效果高。如有所偏爱，这就难了。因而科学分析必须与考古工作者合作，在考古工作者提出要解决什么问题的前提下进行工作，如单凭科学工作者的主观去做，作为一个实验室，仅仅提出一个数据，这对实际效果不大。

我所讲的考古工作者，必须是有文化史的概念，历史发展的要求，而不只是为了你岗位上一件器物的鉴定问题。如果是这样，则他不是剧本作者或导演，而仅仅是一个不顶重要的演员，念念台词而已。

第五章 中国制造玻璃各个时代的变化

甲编

到此，应说说历代有些什么玻璃。

一

玻璃起源，大致如上所述。可是当3世纪时，在汲冢发掘①中，发现了一些文献，经后代整理，名为《穆天子传》，其中讲道："天子升于采石之山，于是取采石焉。天子使重黎之民，铸以成器于黑水之上。"这是一本间接听到的传说杂记，现在的书，是经很多人整理过的。他所听到的传说，大概是公元前2世纪或前3世纪的事。中国玻璃，早已发明，但不普遍。他是有所听到，把它记了下来，有些事是真的，有些是传闻之误。如顾实②《穆天子传西征讲疏》，认为黑水之上，为塔里木河北岸，在今乌什、拜城、库车之间。黑水即塔里木河，接下去是长沙之山，又下去是三苗之地，从地理言，似无玻璃产地，但当然知道采石铸器的知识，已为一般旅行者所熟悉，大致可靠。

我们对待古文献，要分析，而考古学，不是为文献作注释，而是借古文献为考古服务。但不否认文献的重要，而且要好好保存、收集。我这个研究中，也看了几百种文献、手稿、自印本。

比如李时珍，勤奋过人，但他的《本草纲目》，不是他一个人一把锄头上山采药，而是收集了当时

---

① 汲冢，为战国时墓冢，遗址在今河南省新乡市卫辉市。西晋年间该墓被盗发，汲冢书《竹书纪年》出土。这是中国迄今为止最古老的一部编年体史书，被誉为中国文化史四大发现之一。（编者注）

② 顾实（1878—1956），字惕生，江苏武进（今江苏常州）人，古文字学家，通多国语言。喜研先秦古籍，又理西方学术。其著述兼及史、子、集三部。（编者注）

的本草医书几千百种才写成的。

我住在闽北山中留洋村，一位老猎户上山采药二月，回家煎药，到晚上，药已煎成，他把一只田鸡（蛙）放在桌上，待它一跳，一针插去，田鸡跳三跳死了，他叹了口气，说此毒药未成。我说田鸡不是毒死了？他说，我是射虎的，如老虎跳三跳，不知死到几百里外去了。要一针即死！他采的药，不给人看，关起门来，一个人煎，我也不能看，他说给人知道太危险了。记得在雁荡，在下小上大的石峰上，有老人采药。在插入云霄的天柱峰上，不知采药人如何上去，又不知他如何能把一根索子套上另一头几百米高的峰顶，人从索上滑了过去。

我所遇到的采药人，我多以师待之，他们多拒绝了，说，这是生死攸关的，小先生你还是安分些，我们是靠此为生啊！这种毒药，李时珍没有胆量去记下来，如现在研究癌症草药，倒可以考虑了。山上草木，我以为一般我多认得，实际上有些生长是极少的。记得幼年跟一个捉蛇乞丐，二人一起上山，他看到怪样子的，全拔起来往口中嚼，像把生命当作玩意儿似的，有时一嚼之后，马上吐掉，我说是什么，他叫道好苦，是大凉之物，一面把一些盐含进口中，一面就拔了藏起来，说道难得遇到。

这些采草药人的生活精神，使我大为感动。古代人如何发明创造，从民俗学角度看，体会就深。对文献，对李时珍，文献与实际生活，怎样安排，这是件非常重要的事。

先君是个中医，我小时，要为他把蚌之类的黑外层磨掉，他把蚌之属用铁船（铁药碾子）加石膏为粉。另一粉红色的，我认不得，这是一种烂脚药（即直脚骨上烂了永不收口），有人来讨，即付。过了几年，他早死了,我才有知识,懂得珍珠粉对伤口愈合是很见效的。可惜我们收集的医书及中医学校全部讲义,大大两箱,由于我云游各省,这些难得之物,全没有了。

二

中国玻璃发明,第一必须和有釉器发展相适应。屯溪型原始青瓷,近年殷代的也发现了。在公元前11世纪或更早,大量制作明器。我所采集的同型器中,底部的釉的流失厚度、透明度,已具备了玻璃的要求。

第二,玻璃发现,大都为佩件。对中国古代佩饰,要有一些发展概念。一般来说,任何物品的形成,都有一个过程。中国古代佩饰——珠饰,最早是取石器、果核、骨截断、兽瓜牙、贝类等作为开始。当时,衣服在其次,每个人都有佩饰,而石器——石兵器,也成了装饰品。如图20,是松子形玻璃珠,质地是上章所说的窑汗釉,形式同其他玛瑙、水晶、琥珀,自然粒状略加磨制,仿自松子的最原始型,而松子是服用仙药之一,具有巫术的一种。(关于佩饰物之具有巫术者,下章谈及。)

珠之中,常有称为菱形的,实际是核——枣、李核等饰物的仿制品,而中国在后代,以桃、李、枣核为佩饰,几千年还存在。因此,可称之为核形。也就是说,古代器物造型,大部分是受自然物的启发。近人称菱形,似不十分妥当。

古玉,管状者多,这是骨饰的变化。古玉中,圆珠极少(一些学究式古玉收集者,只知道文献圭璧的重要,从不收玉饰、玉镶嵌,故记录极少)。我在安溪、下溪、良渚的收集品,多是长圆形。如细长圆管状而两头小的玛瑙饰品,这是较后代了,因

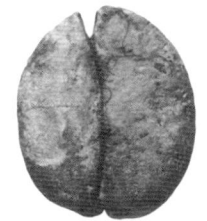

图20 松子形玻璃珠。原大,酱色,脆化。另有同式松子形珠,为琥珀、水晶制成,见图16(99页)之8、9,是玻璃珠中较原始者,公元前10世纪

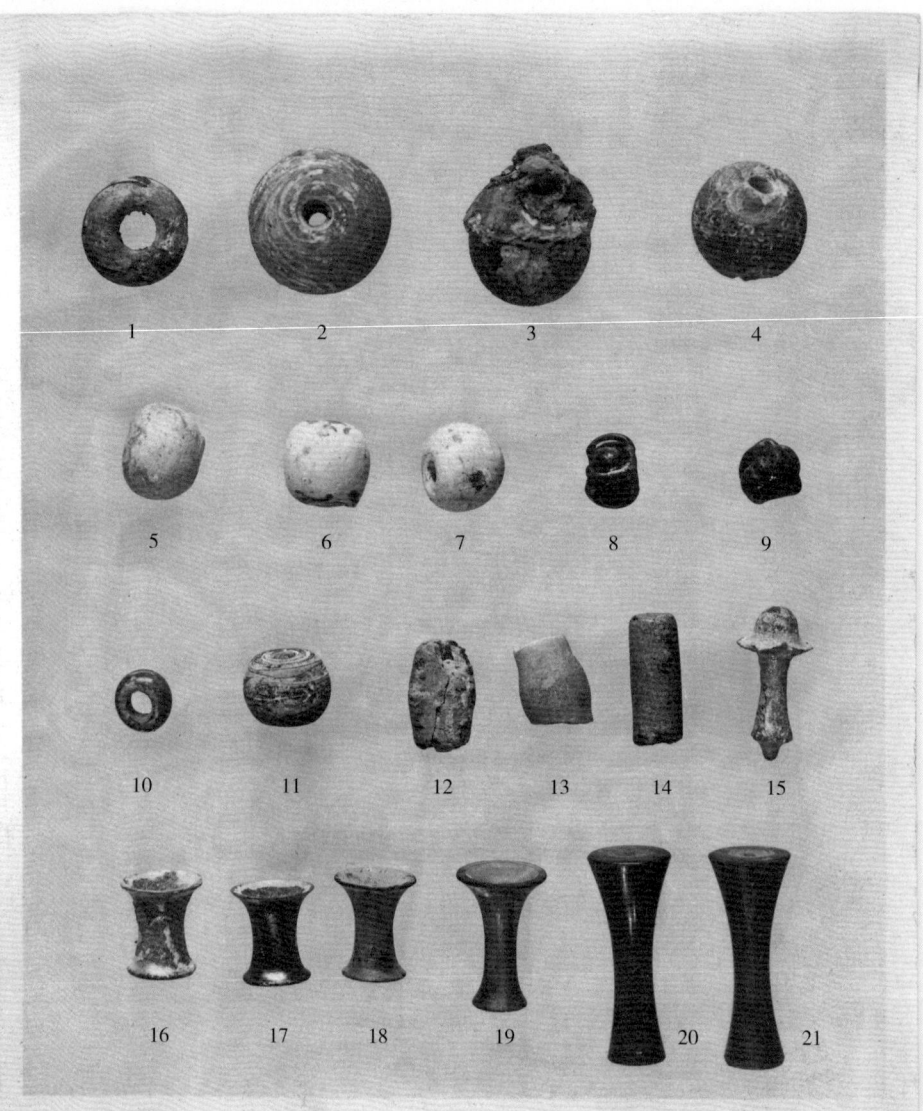

图 21

图 21　1、2、4　玻璃珠。为蓝、绿等色，土蚀后，可看到不同的制作手法。与陶心上釉一般之外敷玻璃，是绝对不同的手法。此为全部玻璃质

3　玻璃珠。黄绿色，无孔，镶于某一金属物上，已贴成一件

5、6、7、11　玻璃珠。是珠串之散落者（珠串多者有八十余粒）。此二种，5、6、7，似为滴注制成，11，则为手工绞成。时代要早

8、12、13、14　玻璃管。近珠而成管状，凡管状，均极薄。玉制者称勒子

9、10　玻璃乳纹珠。这是有乳纹装饰之最小者，其乳系滴注而成，故凸起。时代在公元前

15　玻璃残器。镶嵌物。图 89（332 页）之 12，与此为同形器

16、17、18、19　玻璃凉帽珠冒管。凡凉帽珠串两头均有此冒头

20、21　玛瑙凉帽珠冒管。一头已磨陷下凹。此种形式为中国式，有水晶、杂石制作，见图 56（182 页）之 1，但玉制极少，翡翠未见

图 22　台湾高山族玛瑙串。玛瑙系手工磨成，大小不一，串形为原状，略有损坏。此种穿的形式，与出土的古代珠串有若干共同之处

图 22

为它的制作比较难。其他如松子形，则往往利用自然物琥珀、水晶粒的自然形，略加磨砺，即成佩饰，更不被人重视。

其中如核形，取自然粒状物，磨成枣核状，两头尖、中大，有分四面或六面。这种制作，只凭磨出了各个面，即可成形，比圆管、圆粒要容易得多。如圆管，必然两头略小，这是磨的过程中的必然现象。如图 1（33 页），各种质地、各种形式都具备了。

图 22 是一串台湾高山族串饰的部分。他们是拾到粒状玛瑙石，磨出了两头的面，即成一核形珠，大小长短不一，无打光方法，故无光泽。长形者，为古代兽牙等仿制品。日本，则称勾玉。中国俗称雷镇。

这是珠饰大概的发展情形。圆珠，在下章详细谈。

三

陕县①附近，发掘了虢国墓地，出土了"虢太子元徒弋"的铭文铜器。其铭文铜器 14 件，铭虢太子的有四件。这些器物，一部分是虢太子元时代的作品，有的是他祖上传下来的作品。《史记·周本纪》："宣王不修籍于千亩，虢文公谏曰不可，王弗听。"集解："文公，文王母弟虢仲之后。"过去早发现过虢季的铜器，它是周代立国，即成为一个公国。故它的年代，可定为公元前 11 世纪。如照它的灭国年代算，那就迟到公元前 7 世纪。但器物制作，不会在灭国的同时，应是埋葬的同时或以后制造。

这里要说到公元前 11 世纪。中国古代制造了大量玻璃，它和屯溪型有釉器同时代，比山东苍山有釉器迟 300 年，比二里岗有釉器迟五六百年，比商釉豆更迟。发明釉，应是发明玻璃的时代。但实物出土，这批公元前 11 世纪的玻璃，是目前出土玻璃物中最早的物品。但釉与玻璃的发展，当时要有过程，而非科学发掘出土玻璃珠实有早于虢墓玻璃——从质地比较上说。

这些古墓出土的成组的串饰，比较完整，在二股相合处，用马蹄形穿二孔来穿二股珠饰的形式，与台湾高山族原始型，由一石片穿二孔成组的方式，完全相同。而一些石珠及管状截断式，也是具有一定的原始型，也即为古玉勒的管状物的原始骨饰的发展。发现时，都在颈部、腕部，特别是男性也有颈饰，这也是原始饰物的遗留。

玻璃部分，1647 号墓，管状玻璃珠二件。核形

① 今属河南省三门峡市。（编者注）

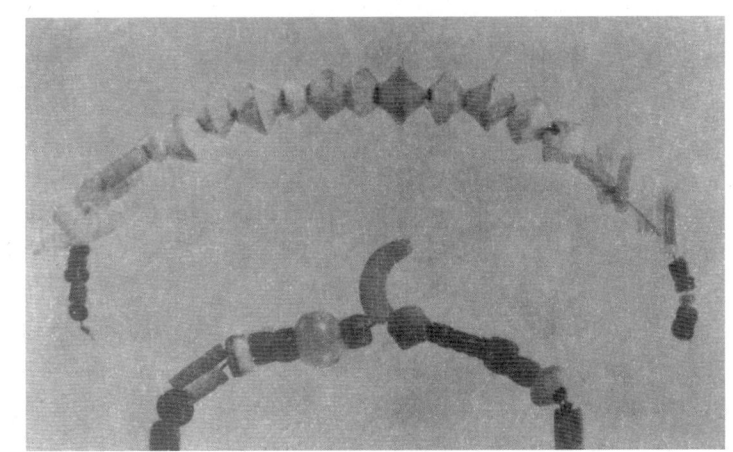

图 23　上为核形玻璃珠（前 10—前 9）。浅绿色，正如青瓷釉。下为管状玻璃珠。采自上村岭虢国墓地

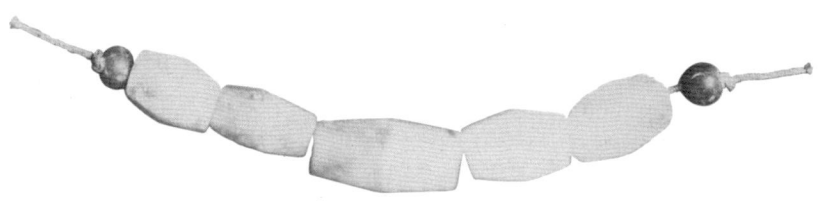

图 24　核状玻璃珠。方形锥状，是特有形式。黄白色，有孔可穿，五粒。可能是独立成串的残存，或其他珠上下配饰。约为公元前 7 世纪物

玻璃珠七粒。呈黄绿色，透明，大小亦不一致。

1659 号墓，出土了颈部串饰，内中杂核形玻璃珠四粒。

1714 号墓，发现腿部珠串，为核形、圆形大小不一的玻璃珠七粒，与三粒石管珠成为一串。其旁有核形及带圆形玻璃珠八粒。

1745 号墓，发现耳部核形玻璃珠三粒，与玦伴出。这显然是耳饰。其颈部则为贝一串，以贝为饰，一般来讲，时代是比较早的。其他又有陶质核形珠，达数百粒之多。这种核形绿色玻璃珠，见图 23。

而这种核形玻璃珠，渐渐演变为较长形之珠式。如图 24 之各珠可为代表。

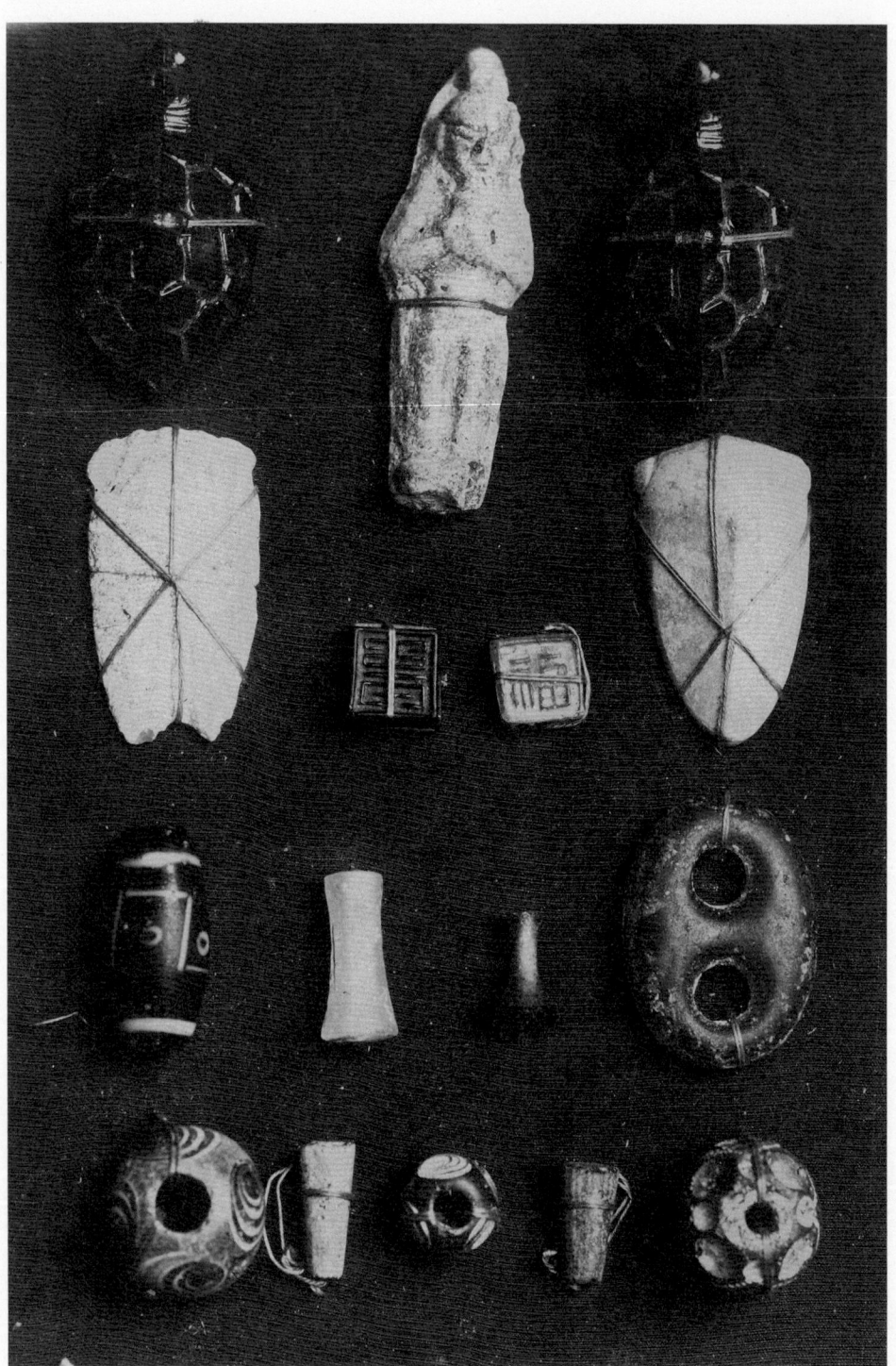

图 25

四

在古代，文化的进展速度，并不如我们所想象。如实际耕稼、砖瓦形式，基本上二千余年，并无多大变化。

而我们的考古领域内，不问铜器以及其他物质文化，从公元前 10 世纪有所记述外，直到公元前 3 世纪有所发现，而当中 700 年，几乎成了空白。其中由于《左传》《史记》等文献给了一些方便之处，以学究目光治学，便框住了分析的能力。因而，一些古墓遗址，发掘者截取自己熟悉的遗物，写成简报而用一二点论点定出了绝对年代。

故有些古墓及战国墓与遗址，其所定年代，有重新审定的必要，特别是上下地层间关系，单从器物类型与孤墓孤证，以定年代，存在着无数问题。比如铁器使用年代，机械地下了判断，而不论发现与使用，时间上有过程。使得玻璃研究上，西周到东周的一个段落，将成为缺环。

公元前 7 世纪前后的考古材料，唯一的是洛阳中州路东周墓的发掘。共发现珠类 75 件，包括水晶、石、绿松、玛瑙。其中二粒，以豆青、赭、蓝三色装饰成乳纹。这种玻璃质乳纹珠，在科学发掘而出土者，是时代最早的一件[①]，但乳纹珠中，这是最简单的。这件发现物，下面将作为非常重要的证例来讨论。

《文物》1959 年 6 期文载，山西侯马东

图 25　1　玻璃龟佩饰。全体蓝色，有钮可穿，长 4.8 厘米，阔 2.8 厘米，厚 2.3 厘米

2　同上成对

3　玻璃人形玩具。浅绿色，土蚀。长 4.2 厘米，阔 2.9 厘米，厚 0.4 厘米

4　尸口内含的玻璃蝉形。浅黄色。长 4.2 厘米，阔 2.9 厘米，厚 0.4 厘米

5　尸口内含的玻璃蝉。翠绿色。长 4.2 厘米，阔 2.9 厘米，厚 0.4 厘米

6　有文字玻璃饰物。枣红色，方形。面 1.2 厘米，厚 0.6 厘米

7　有文字玻璃饰物。柠檬色，方形。面 1.1 厘米，厚 0.5 厘米

8　长形玻璃珠。黑地白纹，长 3.1 厘米，径 1.5 厘米

9　凉帽珠两端玻璃饰物。柠檬色，长 2.3 厘米

10　凉帽珠两端玻璃饰物。翠绿色，长 2.3 厘米

11　玻璃系物饰件。黄绿色，长 3.9 厘米，阔 2.9 厘米，厚 0.7 厘米

12、14　玻璃乳纹三弦珠。12 蓝地白纹，径 2.9 厘米。14 绿地白纹，径 1.7 厘米。珠已脱落部分

13、15　玻璃鼻塞。七窍玉之一。深绿色，无孔，长 1.8 厘米

16　乳纹玻璃珠。暗绿色，眼已脱落。径 2.0 厘米

① 《洛阳中州路》（1959）115 页，图 71。

周时代窑址，出土有烫花骨钗、玻璃残片，应定为公元前8—前7世纪。但原文又云在春秋战国间，陶器全是绳纹，以此推断时代应较早。这篇报告，是定了年代又自己推翻了。就是说，他看到铁，又吓煞了。

河南信阳楚墓，出土了大量文物，一般定为战国。楚在殷代已活跃于中国南部，这个芈族，其势力不亚于周民族。屈原的作品中，常提到中国最早历史中的先王。它的文化，比周民族要高。到战国时代，与秦对立，以致灭亡。从地理看，是它向北进而灭亡呢，还是向南退，从长沙而衡阳的荆蛮老家，以致灭亡？所以在河南信阳的古墓，应是它盛时的古墓，而不是战国衰亡时期的墓葬。从它出土的玉件看，其类型不是战国，我把它定为公元前6世纪左右。因长沙木俑，经放射性碳素测定，为公元前445年，进入公元前5世纪。

信阳楚墓出土玻璃珠22粒，管状物一件，乳纹装饰珠二粒。这种乳纹珠，以一个圆形图案中嵌以七粒乳纹，为一组成。这种镶嵌乳纹形式，已达到乳纹珠最高形式。下文可以看到，楚民族文化地区，是中国出土古代玻璃最多的地区，也就是说江南文化中，玻璃也将成为一种兴起的物质文化。

我估计，我这种过早的论列，使人吃惊，然而出土物（不单是我收集品的地点）的面、类别、量，将毫不留情地来说明这一现实的客观事实。此一楚墓，出土玉件较多①，而回到长沙等地时的古墓，这种从西部传入的物质，比之在河南时，将逐步减少，玻璃代用品增加。我们从这种侧面来分析问题。我觉得这才是分析，而不是就事论事、孤墓孤证以作概论。下面将逐步列举古墓出土物内容，兹先提出这么一个问题。

① 《河南信阳楚墓出土文物图录》（1959）"86页、96页。

图26 即图69（208页）之2—6之色彩复原图。作为比较研究分析类型之用

1 乳纹圈组合玻璃版。重眼及色彩，中国出土物中所常见。即地之色彩是仿造碧玉

2 此种装饰，可能是文化交流的产物

3 乳纹圈组合。重眼，色彩，此种形式已具较大面积普遍性

4 弦纹、图案、色彩，是古代埃及出品，地方性极浓厚。与图84（260页）之7的爪哇出品，为同一系统

5 单色透明残珠。是水晶的仿造品，图中出土物所常见

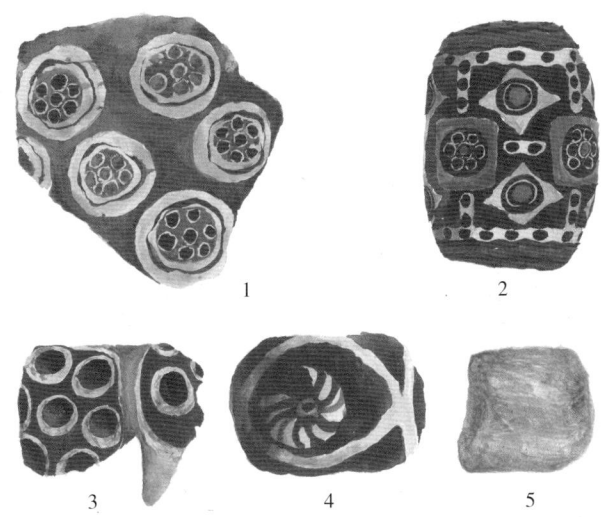

五

约公元前6世纪前后，玻璃工艺比较精致。河南辉县固围村一号墓发掘，棺外为黑漆彩绘，棺内为黑漆乳纹白石方柱，六面皆有乳纹。它以彩色乳纹玻璃片等，加以镶嵌，使棺内呈五彩缤纷之状。玻璃片长2.0厘米，厚0.3厘米，底为漆，漆上为白色，白色物上为绿色玻璃，其上饰有紫、白等乳纹加弦纹五圈（ ），圈椭长，乳上有一点蓝色玻璃为中心。

此种玻璃镶嵌物，总数已无法查清，仅留残迹。此墓早经盗发，图26之1、3，流出国外之乳纹玻璃美丽镶嵌物，同为这一用途之残物。还必须明了，中国不但有乳纹珠，也有乳纹玻璃片，以后发展为镶嵌铜器之玻璃片。

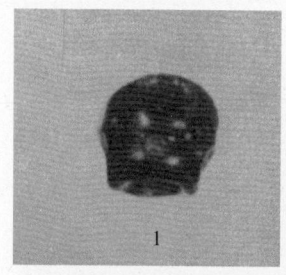 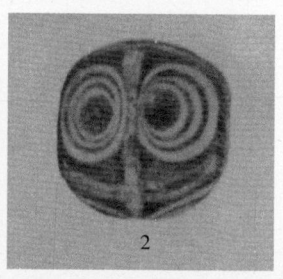

图27　1、2 玻璃珠。1 深绿色，眼蓝色。2 径 2 厘米，黑白二色分块，每块有一大乳饰

3—7 玻璃珠。固围村一号墓出土

① 《辉县发掘报告》1956 年 3 期，《辉县新建设》发掘中的历史参考资料。

墓外一号、二号埋玉窖，共出土玻璃珠 58 粒。大部分为乳纹珠，图 27 之 3—7，3 为绿胎，蓝点，白弦纹，径 2.1 厘米；4 为蓝点白弦纹四道；5 为珠在腰部及上下白圈三道，中缀乳纹。此外尚有黑色小珠，有多面核形珠，有核形制作不精、成多面体，又有乳纹成管状之碎片。此 58 粒珠及玻璃片，说明这一时期，保存着黑色珠原始型、中期核型，发展到乳纹镶嵌物以及精制纹珠。单这一墓出土物，已拉开古中国玻璃序幕。

五号墓，出土一包金镶玉银带钩，两颈二玉，各镶一乳纹玻璃珠，中部似有一玻璃珠已脱落。从这一带钩，可以引证其他同类型的带钩。① 有人认为钩为战国物，但珠式为同型。按辉县，周为共国，春秋属卫，所以定为公元前 6 世纪前后，从其他纹饰上类型可以这样来看待它。不应顺从日本学者定钩的时代考证死框，要相对看。

河北唐山贾各庄，在周代，属燕的文化，其附近，一般都发现过有纹样的瓦当。21号墓出土遗物中，有一件玻璃饰物（图1，33页），绿色，长方形板状，中央横穿一孔，边缘不齐，表面浸蚀，部分尚留光泽，长1.8厘米，宽1.6厘米，厚0.3厘米。制作工艺，近乎绞的方法。这种串饰的玉珠串法的间隔物，从串饰说是比较早期的。再从陶器看，约为公元前5世纪物。而板状制作，一般出土不多，有方形、马蹄状者均为玉石。板状物的产品，则是启发玻璃镶嵌物的早期作品。该报告中云同时出土一镶嵌壶，但未说明镶嵌何物。[①]

湖南长沙、衡阳发掘楚人古墓，非科学发掘与科学发掘，总数近千座。而定年代，均由发掘者根据墓型、器物型而定，一般以定到战国为限。以楚人文化在湘地区为根据看，其古墓以战国时代为上限，似存在问题，其鉴定内容显然值得重加分析。不能认为楚人有特殊特征的文化，是在战国时代凭空新兴，毫无文化传统。若果如此，则就进化论来说不可思议，屈原《天问》一章，便无法解释。

我写完此章之后，第二年3月《考古》刊了中国第一次放射性碳素测定年代报告。这是值得欣喜的事。长沙1951年406号墓木俑测定为公元前445±90年，《考古》断定年代为公元前5世纪。长沙楚墓一般定为战国，战国的历史年代是公元前403年到前221年，但一般对战国的概念是公元前3世纪。所谓晚周，超出公元前4世纪，则已认为是春秋。而当时殉葬的俑，如精密计算，其他用器，必然早于葬时之物。

406号墓也出竹简，下面看一看一般人对仰天

① 《考古学报》第六册（1953），108页，图22。

图28 七彩乳纹圈组合珠。放大四倍。与图29一起在长沙陈家大山发现。与图29之3同式。但此小乳（珠）为三个层次，而下图之珠为五个层次。此珠暗色部分为黑蓝色。珠中当以此二珠为最精美工细。在长沙烈士公园三号墓，出同一型一粒

湖竹简的年代论断，实在可以使我们醒目：仰天湖出土楚竹简文字，"至早不出战国末年，至迟也在西汉初年"①。这种文字有原始性，与周人同形者不多，而尚有甲骨造字之繁文，如鎍字，而比之秦人权及诏版，字之结构，完全不同，与汉代文字，相去更远。单以此条来看，长沙古墓初定之年代，确实存在着相当大的问题。

公元前6世纪的精制玻璃珠，出土于长沙烈士公园三号墓②，直径2.5厘米，蓝地，白圈，圈中以六点乳纹成为一组。乳纹以黄色作小圈而成，与图28放大图一珠同式。同时又出土玻璃环一件，外径5.2厘米。此种环，一般为红玛瑙制成，玻璃环为其仿制品。又出土木篦，与图56（182页）之3木梳同式。此外棺四面裱有刺绣，其所绣之纹，为楚人漆器画上图案同式，有它的民族特征，但绝非受斯克坦式影响，这种荆蛮纹样绝不能与蒙古长城地带纹饰混杂比拟。此绣品，楚人称綌绣，綌即今锦字，早期的固围村棺，用玻璃玉石镶内部，外用锦绣，当为一时风尚。

多年前，在唐裁缝处见一破鼎，据云公园出土，尚有漆器。鼎为楚特点之高足鼎，我把鼎足铜壳破开，内部为黑色铁渣，是毛铁灌鼎足，使高足鼎稳定，以年久，铁已化为渣状。按文献所记，楚人是"宛鉅铁釶，惨如蠭虿"③，楚铁兵在战国如此进步，而灌鼎足为毛铁，显然鼎的时代要早。

① 《长沙仰天湖出土楚简研究》，18页。参考《文物参考资料》1954年12期《杨家湾M006号墓清理简报》。

② 《文物》1959年10期。

③ 《荀子·议兵篇》。

图29 1 乳纹二弦珠。蓝色黄白色纹

2 乳纹佩式细点纹珠。厚重，孔大，黑带绿色，眼为白色土蚀，原非白色，土蚀酸化成石灰色，细点装饰，一部分脱落，同质，成石灰状。但装饰有规则

3 乳纹圈组合珠。极美观。蓝黄二色组成。有五道层次。眼之暗色为深蓝色

4 水晶珠

5 陶珠。无孔，有乳孔的刨纹

6 六角水晶敇。浅绿色，有孔极细。长7.4厘米，径2.8厘米

7 近铁质矿石实心弹。无孔，极重，不受力，赭色。有乳孔刨纹。当为含铁之硬性陶珠

8 水晶珠

9 玛瑙珠。有空可串

此九件均长沙陈家大山一区出土

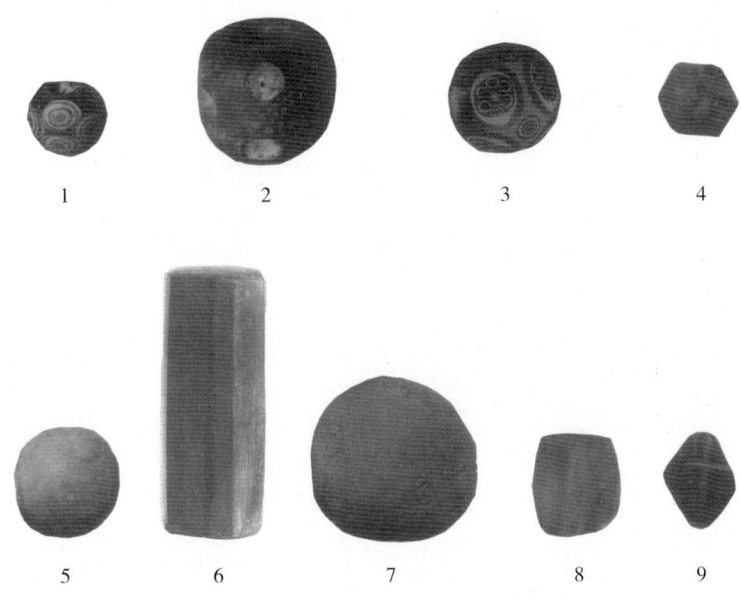

与棺饰一同来看，约为公元前5世纪的玻璃，是有可能的。

长沙出土物中，有铜丝制成鸟笼，笼中有紫砂烧制的鸟巢，一只木雕的鸟，串在一条鎏金的铜丝上，又有一只铜鸟食罐，罐内为小米大小的细玻璃珠，铜丝串位，已为铜锈贴合，不便分开。此铜鸟食罐，径仅2.5厘米，其粟米形之玻璃珠之细，其孔之细，无法想象当时的工艺。但无可否认，在公元前4世纪的中国古代玻璃工艺，已到达纯熟的程度。

从这一件物质来讲，云中国玻璃来自域外，甚至从东罗马来，谁也不能想象，一个楚人的统治者，在死亡之后，由于这个死人，要制造一件前所未见的木雕爱鸟来殉葬，而向东罗马去定制比粟米还小的细珠，即使从域外到达中国终点的长安去取这一定货，其营葬的日期，也将无法预算了。

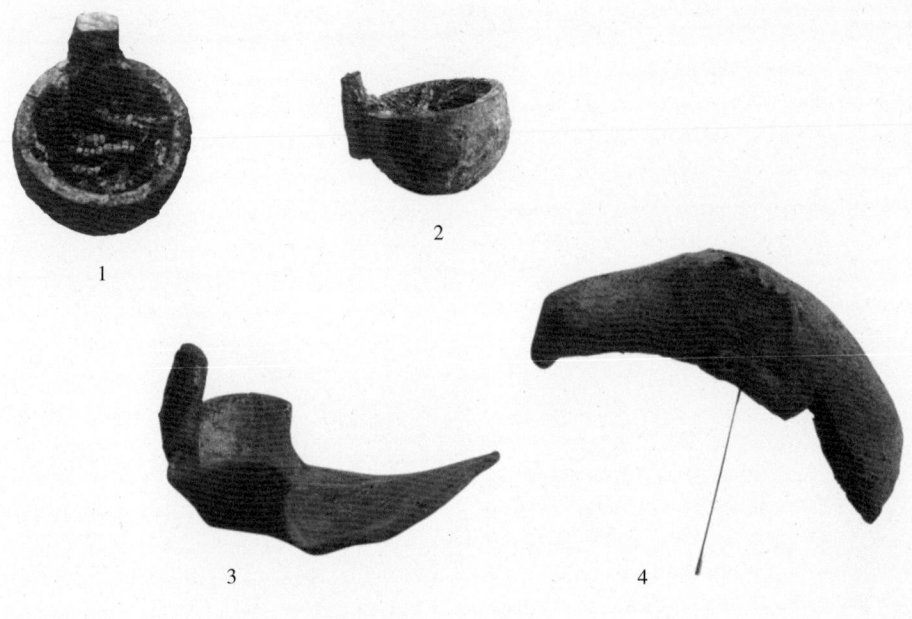

图30 笼养鸟成组模型玩器一副。鸟食罐铜铸，中藏细玻璃一串。玻璃绿色，细如粟粒，有孔，用金属丝穿成串，铜绿将玻璃贴住。说明此种细matters有粒制作技法当时已极熟练。鸟巢为黑大石质。鸟为木雕，有孔，停在一金属杆上。长沙陈家大山楚墓出土

这一套鸟笼的出土，是在一座极大的木椁墓中。图30之1、2是原大食罐，3是鸟笼内放置的鸟巢，4则为木雕刻小鸟。这组养鸟玩好，百分之百中国式，大概谈不上什么大秦式大食式吧!

山西长治分水岭古墓发掘，虽仅25、36、48、27、28号等墓出土了玻璃珠及管状物16件，但从其铜器以及结构来看，和固围村等古墓，有接近之处，因而可以作为公元前5—前4世纪来看。[①] 这些玻璃珠，有浅蓝胎，表面饰有七个蓝色乳纹，外绕黄白弦纹。其中有黑胎、蓝乳纹、白弦纹，这是较古代的作品；其外有褐绿色及白色胎，组成方格，加乳纹，这是较晚的形式。这就不是明器，是生前用得相当久、不同时期的弄器。

上面，举出古代玻璃的发明与第一阶段的应用状况。一般说来，是统治者饰物中，比较珍贵看待的，由单纯仿自然物到装饰化。但没有较大型的铸

[①] 《考古》1964年3期，135页。

器。而其中一部分，我根据发现状况的伴出物，比发掘者的判断，提早了些时代。希注意！

六

下面，我将谈第二阶段，约公元前3世纪，三个世纪的情况。

然而，可以排除像秦人那样一个西北民族，在这一时期，可能有的文化。所谓秦铜器、秦镜，多不能成立。然而西部的玉的佳材，有较多较美好的原料散到各个地区，瓷、瓷釉器与玻璃相适应地发展了的江南文化，一个西陲民族不会了解，实际上政治力量亦未能到达，以此来统一文字，其局限可想而知。

釉瓷发展、玻璃的珍贵概念，将渐渐低落。当然，生产量增大，器物类别增多，而且有了铸器，以至作为玉的代用品，又属珍贵的代用物的地位，也必然要成为貌与质不相称，而渐渐走向下坡的开端。这是物质文化盛衰的必然规律。

璧的殉葬，有它的巫术作用。一般头向璧，璧向羡道，有引导的含意。但本义是玉质，玉本身就是以其坚而光彩，象征永久光明。璧的使用，是相见礼的信物或示尊贵。

而这一时期，工艺上，有能力以玻璃铸器，铸成青玉、白玉璧的仿制品：图31至图37，计15件（部分是残器）。其中图33、图34（129页）两璧，玻璃工艺很高，一青一白，其装饰全部乳纹粒，或加弦纹，或有蒲纹（纹的意义详见下章）；另有一残璧仅存四分之一，全部土蚀，一面尚留光彩，剖开后，始知其质为玻璃。说明璧的殉葬，可能要超出这一上限年代。

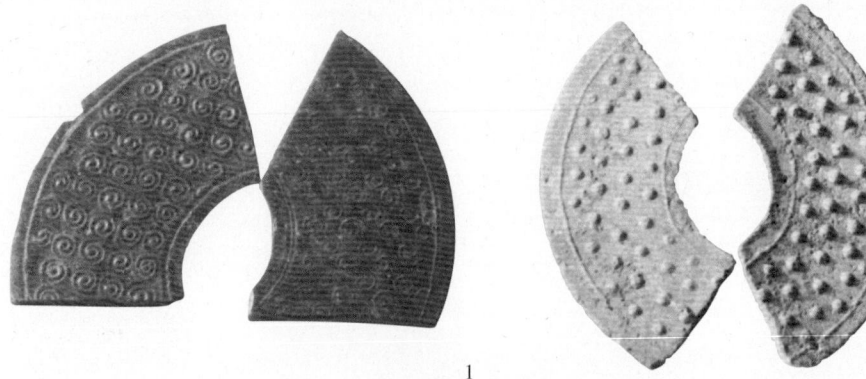

1

2

图 31

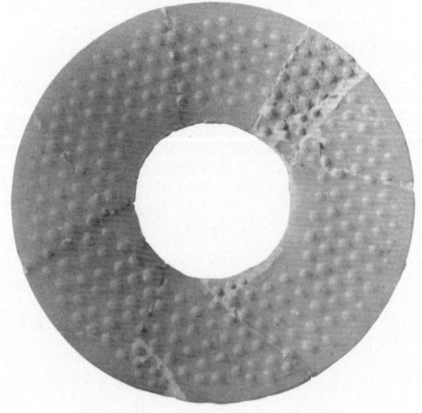

图 32

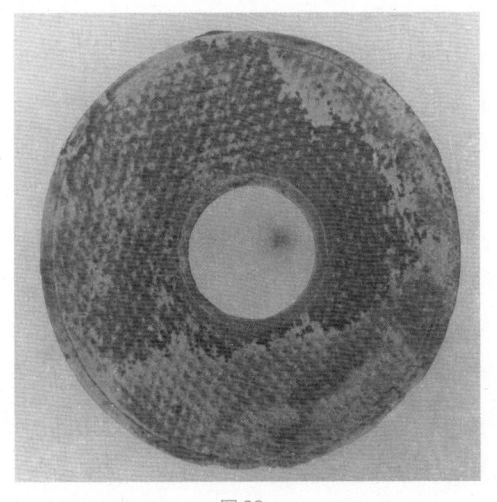

图33　　　　　　　　　　　　　　　图34

图31　1 乳纹玻璃残璧。左两璧碧绿色，半透明。右璧黄白色，土蚀后成不透明

　　　2 纯白玻璃璧。全径14厘米。乳纹凸起，制作精致，全部照玉的规格制作

图32　玻璃乳粟纹璧。纯白色，半透明而略暗

图33　玻璃璧。纯白色，半透明，是最完整的一件乳纹璧。长沙出土。中国科学院藏

图34　乳纹玻璃璧。深绿色，半透明，近似碧玉

　　玉璧殉葬，一般为一件，很少有多件者。而玻璃璧殉葬，有时竟如烧饼一叠叠，上下的土蚀破坏，中间者如新，或一面如新。那么是对玻璃的珍贵呢，还是其他原因？作为中国喜欢收藏的人来说，几千两银子一件瓷器，不希罕。如果花几十元购一古代玻璃，那除非这个人是做买卖的商贩。

　　从几千年文化传统看，这是玉在这大统治者小统治者——也即是封建制快形成的时代，已经供不应求，葬的巫术信仰衰落、仅存习惯性时，才产生了代用品。玻璃璧，等于我第一次收集古玻璃资料，第一件破璧用棉花包扎；而到晚年，资料标本盒中，这种古玻璃和古瓷标本堆起，像我的烟灰缸中的香烟蒂一般。有时烟灰缸起火，青烟袅绕直上。

　　以下是近年玻璃璧的出土记录（附出物也同时记录），可从中观察，它的最盛期的状况。

　　常德德山镇古墓群发掘，战国早期墓出土了玻

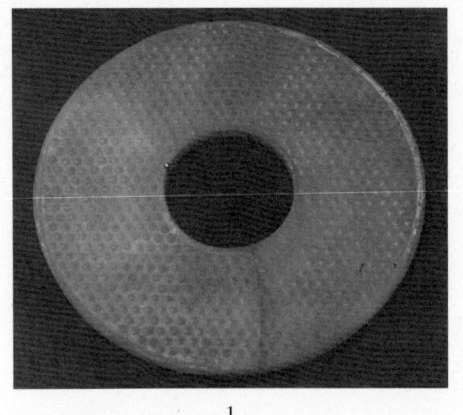
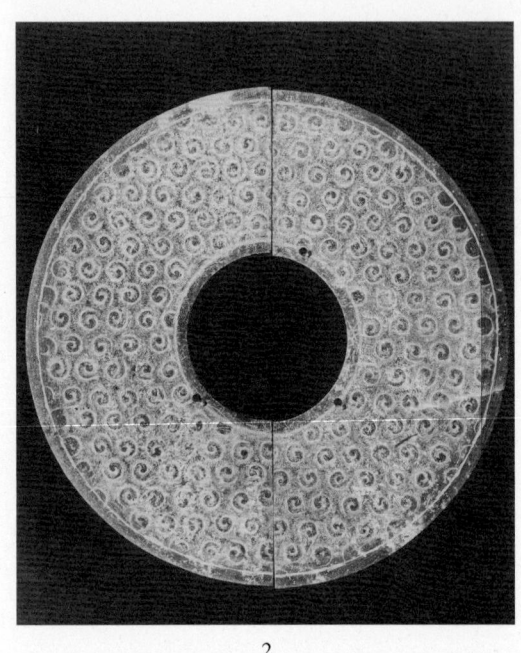

1　　　　　　　　　　　　　　　　　　　2

图35　1 乳纹玻璃璧。白色而润，半透明，近似真玉，长沙出土。反面有土蚀
　　　2 玻璃合璧。两块合成一璧，有小孔三，可穿，乳纹，深青灰色，似有意仿古代碧玉色泽。径14.5厘米，内4.8厘米，厚0.5厘米

璃璧二件，浅绿色，径8.0厘米，乳纹。附出玻璃珠，为浅蓝色，半透明，无纹饰。① 根据铭文、铜印文字，可认定为早期。较晚期墓，出土玻璃珠，六棱形，黑色底有白圈纹饰，仅二粒，径0.6厘米。

衡阳苗圃战国墓，亦发现了玻璃璧，因为伴出了铜坛、铜爵，则时间可提早。

长沙丝茅冲战国墓群中，曾出土了玻璃璧三件，附出玻璃环一件。②

又陈家一山战国墓群清理中，出土了玻璃璧二件，径9.6厘米。此种残墓，器物以陶为主，是小型墓。③

1951年长沙近郊有一次古墓群清理，战国早期墓出土玻璃珠二件，见图27（122页）之1、2。中期的计332、251、217、240、245、255号等墓，均出土玻璃璧，分述如下：玻璃璧二件，均为乳纹凸起，一为绿色，一为白色，最大径11.5厘米。其最大特点是一面有纹，一面平而无纹，说明了专制

① 《考古》1963年9期，468页。
② 《文物参考资料》1955年11期，51页。
③ 《考古》1958年9期，60页。

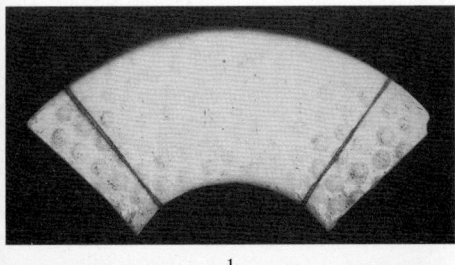
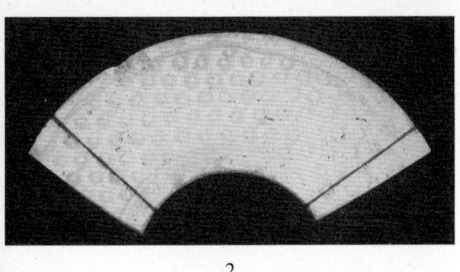
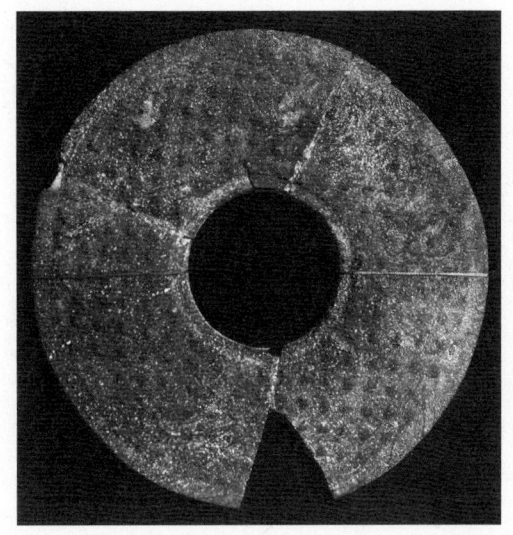

图36　1 玻璃残璧。乳白色。内 2.5 厘米，厚 0.4 厘米

2 玻璃璧残片。青白色。内 2.6 厘米，厚 0.4 厘米

3 玻璃璧。深翠绿色。径 12.5 厘米，内 4.3 厘米，全部土蚀，纹已泯灭

为殉葬之用的明器。简陋的则为大量的滑石制的璧，约上百件。后期墓出土玻璃璧二件，一件无纹，一件蒲纹，大的径16.1厘米。素玻璃珠三粒。此一时期，发现了容器制作。发现的是杯状碎片，蓝色，透明，器壁有凹入弦纹。[①]战国西汉间有容器制作，这说明璧与容器，多是铸器，不是珠类的手工细作。

这里还值得注意的，是江南地区发现较多，湖南地区也不少。上面所谓清理，是被掘后进行清理，大量玻璃已流出各地，上举图31至图37，大部分是我在长沙、广州截住了采集到的。其中一件，则见于《楚文物展览图录》。国内除陈大年外，不会有大收集，而流出者，估计将及一二百件。

报告中讲到，多的出过六个玻璃璧。在这三个世纪间，从这一墓群看，其量之高，可以想见。

株洲的战国墓中，镜式完全属楚镜型，伴出中有玻璃璧。[②]长沙柳家大山，发掘一古墓，属战国时

① 《长沙发掘报告》（1957），至 123 页止。

② 《文物》1966年1期，41页。

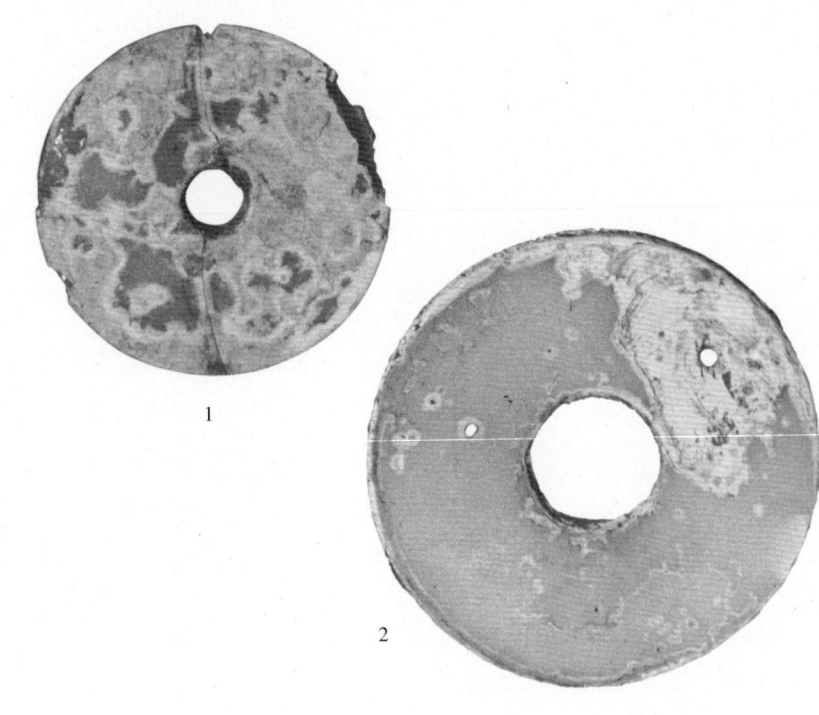

图37　1　玻璃环。乳白色。径4.1厘米。土蚀，极厚

2　玻璃环。径5.1厘米。土蚀极深，乳白色变黄。傍有小孔

所谓环，古玉书称系璧。实际以绳穿环，又从环下系佩。甚至，其中穿珠，穿各种环，最后为佩。环傍小孔，又从小孔穿各式珠串之属。可看高山族之佩件，复杂之极。各种琥珀、玛瑙、水晶，以及不知名之玉，约有几十种之多

代型，亦出土有玻璃璧。① 玻璃璧殉葬，以这个时期为最甚，亦说明了它的生产状况。

闽侯庄边山，3号墓，亦出土了玻璃璧，径16.8厘米，陶鼎近楚式②，故定为战国。玻璃在南方的发展，颇可值得研究。

更南的地区，广州华侨新村，4号墓，出土一玻璃璧，带黄色，乳纹，已脆化为粉。③ 伴出匏形原始青瓷，近屯溪型，其时间可以参考。但五十余墓，只出玻璃器，或有人幻想由广州联系到海上交通，联想到输入。我想，确实有此种盲目学者。

七

璜。一般是以极薄的所谓"桥形币"代玉制品，日本有竹垒，有玻璃璧及玻璃璜一件，照原色版④看，亦属这一时期。

① 《文物》1960年3期，46页。
② 《考古》1961年1期，44页。
③ 《考古学报》1958年2期，73页。
④ [日]《有竹斋藏古玉谱》，说明一册，原色版二十余页。

第五章 中国制造玻璃各个时代的变化

图 38　1 玻璃鹤膝矛。长18.8厘米，柄长9.8厘米。绿色透明。长沙湖桥A45号墓出土
2 细孔瓶。乳色，身有纹饰，土蚀颇深，已纷纷脆落。孔极小，深竟及瓶之四分之三。说明手工制成，非吹玻璃，为重要研究资料。长6.2厘米，近透明。此形式，应为中国传统型

1　　　　　　　　2

① 《考古学报》1957年4期。
② 《文化大革命期间出土文物》，中文本。

兵器。一般为金属用器以殉，长沙湖桥，A45号墓，出土一玻璃矛，长18.8厘米，柄长9.8厘米，通体透明，彩绿色，形制与战国铜矛相似，柄中部凸起，如鹤膝，故称鹤膝矛，《释名》作骹矛①。此为极少见者，但可以看到玻璃工艺的进步。见图38之1。

这一系列的铸器工艺的发展，当然会产生一些日用器。西汉刘胜墓中，出土了玻璃羽觞，高3.3厘米，径13.6厘米×78厘米，绿色，半透明。这一件用器，可能当时是作为珍物看待的。②事实上，玻璃器中能留下这一件珍物，也是非常可贵的，它可以充分证明中国古代玻璃工艺的成就。而作为我的研究过程，发现了它是祖国特有形式的产品时，兴奋无比。

在古代，短短的战国、西汉三百年中，已制作玻璃容器，这是非常大的发现。我是将中国与域外通商之前来断代，是有深意的。图38之2是件细孔瓶。古代器物，原始的，多受自然物启发，这一

图39 1 剑柄末端玻璃饰物。乳白色，面有乳纹一圈，中为图（图形）纹饰，径4.3厘米

2 玻璃剑柄末端饰物（玉书称"瑹"）。有破碎。此物图形如璧，无孔，剑柄末如碗，柄中空，吹之有声。凡是玉具剑，镶玉四件。故此物背面平，车成线一环，穿细孔二或三，以漆或胶镶于柄之末端。表面雕纹二圈

件仿自葫芦，后代称药葫芦，凡仙丹均藏此种器型中。这完全是中国型，而且是药瓶的原始器。这一时代造出了玻璃容器，真像奇迹一般。它胎厚，土蚀深，与下面所举的瓶，时代分明。特别是要与方士联系起来。

广州横枝岗发掘西汉墓，出土了三只玻璃碗，深蓝色，口径10.6厘米，唇下有凹入弦纹，内壁光滑，外壁经过磨砺。这种形式与汉晋绍兴瓷碗同式，是葫芦切下的底部的原始型。这三件与以上二件，多是用器，同时又出土了玻璃带钩。则就把制作两种器物，全部为中国特有物联系在一起了。[1] 长沙玻璃杯，大年采得一件，此时我已离粤，后献国家。[2] 但有一玻璃盏，未及采到，已为西人掠去，今在美国。

八

玉具剑，是中国非常宝贵的一种装饰兵器。它的时代上限，从我亲自接触的长沙若干件出土物看，应在春秋战国间已使用。凡是玉具剑，剑身除了刃部，而其上面的暗纹，摸之无形，有光线照射下，纹饰中有银金的闪光，其纹饰之几何体之细而精，可以说是无法想象怎样才制造出来的。

古玉研究者为了玉具剑的名称争论不休，文献的混乱，又和刀的玉饰混淆，这种考证争论，是浪费的。虽然我也为此收集了30种文献，有的还是孤本。这里，为了一目了然，我把其名称改为"柄末饰物""柄端饰物""剑鞘饰物""佩剑饰物"四种。

下面要谈，玻璃质的玉具剑剑饰。

长沙湖桥D5号墓，出土一柄末饰物，玻璃质，其中心凸起部分为菱叶纹四瓣，与铜镜之中心纹样

[1]《考古》1955年4期。
[2]《文物》1959年7期。

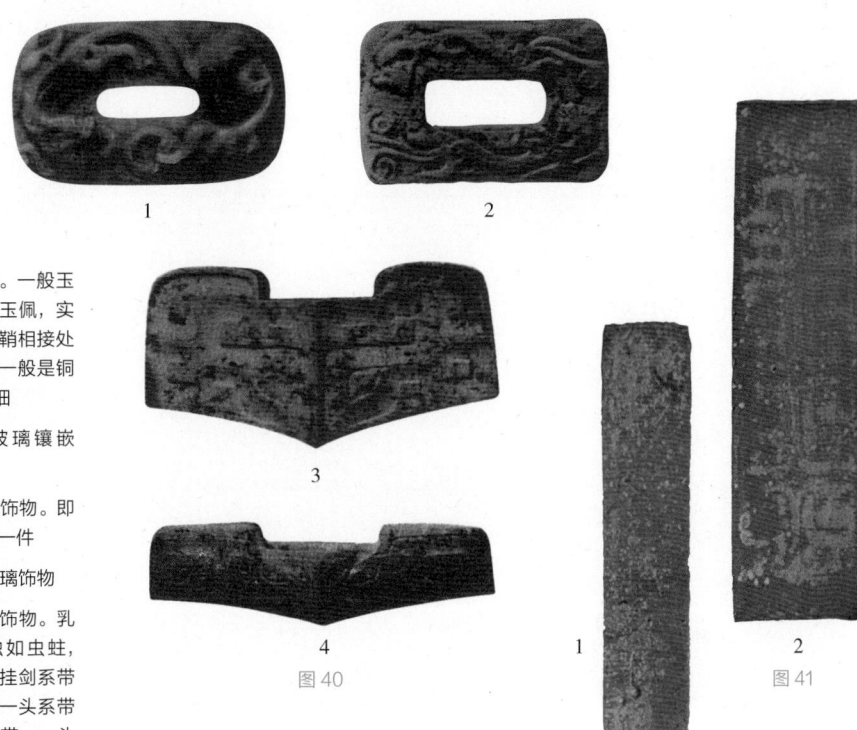

图40 1 玉刀饰物。一般玉书称系璧、玉佩，实为刀柄上与鞘相接处之镶嵌物，一般是铜制，雕镂极细

2 刀柄上玻璃镶嵌饰物

3 玉剑柄上饰物。即玉具剑中之一件

4 剑柄上玻璃饰物

图41 1 玻璃佩剑饰物。乳白色，土蚀如虫蚌，无纹饰。有挂剑系带之长孔，即一头系带挂于腰上皮带，一头系带缚于剑鞘。葬时，将此物及带安放在剑鞘上，年久，木鞘腐烂，则此物为铁、铜等锈固着剑上

2 玻璃佩剑饰物。乳白色，半透明，长9.9厘米。上有古玉上同样之花纹，虽土蚀，可以分辨

同式，边为楚式动物，雕刻龙二条。这种二动物对称的生动纹式，是楚人的特色①，也是其他民族无法创作的艺术。

寿县小孤堆被盗之后，收集到玻璃剑饰二件②，当是楚时代物。

长沙左家圹15号墓，发现一楚时代墓，玻璃柄末饰物，比较一般器形为大，其特点是中国传统的全部乳纹凸起。③

剑饰不全是四种完备的。如图所示：

图39之1，为柄末饰物，乳纹，  纹样。

图39之2，亦为柄末饰物，乳白色，土蚀。

图40之3、4，为柄端饰物，3为玉制，4为玻璃。

1、2为刀柄端饰，1为玉，2为玻璃。

图41之1、2，为佩剑饰物。一素，一为回纹。

① 《考古学报》1957年4期。
② 《文物参考资料》1955年3期。
③ 《文物》1964年6期，40页。

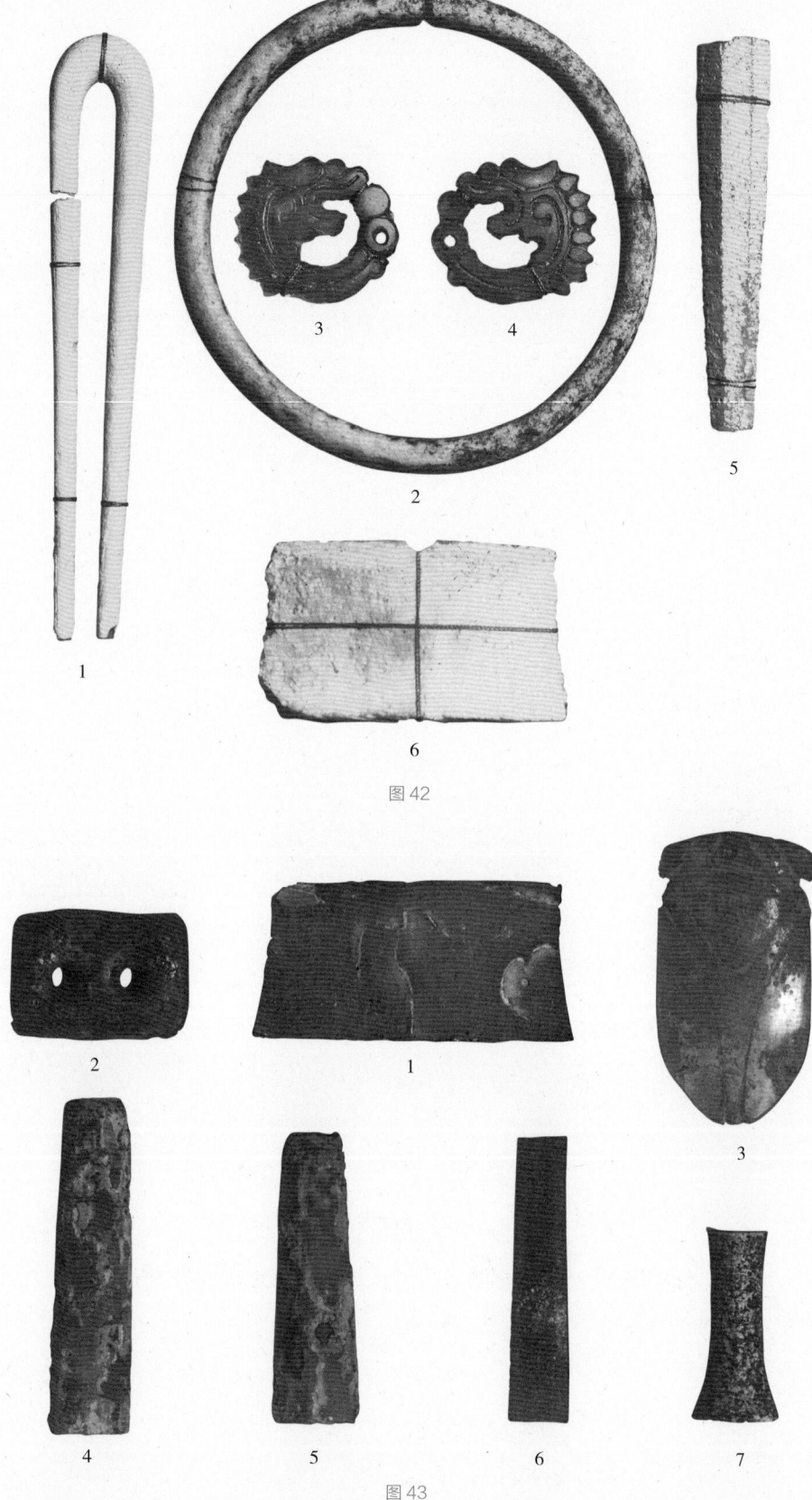

图 42

图 43

图 42　1　玻璃钗。女子发饰，乳白色，土蚀极深，成石灰状，长9.8厘米

2　玻璃环。乳白色，有土蚀，径8.0厘米。用途未定

3、4　玻璃饰物。青黄色，有孔可穿

5　玻璃七窍玉之一。八角形，乳白色，长6.5厘米

6　剑鞘末端玻璃饰物。淡青色，长5.5厘米，阔2.9厘米，中厚1.0厘米

图 43　1　玻璃剑鞘末端镶嵌物。大的一端坠地，小的一端镶入剑鞘，有一孔可用于镶入木接榫。浅绿色

2　玻璃系物挂件。深蓝色，土蚀成银光。上下有二孔，即上系革带，下系物件

3　玻璃七窍玉之一琀。蝉形，葬时含口中。乳白半透明，明器

4、5、6　玻璃七窍玉之一。葬时，塞尸体肛门中。明器

7　玻璃帽珠管饰。绿色

图 44　1　玉璧

2　玻璃璧。一般，玻璃璧无玉璧之大形者

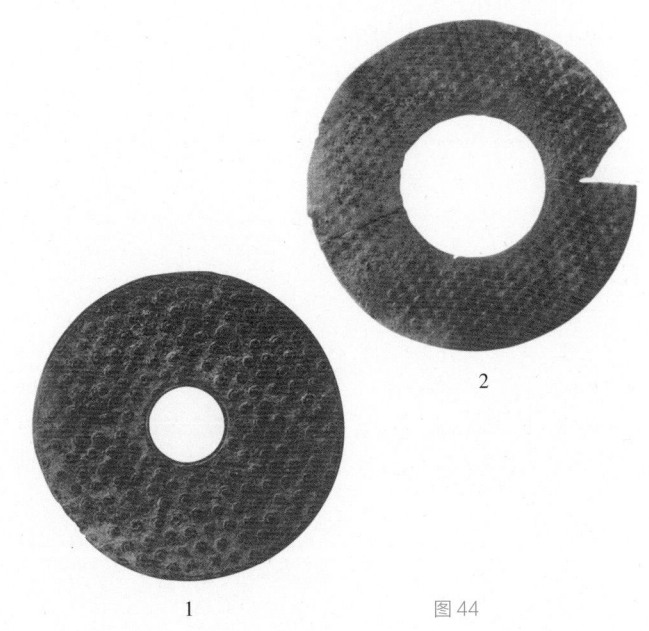

图 44

图42之6，为剑鞘饰物。

图43之1，亦为剑鞘饰物。玉制者雕刻极精。

我在长沙采集一长剑，铁制，出土后我将它与新买一刀同藏一盒，九个月后启视，新刀已黄锈满身，此剑黑色，不锈。有木鞘，外漆如蛇皮；木鞘之末，镶一滑石为饰（滑石饰物底部有一文字㧊），故可定为楚器。如图43之1。后由一单位保藏，他们叫漆匠把佩剑饰物漆在鞘上。这是日本人少见多怪，说此饰物是这样装配。实际我所见铁剑出土，多是鞘已腐去无物，玉佩饰被铁锈住，此种玉饰下面，十之九是黄黑，那是贴在铁上的锈痕。王莽不是要把这件佩剑饰物，取下来送人么。[①]

很明白，剑的佩饰，是串在皮带上的。

① 《汉书·王莽传》：孔休视王莽疾，『莽缘恩意，进其玉具宝剑，欲以为好。休不肯受，莽因曰："诚见君面有瘢，美玉可以灭瘢，欲献其瑑耳。"即解其瑑，休复辞让。』

清仪阁藏文物中①，有一件穿皮带处左边已磨彻，穿绳处下部左边已磨彻（附影印图）。我手边有一件玉的磨损情况相同，而且上面乳纹已为衣服擦平，估计已用了一个半世纪。可见当时对美玉的珍视。

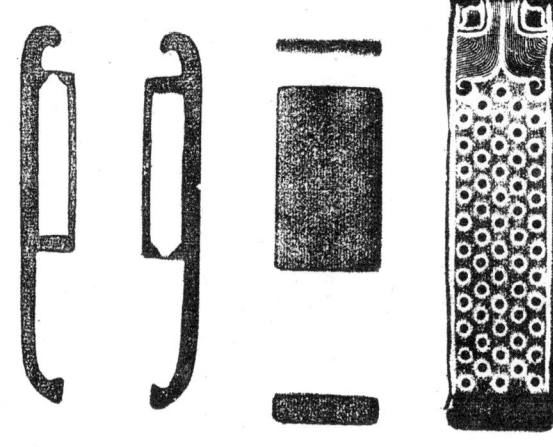
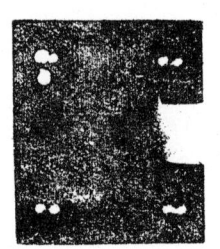

至于剑的佩法，古玉迷者，考出了很多文章，但据我所知，它不像京戏上挂法，拔剑时，一手抚鞘，一手拔，而古代是一手执长兵器，遇必要，一手即可拔剑。

杭州的破庙中，有宋刻李公麟七十二弟子像，当年陈老莲就是从这一石刻学画人物。这七十二像，老的少的，大部分佩剑，剑多夹在腰间的皮带里面，没有一个挂的。也说明，剑是佩件，不是作战器。

《史记》记沛公在路上看到蛇，拔剑杀蛇，韩信向人讨饭了，还佩剑，陈平间行仗剑。②《后汉书·舆服志》刘昭注："自天子至于庶人，咸皆带剑。"这种佩饰的剑，可能在统治者，把它装得很

① 涵芬楼印《清仪阁所藏古器物文》。
② 《史记》《通典》等。

珍贵，是一件贵重品。如呼韩邪单于朝，赐玉具剑，"标、首、镡、卫，尽用玉为之"①。所以一般是四件玉镶嵌。

但照我看到的玉具剑，不能作战，如一击之下，全部镶玉将飞到九霄云外去了。而玻璃的玉具镶嵌，如要用，这种剑鞘饰物，照李公麟画的样子，拖在地下，玻璃早已碎了。柄端饰物如是玻璃，拔剑入鞘，玻璃哪有不破之理。因此，这是穷乏的小统治者，把玉具临时换上玻璃品。我采集的铁剑，真是把玉具剑、鞘末玉饰物，换了滑石，明明是偷梁换柱。这里可以作出结论，玻璃玉具剑，是代用品，是明器，比不上玉的价值，是不值钱的物质，不能称为琉璃宝器。

如我采集的佩剑饰物，甚至用到玉质乳纹为衣服擦光，其珍视年代就可想见了。嘉兴三塔寺前，河边拐弯处竖了三个石柱，船上缆绳经过，磨损一寸深，我问和尚，他说，他的庙未建之前，石柱早有了，至少是明代。看来，三百年才能磨损如此。凡是研究过古井古圈的磨损凹痕，一定会有体会。

弄清楚玉具剑的玻璃是明器，则对此问题容易讨论了。不会像文献上，释教徒那样说成什么琉璃都是宝贝了。

但话得说回来，江陵裁缝店，清理望山桥一号楚墓②，出土一越王鸠浅剑，全身暗花，柄上丝带尚存，铜柄饰物两面有花（有些还有文字），嵌以蓝色玻璃③，这仍然是柄宝剑。这不是明器，而且是越人所造，为楚人所夺。

---

① 《汉书·匈奴传》，"甘露三年"条。

② 望山桥一号楚墓，位于湖北省荆州市荆州区川店镇望山村，距今两千多年。（编者注）

③ 《文物》1966年5期，36页。

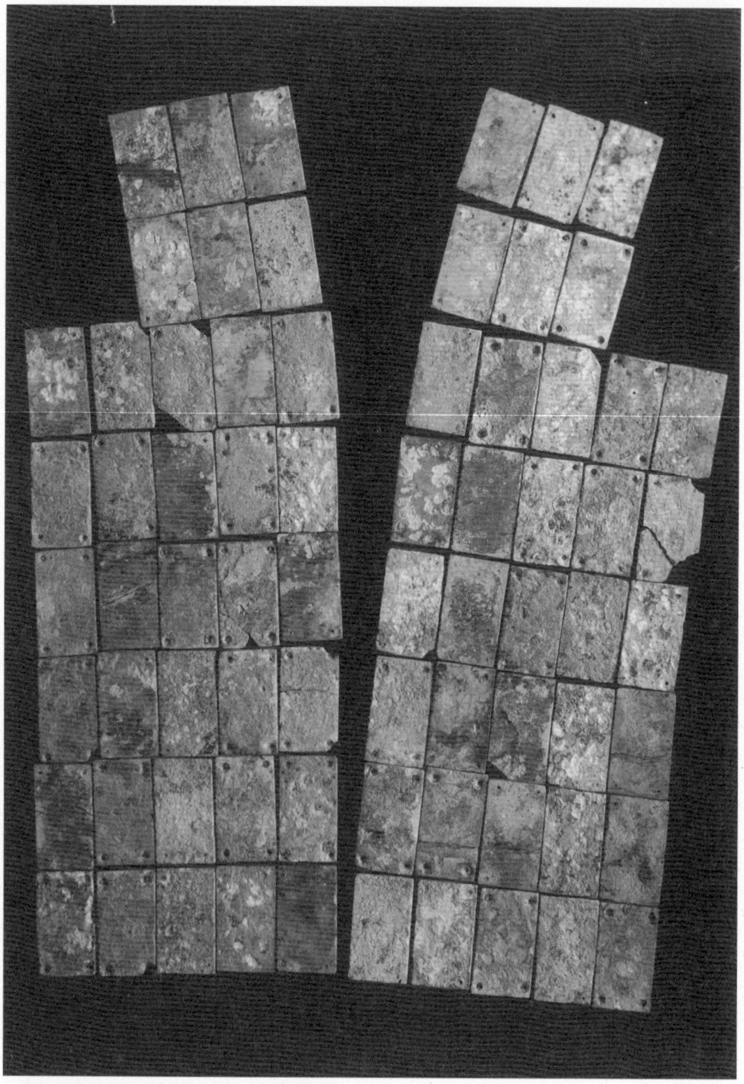

图 45

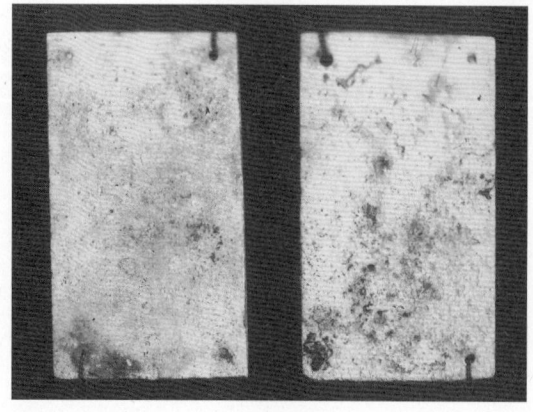

图 46

九

珠玑玉衣，金镂玉柙，这是汉初使用，公元前后盛行的一种玉制葬尸之物。汉帝送死，皆珠襦玉柙，形如铠甲。武帝柙上皆镂以蛟龙、鸾凤、龟麟之象。[①] 从这里可以理解，柙即甲，并绘蛟龙，是怕死尸受侵袭，故甲上还绘蛟龙。不然柙字难解，玉衣更不像。

我时常游荒山，看到穿山甲在晒太阳，它放开了甲，让蚂蚁爬了一身，然后敛起甲，爬入水中，把蚂蚁吃了。它刚上岸，我们的小花狗来了，它叫了一声，一口把穿山甲翻了身，去咬它的要害——喉部，穿山甲以头滚入胸口，肥大的尾将全身包了起来，猎犬对它毫无办法。所以像赵云的甲、北魏的马甲，以及现代某些国家大人物的防弹马甲，多是从穿山甲身上学来的玩意儿。

这种玉柙，当然不是衣而是甲，同穿山甲的甲一样，他怕死后有什么侵袭他，他以有巫术信仰而又用最坚的玉，制为甲状，把全身包了起来，这就是近来称的金缕玉衣。我和陈大年在40年前就注意到它。玻璃玉甲一号，数量很多，现取一部分摄影，即图45。图46，是陈大年在上海收集，上面有彩绘，我编为玻璃玉甲二号。

图61之3（194页），定为石质玉甲三号。奇怪的是，这些玉甲全土蚀为粉。玻璃质的，也是打碎一块才肯定是玻璃。三号一组，当时也当玻璃收集，后来看看不对头，似是而非，打碎之后，才知是石。但断片非大理石，表面糙皮与玻璃无大别，土蚀很深，兹与一白色西汉云纹珠放大来对照看，

图45 玻璃质金镂玉甲一号。白色，线为铜质，残有铜绿，出土时偶有一二块尚联结。土蚀颇重，有的已成石灰质。在下面的，大部分土蚀如灰。上部有莹光如新的。此未全套呈现，仅摄整块部分

图46 玻璃质金镂玉甲二号。青白色，土蚀极深，上有硃色图案，已残落，四角有孔，长6.2厘米，阔3.6厘米，厚0.3厘米

① 《汉书·霍光传》《后汉书·礼仪志》《西京杂记》。所谓金缕玉衣，不知所出，而柙即铠甲，则较可信，不然柙字不可解。

才有点差别。

采集玻璃，这三套玉甲算是最吃力了，太多了，现在想量个尺寸、厚度，实在无精力了。它有一头大一头小、尖角诸式，所以图版尺寸，大部未量。大年选了彩绘的一套，我说恐是男女有别，陈大年认为是级别之分。算我们二人，多收齐了。

古代统治者也有穷极无聊的，玉的巫术意义，已经失去，他用玻璃、白石代，可累得我多费劲。然而有件大好事，说明公元前，中国玻璃生产，已非一只小坩埚来搞珠子之类的装饰了，而是不大不小的玻璃工厂，是大量生产。有的块形不一样，孔细，而表面其光如镜，反面无光。它给我提供了公元前2世纪左右玻璃生产的具体景象，这对论述中国古代玻璃大有助益。

研究古代玻璃，包括陶瓷，我至少看了上百部线装书、札记等著作，对某一些文献，我是有怀疑的，但工作还是日以继夜做。到研究玉甲之后，我才体会到，这种大量的乳白玻璃，做一些起居上的玻璃板、用具，是不成问题了。

下面预先谈一些古代起居设备，为下一章做个思想准备。古代的床，如称为榻，则二面有屏，可以挡风，二面无屏。如是床，三面有屏，前面是牌坊一般。有个东阳木匠，叫崇金师傅，是我的木工师傅，他告诉我，这叫"全踏步"。三面的屏可拆卸，屏上、中间绫裱，可画图，或配玻璃，四边雕花，床内有裹桥板，像火车上行李架差不多，可安首饰箱、八宝箱、饼干箱；床前，可安桌子、马桶箱，此箱和小台子差不了多少，还有踏脚板。这比《女史箴图》的床更大了。其特点，是屏上可装玻璃。

日本蚊帐，四角一挂，全房多罩进了，一人住，可写可读可吃饭弹琴，甚至打虎跳，一家六口，则可全部塞在里面。而古代的床，却比日本帐不同，只有前幛。我问师傅做过这种床么，他告诉我，在宁波做过几个。他还送了我雕而未用的床牌上的木雕和合神仙，我改做了书插。我的木工，全由木工师傅教的，所以现在我会做研盒、裁纸刀鞘。这么一说，对古代床榻屏的概念，可以清楚了。下面列举文献例子时，就可知道古代床、榻是怎么回事。它与我们宿舍里的铺、旅馆的铁床是大有区别的。

十

九窍玉，是以玉殓尸之物，阳窍七、阴窍二。根据出土物，约公元前7世纪墓，已有出土，并不始于道家。后代道家，多是借古代巫术观念发挥的，考古上把道家之说，应丢在一边，有时仅可参考一下。出土物有玉制者，极光滑发亮。石制者，什么杂石都有。玻璃制者，发现很少有全套九件，大多白色，有些已脆化。

殓尸玉，我手中尚有猪一对，颇有古代农业社会遗意，但玻璃的我未发现。既然有石制、琉璃制品，则所谓"金玉在九窍，则死人为不朽"[1]，那就是说古代巫术信念早已失掉，而后代道家，又加以复活，而且理论化。根据出土物，玉制者汉刘胜墓七件，但口部非蝉形，故一般是八件，九件者未见。

河南禹县白沙古墓，九窍器口部之蝉，皆玻璃质，计三件，其他未找到。[2]而河南靖王汉墓出土之

[1]《抱朴子》《名医别录》。
[2]《考古学报》1959年1期。

九窍器眼部二,却为骨制。长沙出土玻璃器很多,无人留意,土蚀深,属西汉器,他们送了我一些。大年喜精品,择玻璃蝉形者三,耳、鼻部分者四。①

图42(136页)之5,为九窍器之阴器。

图25(118页)之4、5,为九窍器之口部;13、15,为九窍器之鼻部。

图43(136页)之3,为九窍器之口部;4、5、6,均为九窍器之阴部。

从玉甲到九窍玉之玻璃代用品,一个可能,认为玻璃可以代玉,巫术作品。另一可能,到西汉末,已认为玻璃廉于宝玉,完全当作明器看待。

我的分析,几何纹器,是日用器,偶然殉葬,商代原始青瓷豆,是孤证,现在还无法下结论。西周屯溪型青瓷,则是仿铜器殉葬的百分之百的明器。所以中国古代专用明器,骗鬼的把戏,老早就有了(白陶可能也是明器)。到西汉,玻璃已被贱视(某种地方仍然符合实用),沦为制作明器之物。总之被用作明器,则必然比日用器差。即同一物质,制为用器者精,制为明器者窳败简陋。这里提出这一规律,下节还要谈到这问题。

十一

印玺,照古代来说,是属符节取信之物,故战国有圆印分三块的合同印,官私印均可用于封泥,持之者皆慎重用之。统治者的秘书,身边有一只铜器嵌金的泥筒,里面是打好的胶泥。一件公文,就得在绳子上加泥用印,称为封泥。其重视如此。

长沙楚墓,出土一玻璃印,文作 ⌂ 𠃌 ,当是楚人文字。②

---

① 陈大年《长沙古器展览会物释名》,手稿本。

② 即1952—1956年,109号墓之清理。《考古学报》1959年1期,《长沙楚墓》。

《俑庐日札》谓:"近得一印曰'邦当时'。色白如骨,而印钮破处则破洞明如人之牙瓷然,殆烧料也。"其姓文字为西汉前文字。

"吴清卿中丞藏一瓷玺……文曰'䒑䒑司工',瓷面有光泽若釉。"① 实是玻璃、陶胎。从文字看,在西汉前,战国漆器均有司工等铭。《十钟山房印举》②,近万颗印中,其举之一,古玺之一中有"司工"字的印二件,看文字是周代。

吴大澂有一"碧琉璃"印,土斑,复斗形,"李媫"二字。③ 此印比其他西汉玉印酸化过甚,文字已难辨识。

簠斋④ 所藏玻璃印一,龟钮,"日利千金"四字,朱文,文字为铸成。我在长沙采一金戒指印,文曰"日利",盖为汉人吉利语。又一玻璃印,文曰"田孟"二字,白文,四边缺损颇甚,时代要早一些。

《十钟山房印举》,近万印,其中玻璃者,可能有二件,一件文字不可识,一件汉代。

玻璃印,在金文研究的古铜印时代,很少为人重视,但这种资料实际出土不少,其中可以看到古代玻璃生产遍及各个方面,而且这种文字私印,绝不可能外来(非同时代者,下节言及)。官印铜刊,玉印一般为统治集团专用,绿松、玻璃则接近"弄器"——以玩好器来珍视。

① 罗振玉《俑庐日札》,"瓷玺"条。
② 《十钟山房印举》,古玺印谱录,清陈介祺辑录,开集各家藏古玺印成谱之先河。(编者注)
③ 吴大澂《古玉图考》,136页。
④ 《簠斋藏古玉印谱》,民国年间出版,内收清金石大家陈介祺藏古玉印上百方。

十二

玻璃镶嵌器,亦属"弄器"之类,其制作皆精致无比。

溯其起源,商代镶嵌器已盛行,即仪仗用之戈兵,皆用绿松镶嵌,牙骨器亦有镶嵌。西周笲之类

图 47 鎏金镶乳纹玻璃壶。
河北满城西汉墓出土

发饰，亦有圆珠绿松镶嵌，蜃珠上就有乳纹雕刻。①前章所举古玻璃珠，虽已脱，视其长方孔，当为镶嵌，亦乳纹珠的起源。黄花岗出土一玻璃珠，近长圆，表面镶绿松石，作平行四边形及三角形的对称图案②，这种方法基本上就是中国镶嵌术的一种表现，其后又发展到以乳纹珠作为材料而镶嵌于金属器，使之光彩夺目。中国所谓"珠光宝气"，指的就是这种器物，它的时间，一般来说是战国到西汉，成为一个灿烂期。

鎏金镶玻璃珠壶（图 47），满城刘胜墓出土。③查了四种中文外文书，没有说出是什么镶的，最后才看出是玻璃。这种圆珠，西汉已大量生产，然有乳纹之玻璃，除古代装饰于棺壁以外，出土极少。以方块为中心，四角嵌以小玻璃珠，方块上本身就

① 《考古》1963 年 12 期。
② 《考古》1958 年 4 期。
③ 《人民画报》1971 年 8 期。但未说明此镶嵌物为玻璃质，实际是非常美的绿带青，标准仿古玉色彩。

图48 1 金银错嵌玻璃珠铜壶。质青铜，玻璃珠有为圆珠，有为乳纹凸起玻璃板装饰。特别是金银错纹样，有其时代特征

2 玻璃尺。汉代

3 玻璃笄

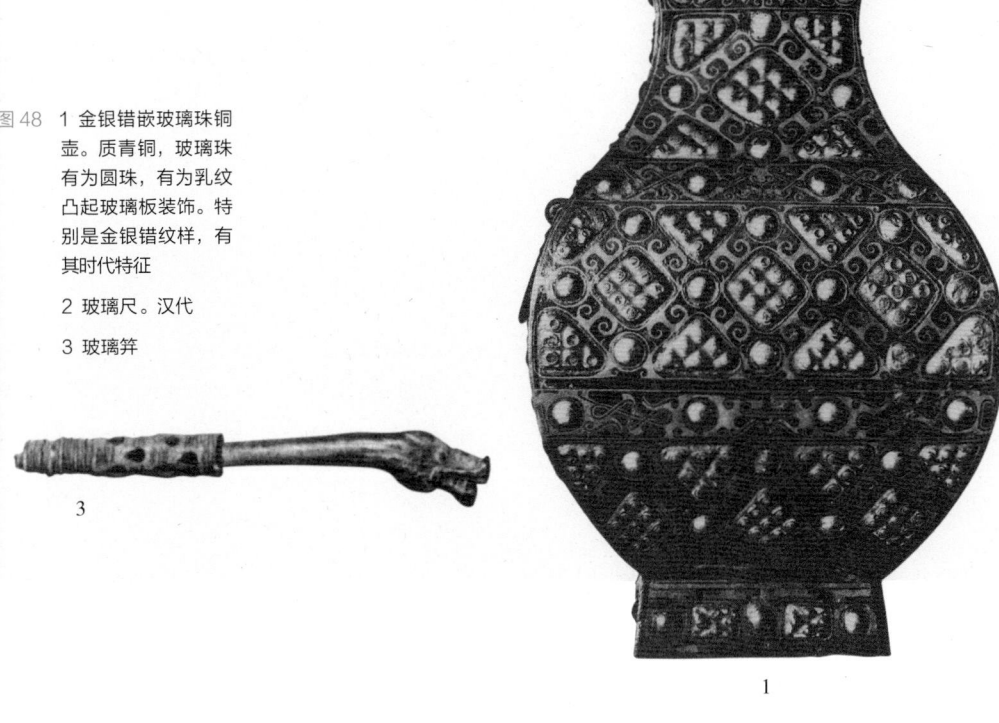

有16粒乳纹凸起，在中国，这是古代璧之类玉件上普遍饰纹，而域外人，则是看到什么说什么，称之为眼、复眼、重眼。而在中国人自己来看，件件有来历，件件有起源，这就叫做"如数家珍"。自己祖国的一切讲不上所以然，当然自己也痛苦，只得由外人说了算。

金银错玻璃珠镶嵌壶，图48之1，这一件时间要提早，乳纹凸起玻璃板则乳纹仅有九粒，但以圆角成块，与金银错的镶嵌纹样，更为调和。

金银错铜壶，图49（148页）之1，这一件时

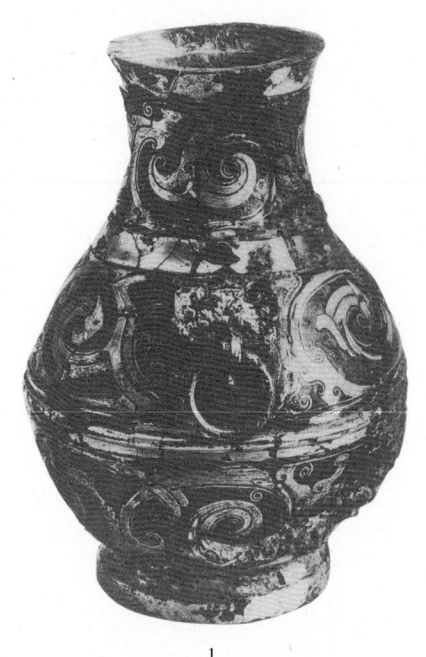

1

2

图 49

1

2

图 50

图49　1 玻璃镶嵌铜尊
　　　2 玻璃碗。此种钵式碗，以正仓院唐代遗物比较典型，属唐代

图50　1 镶玻璃珠铜镜。径约12.5厘米。共分三圈，中央镶乳纹珠一粒。其中圈，镶玻璃珠12粒，扁状珠18粒。即每二组之中，夹有非正圆珠。实际上为整块玻璃，蓝地白纹。外圈为一玉环（或石环）。传洛阳出土
　　　2 镶玻璃及块铜壶。传金村出土

① 金村，位于河南省洛阳市孟津县平乐镇境内，是我国东周王陵的三个陵区之一。1928年，金村发现周代大墓8座，被盗掘出数以千计的珍贵文物，出土物大量流向海外。（编者注）
② 细川护立，日本细川世家第16代家主，著名的私人博物馆永青文库就是他创建的。（编者注）
③《文物》1963年12月期，29页。
④《支那考古学论考》《洛阳金村古墓聚英》
⑤《文物》1959年10月期，86页。
⑥《文物》1965年7月期，12页。

间更要早一些，这种纹样组织，是起镶嵌的先导作用。

当年传金村①出土物中之镶嵌器，约有多件，其战国气息比较浓厚。日本细川护立②存有一件，为金银错嵌玻璃珠纹饰，盖尚保存。③

这种嵌玻璃器，全世界多重视。我有幸看过五器，关系确实重大。

镶玻璃珠铜镜，图50之1，径约12.5厘米，共分三圈，其中一圈，镶有乳纹凸起玻璃珠12，扁状玻璃珠18，即每二组之中，夹有非正圆珠，为图案组成。外圈为一玉环镶入，传亦金村出土④，但有人怀疑玉环后加。总之镶玻璃乳纹珠只此一件，其重要自不待言。

安徽合肥大孤堆，出土一蟾蜍形砚，有盖，盖上有铜环，砚底四足，高6.5厘米，长12.5厘米，全身镶红、蓝玻璃珠，两目嵌绿色玻璃。⑤陕西兴平，发现一战国满身金银嵌铜犀尊，造型纹饰，均极精美。其二眼内，则嵌以黑色玻璃，以代双目，左眼略有残缺，使人更能看出其物质。⑥这是一件特出的艺术品，亦为后代塑像之眼目用玻璃开了先导。

我有意把蟾蜍与铜犀拉在一起，而蟾蜍应是西汉末的遗物，铜犀则是战国无疑。我们要从两件稀有遗物上，说明一个大问题。论文化史者，每以为"璧流离"是宝，"璧流离"又即是玻璃，这是被一些宗教徒、商贩、学究等欺骗愚昧的结果。璧流离这幅石刻是虚构的。我这里论的是公元前3世纪300年间的玻璃，不是至宝，是实用上符合什么用途、即以此为用的实用物质。镶在蟾蜍上是珍美，镶在双目上是适合实用。与金属、陶瓷、木石、纤维等一样是取以应用的物质材料。

图 51

十三

带钩上的玻璃镶嵌，上文已谈到公元前7世纪固围村的遗物。这里要补说一下时代情况。这一段时间，是带钩最盛行的时代。日本人为带钩研究已采集了近千件图版，中国集中带钩研究的，尚无其人，而有些人恐没有亲眼看到过皮带同钩是怎样使用，但他们能大发议论讲带钩西来。

问题很简单，在固围村遗址这个时代，谁能举出什么外国人到过中国，而中国有人已去过西域诸国？同时还可问一问，你摸到过带钩是怎样用法，另一头钩在什么地方，发现过被钩的遗物么？用钩的胡人是什么服装？可能难以回答吧！

战国带钩用的皮带，牛皮质，有宽6.3厘米，长已缩，而带钩出土时尚留着，其小仅长4.5厘米（这种很有佐证之用的遗物，我编入《长沙》①三、四、五各册）。这种带钩是一般士卒所用。另有一种用丝编成（剑柄也是编成几何纹），有各种几何纹样，厚等于皮带，宽3.4厘米。这当是较高级将领所用。

当时皮带不能扣得太紧，因为当中要挟一把剑，而我手中有一铁钩，中镶金块，重一斤三两，带了这种钩，还能作战么？因而佩较大之钩，都是礼仪用器，统治者将它雕镂镶嵌，华美自夸。故古文献有宴会中，看到各人之钩皆不同样。对于钩，首先要理解它诸关系。胡人在唐俑中很多，看不出有钩的迹象。至于胡人用过钩，各为师比，那是有可能。要镶嵌到此程度，则不可能。

镶玉玻璃大带钩（图51），上有大小乳纹玻璃珠，而玉的纹样，此图案组成，乃中国民族形式，

图51 玻璃镶嵌青铜带钩。主要价值在玉雕的龙的装饰，及各色大小玻璃珠。乳纹珠是在特定的位置上镶嵌。钩头部的珠，既非镶嵌位置，又是有孔珠，可能后配。这件八宝带名实不相称，但是一件重要资料

① 《长沙》，应指蒋玄佁先生所编五卷本《长沙——楚民族及其艺术》，其中第一、二卷分别于1949、1950年正式出版。（编者注）

图52 1 青铜镶玻璃珠带钩。上有红色及绿色玻璃镶嵌

2 青铜镶玻璃珠带钩。有玻璃珠状镶嵌,已残缺。此种青铜器纹样,特别是兽头的造型,与古代一般兽面有一定的不同之处,尚有若干只

3 青铜镶玻璃珠带钩。有乳纹圈组合玻璃珠三,嵌入青铜纹样(在)特定的部位上。其全部纹样,亦有特征

4 包金镶玉银带钩。玉孔内各嵌有乳纹玻璃珠

以上四件辉县固围村五号墓出土

5 镶乳纹圈组合玻璃珠带钩

6 镶玻璃珠带钩

1、2、5、6为同型带钩,而珠不同,说明当时能制各色玻璃珠

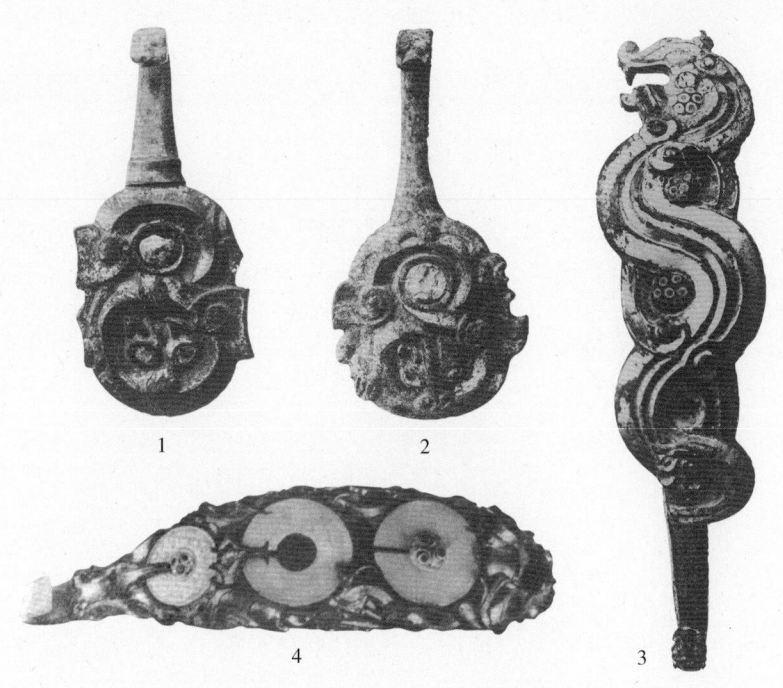

可以当一件美术品。胡人无此种细工艺发现过。

图52之3,镶玻璃乳纹珠带钩,其纹样亦图案装饰,为中国图案之固有组成方式。

同图之1、2、5、6四件,6为最后采集到,放大了一些,此四件为同式。兽头两耳,属写实作风,非图案化,以下要谈及。现在所要说明的,这种小型钩,非特制品,几乎是同型,可以说明这种镶玻璃珠带钩,属大量生产,不是个别雕镂。它在玻璃器生产史上,比以上美术品的精制者,更重要。它可以有力地证明当时的生产形式、生产量,排除外来输入的谬论。

这一时期的镶嵌器,当不止此数种而已。一般古器物之见于遗物出土者,仅千百万分之一而已,治史学者,能藉此为分析问题之依据,须有举一反三的基本概念。

自此一时期之后,即公元1世纪左右,如带钩

及其他物品，有继续、有衰落、有消失，这三点，是发展史的关键，特在此一提。

十四

这一时期，除了特出的器物未论述外，一些零星遗物仍略举如下，以示地区、品类，作为分析材料。

晋秦地接西陲，如战国间与域外有所往来，则玻璃文化应随之而来，然照出土物地区来看，却得其反。

山西长治，是韩、赵、魏分晋之后所在地，1965 年发掘一大墓时，出土玻璃物质，为径 1 厘米小珠二粒，又绿色大如小米珠 16 粒，勒子形玻璃管类 10 节（合绿石等共为 118 节）。① 而管状珠，即玉勒子形之小型者，为传统器，并无其他纹饰玻璃。早在 1954 年市北郊发掘二大墓，亦有玻璃珠数粒，时代亦为东周。②

南接河南来看，1971 年后冈发掘中，东周墓，仅玻璃环一件。③

1953 年郑州发掘战国古墓三百余个，出土玻璃器仅数点而已。④

西安白家口、长安、郭家滩等地发掘九座战国墓，玻璃小珠数粒而已。⑤

东北鞍山附近，1953 年发掘，汉墓近千座，玻璃器数件。⑥

湘地，是出土玻璃最多的地区，1954 年发掘衡阳古墓，战国墓一百余座，出土了玻璃物品 16 件。⑦

同时也发掘了耒阳古墓，其中出土了红色的

5

6

① 《文物》1972 年 4 期，43 页。
② 《文物参考资料》1955 年 10 期。
③ 《考古》1972 年 3 期，24 页。
④ 《文物参考资料》1954 年 2 期。
⑤ 《考古》1972 年 2 期，36 页。
⑥ 《考古》1955 年 10 期，53 页。
⑦ 《文物参考资料》1954 年 10 期，53 页。

玻璃佩饰。[1]

辽阳三道壕西汉墓发掘，在瓮棺葬中，出土了极小的玻璃珠饰物，同时出土玻璃坠、玻璃佩、玻璃饰物。在西汉已有各种工艺，不仅是珠，这即是发展的痕迹。同时又发现蓝色乳纹成组的玻璃珠，发掘者认为在战国墓曾有发现，一般汉墓却很少见。[2]

最后，谈到南方。在这一时代，广州南有西汉石头木椁墓的发掘。第一墓出土了核形玻璃珠一件，发现时置于盅内。串饰一件，内玻璃珠44粒，有扁圆、管状，说明了手工艺的幼稚，它和二粒水晶、七粒玛瑙，以珊瑚串成。而玻璃比起来，是次于其他物质的。第二墓亦有珠串，珠璃11粒，扁圆形，其他水晶玛瑙珊瑚等杂在一起，散在镜的附近。[3] 这种扁圆、大小不一，有的还是管状，显然是土产，而且比中原技术低，决不是舶来品。

广西合浦发掘西汉木椁墓，出土了有地方色彩的精美铜漆器，同时发现了三串蓝玻璃串珠，直径0.5、0.6厘米。[4] 总之在南方，公元前早自制玻璃珠，是有实物讲明的。

[1]《文物参考资料》1955年8期，164页。
[2]《考古》1956年2期，59页。
[3]《文物参考资料》1955年8期。
[4]《考古》1952年5期。

十五

我把公元前11世纪（下限公元前7世纪）到公元前1世纪的玻璃生产状况说个概略。

乳纹装饰珠，以战国为多，而其他云纹、瓜纹、镶嵌，各种珠式约有八种。其他是日用品与明器两大类。日用器以碗、杯、药葫芦瓶等容器工艺水平最高，美术品镶嵌次之。由于玉甲的大量（近三千块为一组）制作，嵌镶壶的乳纹板玻璃制作，则制造小型板玻璃，完全有它的可能。

这里谈的两个阶段（可能发明期还要早，详见第四章，但无科学发掘物可证），仅七八百年间，中国玻璃发展，比瓷器发展速度快。而玻璃的沦为殉葬物明器，显然是在与瓷器比较之下，玻璃已不受珍视，亦非贵重物品，也就是说走下坡路了。原因何在，成为第一个问题。

玻璃已发展到如此五彩缤纷、花色俱全，而这一时代，陶瓷不但没有跟上，发展到像镶嵌壶那种玻璃色彩的釉器，反而情况低沉，且资料缺乏，七八百年成了缺环。是否屯溪型青瓷之后，瓷器即停止不前，而玻璃却大有发挥？这是第二个大问题。

其他问题尚多，这两大问题，下面试为论述，但不成熟。

第二章中，谈到中国民族与玉的关系。我的师友告诉我，中国民族对玉对瓷，以温润肥糯为上，这四个字很通俗。我却说，温字我不懂得。龙泉老师傅说，你闭上眼，用手摸着宋代龙泉瓷，再摸已修复的部分。我试了一试，宋代的瓷温一点，新修的凉一点。对古瓷能用手摸，感觉不一，这看来是笑话。我再仔细观察，新修与原器，确实质地不同。原来中国的玉，这种质地，非一般可比。

幼年我走过南北各大玉作坊，这一时代进的货，大部分是俗称黄玉，白玉极少。这种陆子冈[①]常刻的羊脂白玉，与殷周白玉，完全不一样。这种玉叫黄玉皮子，毛坯大块的几百斤，是分不出优劣的。取料之后，要打光完成，才分出精与劣，往往是相去千里。差一点的分与小作坊。

广州的作坊，缅甸翡翠多，劣的，打光后仍然无光。而取的精品，2厘米大小，无论色彩透明度，真比玻璃还润泽。凡是看到过广州的玉市场，品类

① 陆子冈，苏州人，明代著名雕刻家、玉工艺家。其玉雕技艺享称「吴中绝技」，所制玉器人称「子冈玉」。（编者注）

之多，真是丰富之极。

但玉之中，如殷周汉代的青玉，现在已绝迹了。如陈大年集的径20厘米以上的古玉璧，这种晶莹程度，当然无法用其他方法、物质可以比拟，古代的宝重，是可以想象的。若看了一些金铜饰的玉衣玉杯①，那更其惊叹中国古玉之精。中国利用石为饰物及陈设，何止百千种，虽然石之中如印章石，所谓冻——透明者与窳败者，价值相去千倍，新出如湖南桃花、柳州青石、肃慎花石，而由于石质，终是糙而不润，与玉无法比拟，故玉质物被人宝爱，而石质物最后必然失其珍视价值。

第二阶段古玻璃，从其用途看，无论璧、璜、九窍器、玉甲、剑饰、铜器镶嵌、棺壁饰物，这一切，综合观察，全部为玉的代用品。厚葬之风盛行，甚至一个太监之父也要用玉甲。而玉甲在制度上为天子用器或天子所赐，如楚简，凡贵重物殉葬，其下有一"后"字，皆后所赐之物。到了太监也要用玉甲、玉葬，当然玉就不够用了。因而，往往地区不同，有的用白石代玉，有的大量用滑石代玉，有的还用木制璧形，如后代以陶瓷代铜器殉葬。玻璃作为代玉的殉葬物，可称为玻璃明器。

玻璃发明，精明可爱，作为佩饰，以小品为珍。但玻璃与玉的温润肥糯的质来比，当然不为人珍视。而由于可以代玉，在玉葬有巫术信仰的盛行时代，玻璃制作必然盛极一时，玻璃成为玉的代用品。在制釉有悠远历史、与具备全部制作条件的民族，生产玉样的玻璃，有发展上的必然性，不必待什么外来的因素。

而玉葬衰落，玻璃葬器也将逐步衰落，而向另一方面发展——用器。这也是必然规律，乙编将显著地突出说明这一规律。

① 《大和文华》第18号，战国时代的玉衣玉杯。

第二个问题，由于资料不足，以及历代对瓷的论点的错误影响，是比较难以解决了。

十六

从基本上谈起，景德镇除了有原始堆积层能发掘外，不是理想的古瓷研究对象，因为它已不是古代手工业作坊的典型，它的原料是从百千里外运入，守旧风气浓厚。而浙江临浦对面的古窑群，如大加发掘，可能解决一些原始青瓷问题，这是比较理想的地点。

一般对古代窑址，仅点个名，不知重点发掘，问题就很难彻底弄清。而其目的不是为弄清问题，而是得到精美陈列品，这样对待古器物，似是方向方法问题。

由绍兴最先发现的古越窑青瓷，倒确是与玻璃——釉相关的一个很好课题。可是南京方面，由于发现了孙吴的纪年溺器，便把这种越窑型青瓷，装进了"六朝器"的框子，这框子预先就框住了考古人员的脑子。故六朝器这一名辞，首先就要否定。因为新安江已发现了汉代器，其上限还有待研究，以弄清釉与玻璃发展的关系。

欧洲不用说，认为中国是瓷器的创始者，连苏联的阿尔巴托夫也说："发明瓷器的光荣，是归于中国人的。"[1] 而有学者以科学家身份作出的中国古陶瓷总结文章，却云宋越窑青瓷为"灰瓦陶胎"。那么磁州窑、耀州窑、修内司、扒村窑，全部多是陶器了？中国在宋时即10世纪，还是只有灰瓦陶胎，怎么还能称瓷器的母邦？太平戊寅器（宋初越窑出），无一完整者，均为窑底货。凡是窑底货，都是火候不足的"黄辣"废品，钱武肃王不是学究，他会以此入贡么？

所谓六朝器的晋越窑，有几个特点：一、无窑

[1]《论中国古代艺术》。

衬具，以石灰石衬釉器，坛口装饰保留着几何纹，窑底废品多，釉色无法控制，胎笨厚，大部分平底无环足。即有似环足者，加以剖开，原来先制一碗，将碗反过来，在碗底上划几条痕，然后上面加制大器壶卤之属。这说明了极浓厚的原始状态。

二、全部为统治者服务，专烧造殉葬明器、鸡头壶，没一件口腹可通，这是仿古人以铜器殉葬，是南方以近似青铜器的青瓷殉葬。我见到几千百件青瓷，只一件瓷砚是实用器。砚，今称砚瓦，故青瓷砚均中央凸起，墨汁留在四周，而这一件，砚底已磨成凹下之碟状，很光滑，但破碎不堪。这当是居住遗址的出土物。从凸砚磨到凹下，要磨多少年是可以想象的。所以绍兴型青瓷，它的原始器尚未发现。

这种青瓷釉之精者，我认为理想可研究的对象。其中，上限年代、缺环问题，尚待研究。

这种青瓷，现在远在洛阳地区，发现了东汉永宁二年（121）青瓷杯，东汉献帝初平元年（190）青瓷罐，进贤出土东汉建初六年（81）青瓷水盂，这比所谓"六朝"的永安（258）之类的年代提早了很多，但与玻璃制作年代还差一二世纪。根据其制作上的原始现象，根据它输出远地、窑区遍及江浙两省的发展状况，将来必有更新发现，原始期可能还要提早。或与屯溪型原始青瓷相接，得出其发展关键与地区。

绍兴出土所谓吹釉器，是汉代无疑，它也是专用明器，但越窑青瓷不是由这一系统发展。一、这种器的壶肩，有汉代画纹的动物图案，而青瓷中没有。二、青瓷胎无铁质还原表皮发红现象。所谓吹釉器，件件在无釉处成赭红色，这是取的土质不同，窑的烧法不同。而越窑型青瓷，却与屯溪型青瓷，有其共同点。可能是一个系统，但未找出发展关系。

从釉材料发展为玻璃，从玻璃发展到本章所述的璧、柙的进步状态，应反映到瓷釉，在瓷釉上起促进作用。虽然越青瓷、龙泉、唐越窑起了相近似的作用，但时代跟不上。

商代已发明了釉，发展到公元81年的青瓷，还仅仅制作这样的青瓷，其间必然有问题。而晋魏之后，瓷器还要停滞，当于下章论及。

十七

这里附带说明一些问题。

我读史学书，总觉得看了之后，他写得如此理由充足、前后分明，我就有些怀疑。写旧式帝皇家谱史，内中生杀予夺，秘密无穷。至于原始社会史，更是把别人已定规律，硬充实材料到这一规律框子去。至于物质文化史，资料少，看到也难，凡所有讲物质文化起源史问题的著作，不会没有问题。

所以，我认为研究是能解决一些问题，但其间也必然会发现无法解决的问题。在这种情况下发现问题，那才是真正的问题。事物的一切，是相对的。

例如，瓷器哥窑，确实达到玉的要求，但传世哥窑多是仿造品，其裂纹是着色的。龙泉在古代基本上未烧过白瓷。我上文说过从小梅爬过山，就是浦城，浦城出土过很多瓷器，所以浦城肯定有古代窑址。出土物中有一对哥窑式小瓶，粗一点，但与仿哥同一类型（下面将谈到玻璃透明度，它和白瓷以及白瓷用的物质关系至大，故先在此一提）。

又出土一对持烛台侍女，面与手均素烧，帽衣之青绿色釉之美，超过一切龙泉。其服装为古代的男装，如《唐宋元明清画选》中《货郎图》，贵妇人旁小孩之侍女，虽男装，可比妇人矮，有耳环，不露足。此瓷塑与此侍女同一服装，其雕塑之精，极为少见。如此侍女之男装为元代制度，那对元龙泉的概念要全改过。

又出土一全素烧女像，经盐酸洗涤，其白胎程度，比康熙素三彩烧的糙黄现象要高出很多。这说明这地区的龙泉窑的精品，在宋代即已很高。

20年前江西出土一批瓷俑，形象与道教有关系，素烧，剖开后，内部胎色全白，外表有铁质还原的红色，说明江西的窑品很多。

其他瓷器，不明窑地名称者很多。

这几点，我是想说明在瓷领域中不明真相的事情多得很。玻璃与釉，是否同一行业的窑工，或玻璃窑与釉器，完全分工，由于后代釉与玻璃不相适应，这一问题很少有切实的资料。而不知名的青釉，确与玻璃完全同一类型。这些二种物质的边缘问题，必须综合研究，不能孤立地看问题。

我读了一本《洛阳出土文物选集》（第一辑，3页）："'原始的瓷器'，从西汉一直到三千年前的周初，在洛阳也都有发现，把这些地下的材料排列起来，就显示了中国瓷器制造的全部辉煌而悠久的历史。"可惜我不是考古工作者，无缘看到这种壮观实物。那中国至少有上万的考古工作者，为什么不排出这样一本书呢？这是我目前急需知道，如何去说明这个物质文化史缺环的问题。

不过我指的是古代青釉，要的是和青玉色玻璃质地工艺有其相等程度的古青瓷发展，有系统的科学实录，即使破碎残器也可以，不是指以丝绒为地、特出的精品。

但在古代，如有足以证明民族性重视陶瓷、忽视玻璃的资料，则这个问题就得到相当的帮助。

附记

1942年旧金陵大学长沙古器物展览，计有古玻璃多件，附记如下：

汉玻璃珠74枚。汉玻璃圈二枚。

战国玻璃珠，黄地蓝纹。战国玻璃珠，绿地白纹，计四粒。

汉玻璃饰一，如半杏仁。汉玻璃璧一。汉玻璃璧一。

以上为1936年到1940年，长沙被盗发各墓出土。收集者商承祚，其中一则，已记入《长沙古物见闻记》，但不详。陈大年所收集，大部分见到，已在本编中论及。金陵展览时，只寄来一目录，未目睹，故未论及。其他博物馆所收，当在余所论者千万倍以上，但未目见，只能无可奉告。

袁英光著《反对美帝国主义掠夺我国文物》(27页)，述纳尔逊艺术博物馆[①]所藏中国画精品，唐陈闳《八公图卷》，周昉《弹筝卷》，长沙漆器，商代玉器，周代嵌料珠陶罐。这件公元前在陶质实用器上用玻璃珠装饰的器物，当是第四章讲的类玻璃中，陶与玻璃结合制作发展时期的制品，也是一件中国发明玻璃时期非常重要物质资料。以未见到，故无法列入。

---

① 纳尔逊艺术博物馆（Nelson–Atkins Museum of Art），美国最著名的艺术博物馆之一，1933年首次对外开放，以收藏精美的中国古代艺术品、尤其是书画作品而著称于世。（编者注）

乙编

这里谈的是玻璃工艺第三阶段。时间是公元前若干年到公元5世纪,东汉至南北朝。

一

上文提到捉蛇乞丐。他自己不承认是乞丐,但无家,很穷,他告诉我无数的故事。当青蛙雷鸣的初夏天气,他带了徒弟,我跟他到原野之中,在一松林下,他说发现了大蛇。问他什么道理,他叫我看松下的苗田,青苗好像被大树拖过一样。他找到两个洞口,自己吃了一些草药,用两片瓦片合在松下洞口,加了些柴草雄黄,叫另一人用扇子将浓药扇进洞去,一刻儿,另一洞口自己守着。他叫我爬上树看,蛇出洞如箭,近不得。

又一刻,蛇头一出洞,他就两手把它挤住,一下子拖了出来。大蛇盘住了他的喉咙,他抱住大蛇,跳入水中,他的徒弟在他身上拉下一块破布,一近蛇口,即被咬住,用手一拉,他把蛇头在流水中洗涤。如此几次,他用手去摸蛇的牙齿,说可以了,叫他徒弟捧住蛇头,他自己拉住蛇尾,用力两拉,这条丈长大蛇就无法游动了,像酒醉一般。蛇大笼子装不下,用布包了一大包。使我懂得生克之间,只是一着。

我问雄黄有什么了不起,他叫我将一只金戒指、一只银戒指用雄黄烧一下看，我试了之后，银戒指销了只剩三分之一大，金的脱了一层黑皮。我很奇怪，这种人，为什么有这些知识。他给我看了剃头店要来的耳屎，用宿夜店的臭虫贴在一起。有一个雨天，没有出去，他捉了条蜈蚣，又一些虫，放在碗内，加些耳屎臭虫粉，过一刻，这些虫全死了。他问我要吃鱼么，他把巴豆、冈子花、楝树根一堆草药一捣，丢在水潭之中，水中的鱼全昏昏沉沉，由他捞取。

由此，他常告诉我些湘西的蛮洞，山东博山的云中仙神，峨嵋的猴子生活。九华山的五同蛇，只尺把长，手腕大，下山来像跳着的木头，其毒无比。永康千人塔中，小尸体如山，蛇如黄鳝之多。广西河中美人鱼，前有两手，味如鳗鱼。北方大蝎子，可以制药。温州潮水退去，海虾可有几万斤，可以耘田。崇明只有一只角，细砂全是白色，四面的砂多是黄色。普渡是没有女子的岛，但又是蛇岛，这些蛇，全是佛徒出钱向他买了放生的，可是过一夜又被他捉回来了。

由于感谢我酒饭款待，他送了我一块雄黄精（一般是粉），穿上一孔，用手摸得像琥珀一般。他说你在山野过夜，放在床头，什么虫也不来了。不久，他又跑到外省去了。我体会到，可称他为原始流浪者。有各种见闻知识，有真有半真。也有他所不知其所以然的。

中国与域外，张骞出使西域之后百数十年，才逐渐形成正式的通商往来。张骞之前，则是个别原始流浪者的传述，略知其半真的知识，而且仅仅是知识，不可能是有技术的人。

我走过的古城市，屯溪、龙泉的铁店、银器首饰店，一间黑色破旧的房屋，往往有一衰老的祖父，由一个中年儿子蹲在工作桌边制作维系生活，而孙子则为亲属学徒。这种艺人，始终不愿离开他的作坊，我问为什么，他们说离开这个门，就没饭吃。就像一些千百年老店一样，靠熟悉的门号，才有顾主。也像我不远的故乡，也有四五代行医，既不外传，也不变动。

而在远古，要有一个熟练艺人不远几万里流浪，便不近人情。但巫术幻术的靠走江湖为生，有大区别。我前面叙述的原始流浪者，是置生死于度外，而习惯于走江湖以为生。我看近世纪尚留着这种冒险家，也是原始流浪者的一种。

二

中国在张骞出使西域的10个世纪以前已烧出了玻璃，而说玻璃是外来，除了这种原始流浪者有可能像说故事一般的《穆天子传》那样没头没脑的传说以外，就无法想象了。而《穆天子传》的战国时代所能到达的地点——西域，恐怕到现在，连绍兴烧的一只菜坛也烧不起来。恐怕敬新郎新娘的麦酒，仍然是用满身雕花的木碗。

张骞出使，是公元前139年，到过印度、大宛、康居、大月、大夏、安息、乌孙。这是一趟备尝艰苦的旅程，一半在路途，一大半时间在牢狱之中，军事政治谈不上，文化工艺如玻璃制作方法更谈不上。流离13年，到公元前126年回国，而他的随从全部死光。是不是到达印度，我也怀疑。因而至少要在张骞回国之后，起到一定作用，才来看域外对中国，对中国玻璃制造业，到底是否发生了作用，发生了什么作用。我认为要打大问号。

从西域而言，新疆附近，最多是分成五十余国，其后也有三十余国。这种国家仅是处一隅之地，并不是其本身有什么文化，经不得风吹草动，一下子跑个精光，走到哪里算哪里。但你要通过它，却谈何容易。《史记》《汉书》写得太大方，《西游记》又太天花乱坠，但有点因素。

张骞的目的是大月氏，地点在妫水之上，对西域小国无一定目的。大月氏不到百年，经班超一战，大月氏即四分五裂。故张骞的知识，仅大月氏的大夏（今喀什到阿富汗一只角）、印度的克什米尔边界、安息（今伊朗的边界）。如埃及发现玻璃最早，罗马次之，则张骞与此两地，出使目的不符，而且旅行路途还相去甚远。

但公元90年之后的班超，西域活动三十余年，于公元102年回到洛阳，已达71岁高龄。其后班勇继任，甘英出使大秦、安息（具体情况不够明确），则无疑有一定作用。至于这些商贩，经营微薄，又大多在驿站转手卖却，极少直接到中国中部经商，故对文化—玻璃业，无多大作用，而带来了一些传说——珍宝故事。如此而已。

汉代文献，《史记·大宛传》是张骞的传闻录，《汉书·西域传》则是班勇的一些报告。因而对这些文献的利用，将从以上的史实来看待。即有影响，不是主力。外因只能发生外因的条件作用，内因才是主力。

三

我和学生一起下田，在山下的梯田中，可看到璀璨的杜鹃花，碧绿的茶叶。这说明全部是酸性土。老农人叫我撒下石灰。中国古代石灰，在彩陶发现地岩壁发现大量涂刷。苗在发育时，即用草木灰，做成圆子大小，一颗一粒，塞在根部，称为插毛。可是石灰用了五年，苗就不发，老农邻居即教我们种下蚕豆，不待采豆就埋下肥田，或改种瓜类，或休息一年长紫云英。他们知道酸性土如何来中和，蚕豆是有机肥料，又有铁质。他们不懂化学，这种生活经验，就是内在的主力。对这种物质，掌握了性能，就能起作用。这是我对民俗学的信念。

到后汉时，制作玻璃的经验被方士所利用，丹炉成为化学实验的工具，又有了新的发展。王充是后汉学者中之较渊博者，在其《论衡》中记述："《禹贡》曰'璆、琳、琅玕'者，此则土地所生真玉珠也。然而道人消烁五石，作五色之玉，比之真玉，光不殊别。"

方士所成之玻璃，已有多种变化，而其目的仍然为仿，或假造宝玉。但在物理知识方面，在玻璃上有了特出的成就。特别是铅、铜等金属，已懂得利用，故可成各色。

《论衡》又述及："道士之教至，知巧之意加也。阳遂取火于天，五月丙午日中之时，消炼五石，铸以为器，磨砺生光，仰以向日，则火来至。此真取火之道也。"

从这一条来看，方士之目的，为其仙道的夸耀，而在玻璃工艺上，则制出透明无色玻璃，如图38（133页）之2，葫芦、药壶，同为无色透明玻璃，而其间又利用玉工、金刚砂车工艺术，为方士物理加工，制成凸玻璃镜，是所有出土物中所难以得到的宝贵的玻璃发展史资料。但这种特种玻璃，为道士所秘，与一般出土的装饰玻璃，有很大区别。

东汉后烧玻璃的面比较大了，方士将前人经验加以发挥，但秘而不宣，真正的发展还是要靠窑工。当时的窑工就是农人，他们对于灰、石灰、铁质，在什么场合中起作用,完全知道。

域外人研究了中国古代玻璃创造:"盐基性为铸造玻璃主要成分——硝。他们到处多有。有时亦烧凤尾草以淋灰,取其钾以制玻璃,故俗称玻璃草。居海滨者,自海草灰中取钠以代之。至于矽酸,中国各地有白砂。"①

补充说明一下,中国用石灰,望都汉墓,壁面全为石灰。河南彩陶遗址洞穴,岩壁上有石灰。《抱朴子·内篇》谓:"外国人作水精碗,实是合五种灰以作之。"方士对于将窑工的经验,利用于炼丹的试验,是非常有心得的,因而称瓷釉为釉药,将釉的各种灰,试出了各种效果。方士的记录虽为时较晚,而方士是战国即已有其一个传统的秘密组织,将技法——术,内部相传。故方士的丹炉道藏等,实有一些化学史的记录。

四

在东汉时,与之前二阶段有所区别。玻璃发展地虽较普遍,但仍然是各地区性发挥,如瓷器一样,各窑品类不一,分道发挥,而其知识仍然处于原始实验中。

江苏徐州十里铺画像石室墓,应是一座大型墓葬,但发掘中,饰物方面,有玻璃珠14件,多长圆形、不规则形、瓜形小珠等②,手工艺极劣。据墓式,应为公元168年前后。参看图12(93页)之4,瓜形珠式。

山西洪赵县坊堆村古墓发掘,东汉墓中仅玻璃小珠数粒,与蚌珠合在一起。③

内蒙杨家营子,二十余墓葬中,玻璃小珠状一件,无孔而仅一槽,与五铢钱同出。④

① S. W. Bushell《中国美术》。
② 《考古》1966年2期。
③ 《文物参考资料》1955年4期。
④ 《考古》1964年1期。

吉林延边石室墓中，出土一蓝色玻璃珠，柱形，与石斧、石镞同出。① 但属汉代。

东北鞍山市清理了一百六十余墓，出土一玻璃珠冒管（珰），与五铢钱同出。②

沈阳唐户屯37号墓出土玻璃珠冒管，与铜印，银、铜指环，五铢钱同出，定东汉初时代。③

贵州清镇清理了百余墓，从汉印同出之墓中，出土了玻璃珠数十粒，有红、黄、蓝、白等色。又珠冒管九件，均为蓝色，喇叭形。在三国墓中，小玻璃满布墓室，此与青瓷器砚同出。④

长沙王家岭出土一白绿相间玻璃珠，与玛瑙等雕成各色小兽珠，与五铢钱同出。⑤

长沙潆湾清理一东汉墓，出土玻璃饰物二件。⑥

长沙小林子冲清理东汉墓时，出土蓝色玻璃珠二粒，与水晶、玛瑙珠、绿釉陶器同出。⑦

零陵东门清理东汉墓，出土玻璃珠二粒，珠冒管一对。⑧ 与玉璧同出。

耒阳耒阳营15号墓清理出土玻璃与其他珠12粒。又灰白细珠如粟大，有一大堆，已脆化。⑨ 与五铢钱同出，定东汉。

常德西郊古墓群清理，东汉墓中出土玻璃珠，与"位至三公"铭镜同出。⑩

1964年长沙南郊清理一东汉墓，出土珠冒管一对，翠绿色，与绿釉明器同出。⑪

广州龙生冈东汉墓出土大串珠饰，其中有玻璃珠数粒。⑫

粤韶关市郊发掘东汉墓，报告云出土"料珠、琉璃珠"。⑬ 可能就是玻璃。

粤佛山发掘东汉墓，出土玻璃珠三粒，蓝绿二色。⑭

① 《考古》1961年8期。
② 《文物参考资料》1955年1期。
③ 《文物参考资料》1954年3期。
④ 《考古》1961年4期。
⑤ 《文物参考资料》1955年4期。
⑥ 《文物参考资料》1955年12期。
⑦ 《考古》1958年12期。
⑧ 《考古》1957年1期。
⑨ 《考古》1956年4期。
⑩ 《文物参考资料》1955年5期。
⑪ 《考古》1965年3期。
⑫ 《文物参考资料》1954年8期。
⑬ 《文物参考资料》1961年8期。
⑭ 《考古》1964年9期。

1955年，广州东郊清理汉砖墓，出土一金指环，镶嵌红色玻璃珠。① 此为第一次发现。

云南石寨山一号墓出土大量珠粒。有玛瑙、绿松、各色玻璃珠，每种多至数百粒。② 据图版管状的多，核形少。

郑州二里岗空心砖墓（汉）出土玉器、玻璃珠。③

四川甘孜高家山三号汉墓，出土蓝、绿等玻璃珠，与剑、蚁鼻钱、有釉陶壶同出。④

从以上出土实物看，自内蒙、吉林到云南、四川甘孜，近海到江苏、广州，遍中国都生产土玻璃。是手工制，不那么圆的小珠子。璧、容器之类，乳纹珠类精制器，一件也没有发现。那么，与域外交通发达之后，玻璃器反而低落，这是什么问题？

可是汉武帝之后的文献记载，如何与国外通商、到国外觅宝，各国以宝物（多包括玻璃，那时叫琉璃）进贡。但地下发现的物质文化，并没有促进当时中国玻璃工艺进步发展的资料，而是各地区普遍地多自己用土法做，自己用，没有一点靠外国，也无域外形式的作品。

这个文献与现实有着很大的距离。问题是与文献相反的方向，告诉我们通西域后的玻璃业真实情况。

张骞出使，带了大量货物，而却连自己的头也差点保不住，哪有心关心其他。他有功，可对文化不大。班勇有政治军事后盾，尤其他父亲域外住了三四十年，传来的东西不少。贡也好，采集也好，那必须是罕有的珍宝——玉。玻璃算什么，我们遍中国自己全会造。这样看《史记》《汉书》，必有其失实之处。其他文献，知识更差。到现在，还有"料珠""琉璃珠"弄不清楚。我们要求在2世纪的文人懂得多少知识，是不现实的。

① 《文物参考资料》1955年6期。
② 《考古学报》1956年1期。
③ 《文物参考资料》1954年6期。
④ 《考古》1958年1期。

五

下面，我对古文献与发现的实物，做些对照。

汉武帝后期经营西域之后，照文献看应有很大发展，然出土物则仅有一些玻璃小珠而已，乳纹的美丽的珠子绝迹了，或者减少了，域外学者却肯定这是西方的。而打通了西方路径，西方的东西却不见了。

公元前一千多年，已把装饰乳纹的五彩玻璃片与白石镶在黑漆棺材表面，其后觉得还是黑得闷，于是用绢绣花裱在黑漆棺材上，又以后砖墓画壁画，再以后墓室用石刻填彩色，再以后在地下建造宫殿。

玻璃的命运，看来也是一样。如陶瓷器，白陶发明了，但只能做明器。屯溪型原始瓷器发明了，统治者专用，也只有明器。绍兴型青瓷及所谓吹釉器发明了，也全是明器。到宋代，第一块牌子的秘色瓷出窑了，只有统治者可用，或进贡，民间禁止。玻璃在这一时代，也可能全部为统治者专用，而出品不多。专为殉葬的玻璃明器、璧、剑饰、九窍器、玉押，全看不到了。但从横的方面看，各地小型土玻璃窑遍中国——据出土地区来看。

"身宠而载高位，家温而食厚禄，因乘富贵之资力，以与民争利于下。"① 这说明统治者在民间工艺发展到一定程度，即与民争利，这在历史任何一代，都是铁一般的事实。

汉武帝以玻璃珠、玉、明月、夜光，杂错天下珍宝为甲帐。②

武帝的清凉殿，亦称延清室，董偃常卧延清室，以画石为床，上设紫玻璃帐。③

① 董仲舒言。
② 《汉武故事》。
③ 《三辅黄图》《拾遗记》等。

用各种珠类串起来,像现在剃头店门口挂的珠帘,这完全可以理解。"甲帐",如珠襦玉柙的甲一样,即上下相联缀。玻璃帐,就不易解。但延清室是纳凉之所,画石为床,画石当是有纹理——大理石之类的榻。前文谈到榻,床头在里面有屏,屏是镂花的,当中一小方,本来是白绢绘画,此时是改用了小块的玻璃板。所谓帐,目的就是防风。故屏风与帐有同样作用。

武帝以金弹弹鸟,金弹失手落在白玻璃嵌的马鞍上,颇为悔恨。① 玻璃不能制鞍,鞍是革制物,但马饰可以镶嵌。

武帝尝王武子供馔盘,悉用玻璃器。②

孙权时,有掘地得铜匣,以玻璃为盖雕镂之,布云母于其上。③ 铜盖镶嵌玻璃物,出土时有彩虹状色彩,颇近似出土状况。

武帝好神仙,起祠神屋,扉悉白玻璃为之。④

赵飞燕女弟居昭阳殿……窗扉多是绿玻璃。⑤ 这恐是琉璃釉的建筑物。

飞燕为皇后,其女弟在昭阳殿,遗飞燕书曰:"今日嘉辰,贵姊懋膺洪册,谨上……玻璃屏风。"⑥ 这屏风显然是镶的古代白玻璃璧大小的玻璃板。

孙亮作玻璃屏风,镂作瑞应图。⑦ 玻璃有图纹,当是铸器的板状物。

以上文献,原文均称琉璃,此处认为有可能为玻璃制者,悉改用玻璃。这是根据玉柙的玻璃板制造,而发展为可以制屏风中央小块玻璃,有它的可能性。但板玻璃难保存,要在遗址中出土,就不可能了。居住遗址、宫殿遗址,发掘不多,掘坟比较有把握。而碎玻璃的发现,将于下章叙述。

统治者将民窑玻璃夺取之以为宫室生活之用,

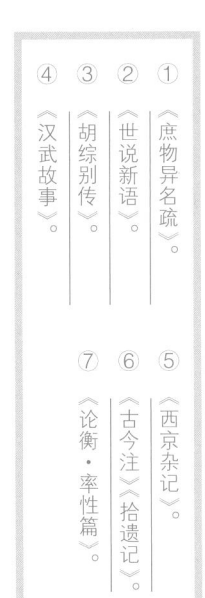

① 《庶物异名疏》。
② 《世说新语》。
③ 《胡综别传》。
④ 《汉武故事》。
⑤ 《西京杂记》。
⑥ 《古今注》《拾遗记》。
⑦ 《论衡·率性篇》。

这样分析是完全合乎逻辑的。清代的琉璃厂取博山玻璃造鼻烟壶及大花瓶，景德镇发展为大窑场时变为御窑，苏州锦织技术提高即成为御用织造厂，这种事实是不胜枚举的。

六

统治者对玻璃的应用，已由制明器而转宫廷日用器，要求提高，使青色玻璃增为多色，如紫玻璃屏风，又利用方士以扩大范围。王充是后汉的一个有见识的人，他的记录如以上所述，后汉有各色铅玻璃，可能性很大。如绿琉璃釉明器，是公元前后发明。绿琉璃釉是铅釉，故此时，有金属的五色玻璃，为统治者享受。道士在道藏中，曾流露一些秘密。出土物中，红玻璃也确实发现了。

炼丹术，在化学、医学、光学物理上，多有一些经验。但必须理解，方士是收集民俗方面的经验，进行反复试验，而有所成就。他们没讲什么"琉璃"，而直截了当地说消烁各种石质，制成玉一样的物质。这种知识后汉到晋，几乎非常普遍了。

《论衡》还谈到"随侯以药作珠，精耀如真"，这是明白说出了统治者以玻璃为服饰上的用途，所谓如真。真的乃宝石、宝玉制品。

所以到了郭璞注《穆天子传》"采石之山"条，谓"今外国人所铸作器者，亦皆石类也"。郭璞是了解这种工艺的，他不言泥而言石，石是石英。他不比现代读书人，以为瓷土是种花的泥一般，哪知瓷土，特别是紫砂，硬得实在厉害。像郭璞，不愧是真读书人。

而且有人完全知道"琉璃"可以用药假造，《演

图 53　玻璃碗。蓝色，景县出土。与三国青瓷钵同式。即木椀型

繁露》云："按此所言，殆今药玉，药'琉璃'之类。"同时又云："中国所铸有与西域异者，铸之，中国则色甚光鲜，而质则轻脆，沃以热酒，随手破裂，至其来自海舶者，制差朴钝，而色亦微暗。"他不但说明了国内造玻璃，也是仿造假琉璃，而且还能鉴别，何者自造，何者为舶来品。

我们看一看图53的玻璃碗，确实质差朴钝。这种文献记录可信。

中国制造玻璃，在公元前11世纪是采用制釉灰之法开始。过了一千多年，王充《论衡》所记之消烁五石，以药作珠，完全记下了从古以来的制法，故瓷釉又称釉药。又过了若干世纪，《演繁露》所记，则更懂得这一制作的工序，明确地说出了用药制假玉。同时，《太平御览》引《南州异物志》："'琉璃'本质是石，欲作器，以自然灰治之，不得此灰，则不可释。"再传到近代龙泉仿古的老窑工朋友，他

1

2

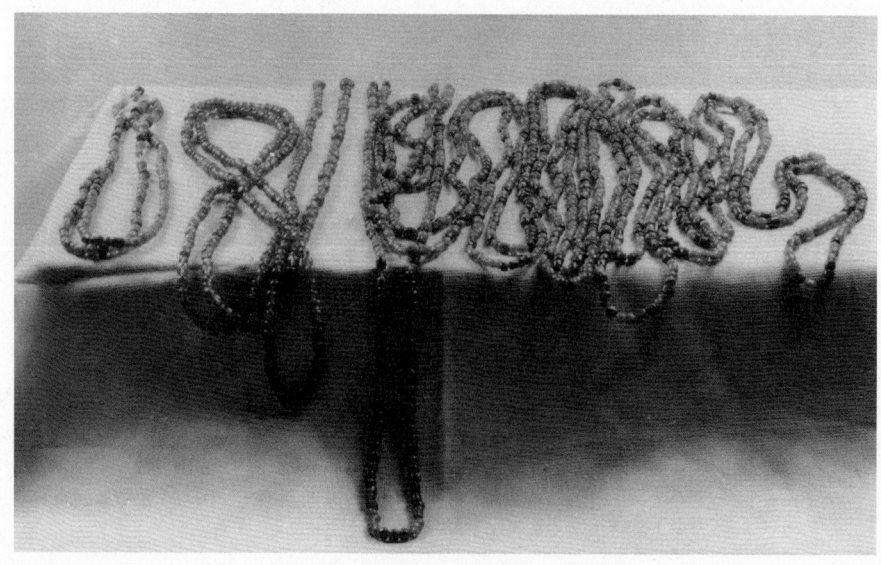

3

图 54

图54　1　玻璃缸。乳白色（带红）。河北景县封氏墓出土。时代北魏至隋。近佛前燃灯油缸。但为随葬物，用器。其纹样可研究

2　玻璃碗。广州出土，蓝色

3　细玻璃珠串。与上图玻璃碗同出

① 《朝鲜古迹图谱》第九册，高句丽时代，四、1296、1298、1299、1300等页。

② 《考古》1972年1期。

更懂得微细的一点点色差用多少灰，比我们起码的画家的调色能力不知要高几千倍。这一段已说明了中国文献上记录的，从中国制作玻璃开始1600年间的技术史。

七

从统治者将玻璃窑成为御用开始，它就向外输出了。西汉在朝鲜的势力成乐浪郡，到东汉及高句丽。在高句丽时代输出的玻璃，有玻璃环、玻璃珠、葫形器、瓜形珠、玻璃水注、玻璃碟，以及红色、青色小珠。① 在金海家塚，还有和王莽时代货币伴出的玻璃枣形物。在日本，如九州筑前国筑紫郡须玖村遗址，出土了玻璃璧的碎片。

玻璃开始还是与宝珠同珍，然而过了千百年，应用方向变了，对玻璃的看法也完全变了。前文我举了一只铜砚盒，在蛙形上，镶了无数玻璃。后在徐州也发现了同式的东汉蛙形砚盒，一件玻璃镶嵌也没有，而是镶了无数宝石，当然色彩华丽②，制作更精。

物质文化有它的消长关系，这个转变期，向另一方面发展，就是进化。而要还原，比发展还困难。这不是困难，而是与发展规律不适应。古代美丽的乳纹珠，精美的乳纹璧，看来不可能再生产了。

我家的楼板坏了，当吃饭时，跑进房间，桌上的汤碗就沸腾了起来。以后来了二个木工，看了半天，说不知如何修法，没法修。喝了杯开水，闲谈起来，我说窗子破了如何修，他们就动手，边做边说，高的凿掉，破了钉上洋钉。我问铁钉也是外国来的？他给我看钉帽，你看，这花纹，不是洋货。我问，你能照我的旧式椅子，做一只么？他看了看，说连

如何做法也不知道，做不来。但另一个说，你不要小看他，他做了无线电四个喇叭，连鼻孔里哼气都听清楚。你能在市面上买到四喇叭的收音机么？在民俗学方面，都给了我启发。

记得我有些明代椅子，我恐失传，请建筑系大学四年级生来测绘，结果曲线的无法测绘下来。这种小小工艺，创造与发生是通过相当过程，失掉了精神对于这种物质支持的时候，进化的天演必然使之淘汰。

我看过若干教师的房间，有一只三块钱的柳条书架，上面有些借的图书，也还有些旧的中学课本。因为这一年，从文物店收到一只大书架，可拆、可合，合起来，可以将大房间分成二间，大、小、中的分格，非常有巧思。这个时候体会到我的明版《资治通鉴》《尔雅》，书大如枕，又薄又软，只有这种有衬底的可横可直的书架，才能适应。

物质文化的消长发展关系，是随着规律的。用殷代的几千斤的大鼎，烧熟了一整头牛，帝王、王妃、大将，各人抽出身边的近斯克坦式的弯刀，割下大腿而虎嚼，把剩下的腿骨送到生殖形的祖先灵位上。而纣王要邀请唐代贵妃、虢国夫人同餐，不管殷商有极高的文明，这终是多大的唐突。

下面可以看看三国至南北朝，而其中却好些是从西胡蹿到中原，登上帝座。他们除了以杀戮为特长的骑射以外，有没有如中外学者说的，由丝路上带进了玻璃？有好多人本着地方博物馆学的硬性逻辑，尽量将文化遗产纳入本地区范畴，喜爱大谈六朝之类。那么这些西边来的南北朝时代文化，带来了什么，倒是值得研究了。摆在眼前，睡在草莽中的有翼神兽石刻，有二十八墓七八十件大石刻[1]，印

[1]《建康兰陵六朝陵墓图考》。

成图谱，道出它的东来因素，将这些精致雕刻，给热爱研究东西文化交流的人们开开眼界，岂不更有意思。

八

公元2世纪的玻璃工艺，还得继续谈清楚。

由于有玻璃西来说的论调，不得不先看一看三国到南北朝，有鲜卑人如后魏孝文帝、西魏宇文泰，则是早期归化者。南朝齐梁二代的大臣康绚，其先出自康居、后臣西域、又流河西，至于各主之为胡为西地人氏，乃更显著。照理，这些人主大臣至少会带些西方文化之一——玻璃工艺。然而事实并非如此，且看此时之出土物。

长沙南郊发掘了若干绍兴型青瓷的墓葬，故定为晋代。以前用玻璃所制的珠类，大部分用金来制成多角珠、圆珠、枣形珠。而玻璃珠仅有六粒，一绿、一深蓝、四天蓝。① 色彩复杂进步了，但使用面小了。而同时11座墓中的南朝墓，玻璃一无所有。

南京方面，偶然掘土时，发现了晋代周处墓，是件非常的幸事。在晋将军墓中，仅发现了一粒蓝色玻璃珠。② 然即使是一粒，也难能可贵了。后于二号墓中，又出土了玻璃小珠二粒，绿色。③

四川昭化宝轮院屋基坡崖墓清理中，十二号墓出土了玻璃珠52粒，七号墓出土了182粒。由于这些崖墓以前也出过玻璃珠，而这墓群砖上有元嘉纪年，而出土瓷器与泰康、泰始年墓相同，故定为晋墓。④ 这种玻璃珠，部分为核形，部分为圆形，并不工整。在这一偏僻地区，看来不可能是外来品，应是当地人自己动手制作。

① 《考古》1965年5期。
② 《文物参考资料》1953年1期。
③ 《文物参考资料》1953年8期。
④ 《考古》1958年7期。

南京富贵山东晋墓发掘，出土了南京方面唯一的玻璃珠三粒，扁圆形，径 0.4 厘米。[①]

三国晋南北朝出土的玻璃实物，除魏时代一条，留待谈释氏问题时论述外，仅此四点而已。实际上关于这一时代的墓葬发掘，何止千百，问题就是没有如一般认为班超通西域之后，又有哪些西胡人登上中国宝座，也没有通过西域，带来西方艺术的玻璃。铁一般的事实是，玻璃在中国，自己创造、使用，逐步转变生产方向，在另一种情况下，渐趋衰落。

古代人类认为灵魂和人是同样在活动，故日用器作为殉葬物，如铜器陶器，以及珍宝之一——乳纹玻璃珠也同样为死者所用。到物质资料日趋缺乏的情况下，某一部分物质相对取用了代替的办法，例如玉璧等，相对地有一些取玻璃以代宝玉。这从公元 1 世纪之间，在古墓发掘的实物资料中，可以清楚地看到，这是古玻璃生产逐渐衰落的一个方面。而另一方面，则将或已经在日用方面开始发展了，一些可靠的文献会反映此种情况。

九

从原始瓷的产生看，在屯溪周墓发现实物中，由于原始瓷器的色与形有代替铜器的可能，故出土时，铜器数量比原始瓷器少。

而且由此开始，陶瓷器从三个方面发展，成为明器的主体。第一类是含有铁质薄釉的所谓"吹釉器"。从千百件器形看，完全仿制古铜器。第二类是青瓷器——绍兴型青瓷（宜兴、萧山均有窑），全部为明器。第三类是绿釉陶器的明器（即铅琉璃釉）。

[①] 《考古》1966 年 4 期。

关于第一类可以不论，它在公元前已有使用。

第二类的青瓷器，从现有资料，有纪年可证者从公元189年献帝时代开始延续到公元589年隋代，还有类似器发现，鸡头壶是最突出的形式。但开始期不能限于有纪年可证的献帝时代，根据其釉胎的进化，应有所提早。那一般称之为六朝器者，在浙江、江苏、江西、湖南、安徽、两广、河南、湖北等九个省的墓葬中，均有发现。产品虽略有变化，但延续了400年，以一省一年两千件计，其规模之大，可以想见。现在发现窑址已近二三十区。

当我在宜兴均山发现古窑基时，当地窑工朋友为我指出好几区有可能发现古窑。当时我以事忙，不及调查。但觉得遗址调查，不能就事论事，见什么记什么，应从这个遗址的遗物，分析它在当时的地位以及作用，停滞与发展的展望。

两年前，一些学生从上虞茶地上，拾了一筐这些脱了釉的瓷器，说明未为考古工作者所掌握的偶然发现物，为数是不会少的。但据史料云：南北朝，南方宋齐立甄官署，专门督令陶瓷事务。照窑址看，官方有官窑，而太湖区及萧山区窑址遍地，民窑林立，专烧明器。

第三类是众所周知的汉绿釉器。它几乎完全是为了仿古铜器出土的色彩制作的，甚至可以乱真。它的博山炉、奁、壶之属，完全是从铜式上套制。因而，这种殉葬明器占领了明器生产相当大的区域。而这绿釉，在玻璃起源问题上，又是造成极大混乱的因素。下文将为这项绿釉专门来进行研究，这里不作详述。

第二类的青瓷器，其器形虽然有一些受到外来文化影响，但这是归化了的外来文化，也即是我说

图55　1 龙形带钩。镶白色玻璃一，已成米黄色。又镶绿色玻璃球一，有土蚀。汉以后物

2 兽首形带钩。镶玻璃二粒，已土蚀。汉以后物

3 冠饰。鎏金，上镶一玻璃球，黄绿色，极圆整。明代

4 兽首镂雕带钩。上镶乳纹圈组合玻璃珠二，白玻璃珠一。西汉

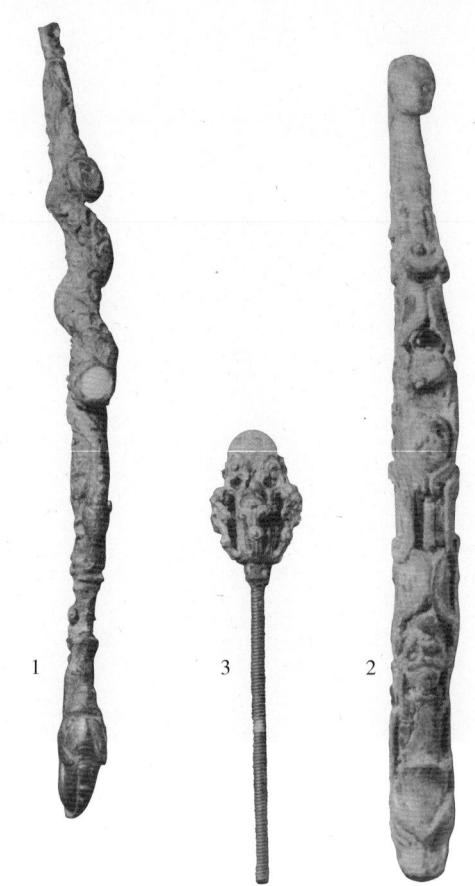

的江南文化。它和玻璃有着很大的血缘关系，它的质，即我要讲的瓷釉。河南、淮河之南，虽在长江之北，但跟着楚遗民文化，容易接受江南文化。而四川，一方面也接受江南文化，但接受从西面进入的北方文化，也非常浓烈。江南文化是大海，一些江河川流的流入，基本上改不了大海的伟观。

第三类的绿釉明器，主要地区在北方，但也随着北人南移，发展到湖南、湖北。这是从出土物所见到的概况。

西汉后的第三阶段中，玻璃明器渐少，主要是以上三项新明器的产生，为数不多。由这个因素所起的变化，与玻璃生产已转到为统治者实用品的生产上去，使玻璃品改变了面目。

十

在一册笔记上看到古代有在地上掘到玉与玻璃镶的搔背，那就是我们在城隍庙五分钱买到的竹搔背一样的东西。然而巧得很，李公麟画的孔子像，手中就执这玩意儿，可见古代贵人对这件东西有兴趣。但是不知什么时代，把它称为"如意"。宫廷中的如意，是用专箱装着。而以后的帝皇像多执如意，可是这如意已变了形，变为灵芝草一样的东西。

早年我旅行山东，遇到一个孔子几十世孙的后代，他自称管过孔庙的几十间古仓库。我原想问问，可有"如意"——没有变形而较古的玉与玻璃镶嵌物，他说白玉如意有金镶的，给军阀取去数件。我说要搔背的，他认为把皇帝所赐如意而视为是搔背的，非常生气。然而，这个有官俸的后代，已穷到拖了很长的鼻涕。

这一时代玻璃珠仍然很多，如图19（103页），这样大小不匀的珠，仍然是一般被爱好的装饰品，但不知怎么用法。我经过一次、二次、三次的收集，我才明白了。

那是古物铺唐裁缝鉴泉，使我熟悉了一个挑夫叫小排子，力大性直，在车站挑行李之外，为人打杂。他知道我喜欢玻璃，他说为唐老头送货，一只陶器忽然碎了，内中全是泥巴。他拣了几个古钱，碎片交了老唐之后，听我说要玻璃，他去寻了两三次来。而其中一次有木梳，有玻璃珠的两头冒管（图56，182页），就是陶罐被泥震碎的泥中寻到的。这种冒管，大的一头已磨陷了，说

图56 1 玻璃珠。附冒管。蓝色，有土蚀。计42粒。当时在泥土清理时有散失。珠粒大小不同，形亦不圆整。二端有管状饰物，此为中国帽系两端特有之饰物，有时为玛瑙、水晶所制，（笔者）手边已集八十余粒。此玻璃管状饰物之较大一端，即珠串之联结处已磨到凹入极深（今用皮方分开），说明是用器，而且用的时间已相当长

2 玻璃珠。深蓝色，计21粒。土蚀，生银光。此为搜集时第二天送到，故另串之

3 木梳。木质，有朱色绘画纹样。干后，变了形，发黑色，纹样不显，与玻璃珠之2同出一坑。1941年长沙出土

明了是用器，至少用了三五年，不然玻璃不会磨得凹下去。

我们在长沙面店中用尺把长的长筷子吃面，他什么都谈，说湘西人头上包块布，两条布角挂在耳边，腰里一只弯刀。他还告诉我这些坏人有军师，就是看风水的先生。这些先生指手画脚，什么山垅水道，手里有个巃扦。这使我颇有启发。

几天后我离开旅途，看了些老家旧书中堪舆者，原来葬坟相地，有他们的一套。原来洛阳铲，就是向风水先生的巃扦学了点窍门，而我年轻时的考古朋友，也仅是向洛阳铲学了这个门道。这种神秘的书，告诉人找怎样的地点下葬，这使我理解到为什么山称冈，又称龙脉。原来我的老一辈朋友，只会发掘一些高堆的中小墓，而陵寝何在，就毫无办法。元人杨琏真加一到杭州，将绍兴的南宋陵、大官墓全部掘了，这胡人盗墓本领不小。

旅行使我感到兴趣，因它给我知识，比书本活。同一时期，长沙钱老先生送了我几粒乳纹玻璃珠，使我有知识来读外文上关于乳纹珠的分析，这使我非常感谢他。

十一

从得到珠和珠冒管之后，细看各遗物及书本，这种珠冒管，现代几千百种考古者，均称耳珰、瑱（填塞也）等，云是耳饰。如管子小一点，而古代中国和非洲人一样，把耳上开个孔，将管子填入孔内，倒可以说得过去。但中国耳上的孔极小，是用缝针穿的。《说文》："瑱，以玉充耳也。"《玉篇》："珰，蛮夷充耳。"均不可解。

文献上有："母之于女，天下至亲，穿耳附珠，何伤于仁。"① 穿耳仅针大。《释名》："穿耳施珠曰珰。"古诗："耳后大秦珠。"总之是一粒圆珠。

而这个喇叭形的管，完全不像珠。且这种管，有玛瑙，有带蓝纹的白石（图1〔33页〕当中），有玻璃的，有长3.5厘米、3.3厘米的（图21〔114页〕之20、21，图43〔136页〕之7），这样长插进耳肉，那才怪。其他大小不一，如图21之16—19，图25（118页）之9、10。

其他东汉各墓，多是成对出土，但无珠伴出，有的在井底也有出土，看来是很普遍的饰物。如辽阳三道壕村落遗址，第二、三、五、六居住址均出土了玻璃珠、珠冒管，铺石大路也发现了玻璃珠、珠冒管。② 这说明了农村也作为凉帽珠之用。

长沙湖桥C4号东汉墓，出土珠冒管，且特别长。③

① 《太平御览》引《诸葛恪别传》，718页。
② 《考古学报》1957年1期。
③ 《考古学报》1957年4期。

成都天回山崖墓清理中，三号墓内有玻璃珠冒管，绿色透明，喇叭状，长1.8厘米。[1]

远在罗布淖尔，亦有珠冒管发现。[2]

在和阗、达摩戈等地，发现了玻璃珠冒管。[3]

洛阳西郊汉墓，发现玻璃珠冒管七件，珠三件，六角核形。[4]

河南陕县刘家渠汉墓，发现喇叭状珠冒管15件，作蓝色。[5]

耒阳西郊古墓，出土玻璃饰品一对，长2.6厘米，两端平，束腰，桃红色。[6]与铜镜伴出。此亦为珠冒管。

河南河王村东汉墓，出土玻璃珠冒管，蓝色，长2.1厘米。三号墓出土者与上同式，但涂金色。[7]

广州沙河东汉墓，镜下有玛瑙珠冒管一对，喇叭状蓝玻璃珠冒管一件。与金银指环同出，其他各种珠多种。[8]

这件饰物，在这一时期出土之多遍及全国，要说明原因，确有些困难。因这种珠冒管出土最多，有的一头已磨陷而凹入，至少可以说明一般人都使用它。同时，可证明玻璃在农村也大量使用。这物件很小，问题关键，却大得很。

在释教图像上找玻璃（所谓琉璃），我已下了好些功夫。这一次我到新昌十丈高大石佛身上找资料去。我喜欢小路山坳跑，爬上岭头，一大群桂圆、荔子的挑贩在憩凉，一坐下便攀谈起来了。他们真豪爽，有的请我吃桂圆，有的请我吃红枣，我送他们每位二支卷烟。暑假天热，松林虫鸣聒耳，真有点生辰纲遇到绿林好汉味道。

有趣的是他们的凉帽，全用竹篾编，中间衬油纸，帽与脑之间，有一竹编的圈，使得四面通风，下垂六条玻璃珠串，不用带缚，有的在脑后，有的在颈。他

[1]《考古学报》1958年1期。
[2]《罗布淖尔考古记》，117页。
[3] Innermost Asia。
[4]《考古学报》1963年2期，37页。
[5]《考古学报》1965年1期，159页。
[6]《文物参考资料》1956年1期，41页。
[7]《文物》1960年5期，66页、67页。
[8]《文物》1961年2期，57页。

们多是嵊县人。下山之后,我到了一个老学生的家里,他吃了一惊:老师你怎么能一个人跑这条路?这是不安宁之处。我才恍然明白,他们结队而行。

我终于在嵊县买到附珠的凉帽。我的学生知道我独往独来的习惯,在万山中看淋山石器,仙居横溪看汉墓,粤南华寺看汉墓,而我认为要以小见大之处看问题,收获大,我的老学生完全懂得我的研究方法。

从这个乡僻地区的凉帽玻璃珠的串饰,我才决定将一般用作珰、瑱的喇叭状的饰品,改称珠冒管,总之是冒在珠上的饰品(当然下垂的珠,上饰一冒管,也有可能)。

这一件大量出土的珠冒管,证明了是实用品生产,而且和珠一样普遍。在生产内容的变革中,有它的典型性。但也不排斥,由于这些作品销路广,有些制作非常精密,质地纯净,其中有可能杂入了非自造的制作。

十二

这个时期,佩饰比古代是简单了一些。

屈原写东皇太一是:"抚长剑兮玉珥,璆锵鸣兮琳琅。"郭沫若译成:"全身的佩玉,风吹得丁丁当当。"这大约等于上举的虢太子时代。而东汉至南北朝时代,仍然有不少佩饰,图57(186页)各件,所谓系璧佩璧之类,已不是礼仪器,而是一条鲜红绳子打上花百结,串上珠粒及环,又从环上系璧,璧下有珠有璜。为了防止行路荡得过分,故璧上有细眼,把它有限地系住,使它稳定。

如图43(136页)之2、图25(118页)之11,上可系于革带,下可系佩饰。这二件名称未定,

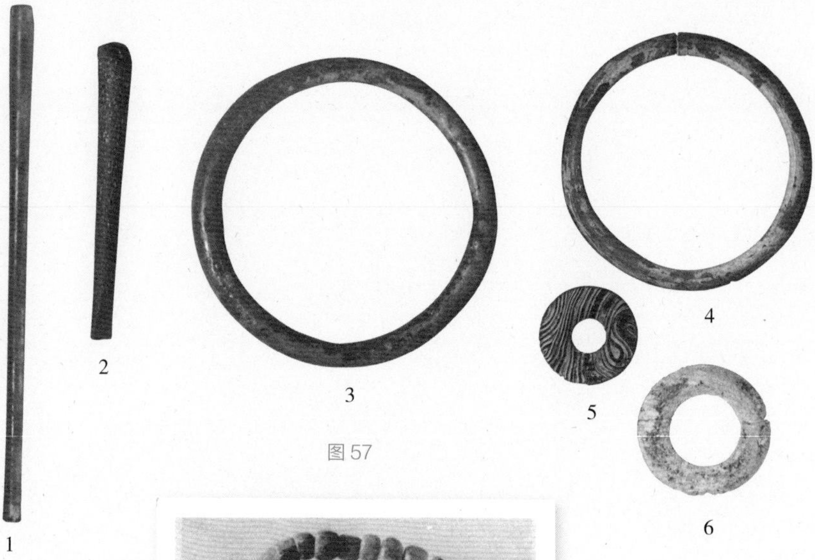

图 57

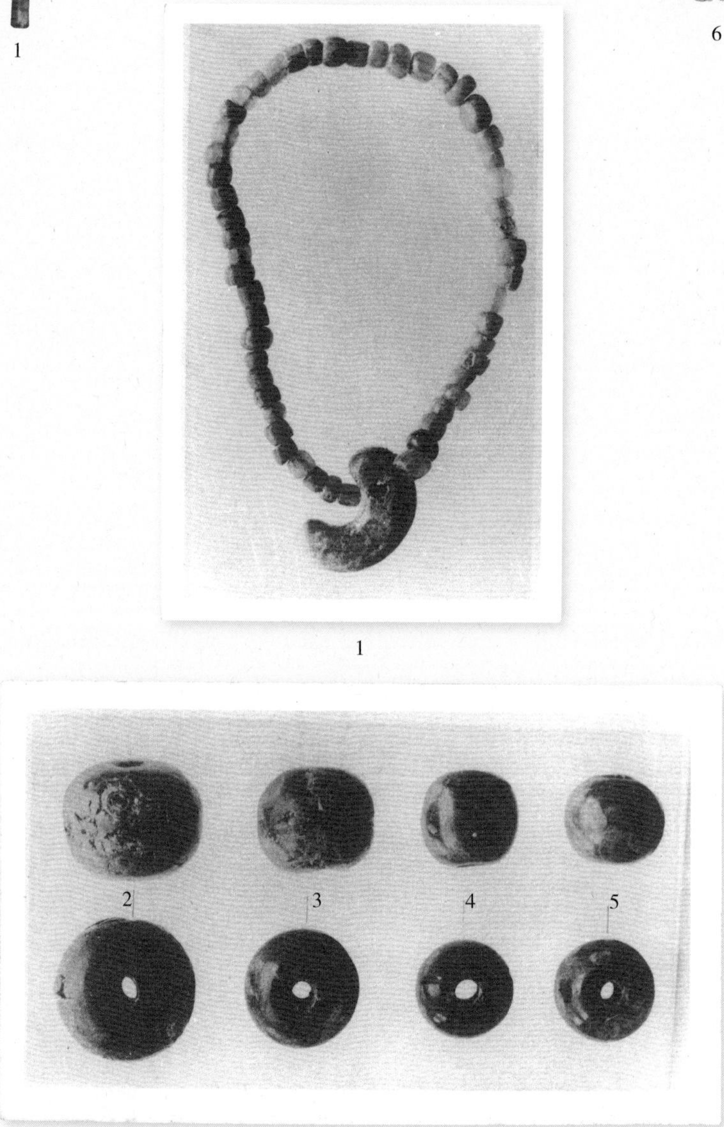

图 58

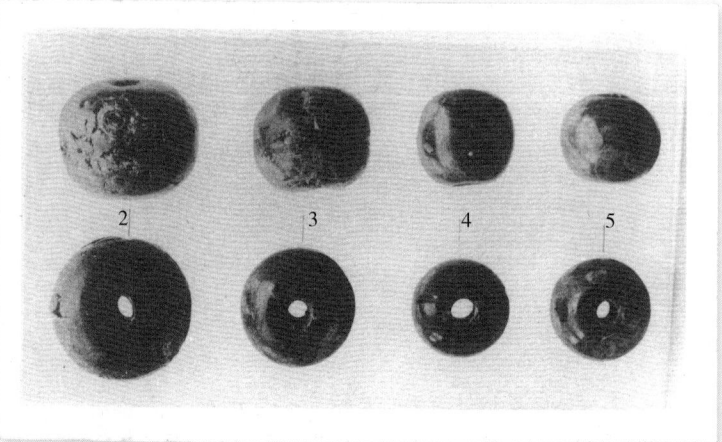

图57　1 玻璃笄。透明，已断，故头部无饰物，成笔竿形。图78（244页）之9，则为笄的头部

2 玻璃笄。已断，绿色，极美观

3 玻璃环。径7.4厘米。乳白色，土蚀

4 玻璃环。径6.1厘米。白带青味。边有宝蓝色花纹，镶嵌

5 玻璃环。土蚀后成玛瑙状。即一部分色被土蚀

6 玻璃环。浅绿色。径3.3厘米，厚0.2厘米。中厚两边薄，如古玉之制法

图58　1 勾玉及玻璃珠。原文称硬玉、勾玉及玻璃玉饰，椁东部出土

2—5 玻璃珠。据其报告，玻璃佩饰，古新罗时代实受中国六朝之影响。原文称琉璃色青白斑丸玉（蜻蜓玉）

① 《西方美术东渐史》，163页。

② 《大正考古学报》《朝鲜考古报告》《美术全集》（第五卷）。

用式可以想象。

可能手镯也有了，发髻的笄，原来是竹制、玉制，这时也有用玻璃制了。如图57之1—4。文献中有个下邳太守，最喜欢盗墓，掘得一年轻女尸，臂上有一玉钏，可见手镯在这时已盛行。

如图12（93页）之3，白玻璃环，环上还嵌蓝花。图12之4，为云纹白珠。这时的珠，有瓜形（图17（100页）之20、21）、圆形、椭形。图21（114页）之1、2、4—11。图73（228页）之12。第三阶段的各种形，与第一、二阶段，最大不同是使用价值有异。

上文谈到中国传入朝鲜的玻璃器。朝鲜在新罗时代，似乎还不知道釉①，是中国传入而已。如图58，有庆州金铃塚等出土之珠及镶件②，他们称之为白斑丸玉、蜻蜓玉。这时——南北朝，不但是中国玻璃传到朝鲜，可能还已学会了中国制法，因有些珠是中国上一时代的旧形式，另一些又是他们的民族形式。

这个时代，是文化交通发展传布的一个较早时代，同时又是趋向日用而变革发展时代，故谈到传给朝鲜，也略谈日本。而另一方面，西域与中原的关系，比上一阶段——公元前，班超未打开通道之前，要频繁得多。

一般学者，凡书上读到西国古代有，而中国也有，便论到导源于西方。如果没有足够的，对当时地理、交通、两族关系，尤其是中国古代文化的充分研究，以及脱出旧考据学的形式逻辑的范畴，确实认识到物质文化永恒发展着，而人类的认识是相对的，不可能有断然的准确性。

为此，还得再把古代玻璃实物，作进一步观察分析。

如印度摩亨佐·达罗发现了骰子，而我却在中国发现了"大官""足下""执事""君侯""吾贤""卑末"

等六面文字的骰子。是印度骰子来中国呢，还是中国自有骰子？今日我所研究的范畴，主要是骰子的物质——质地的年代。所以下面的玻璃研究，仍然要在玻璃的范围之内。尽可能注意到实质问题、使用情况、类型比较、社会因素等，在目前可能情况下去分析，不作全面肯定。

十三

晋魏与域外玻璃关系最大，且看：

南京象山东晋王丹虎墓，遗物中有一玻璃珠，长1.6厘米，一半白色，一半深黄色，椭圆形。与琥珀绿松珠同出。① 这种形式色彩，与古代明器玻璃，完全起了变化。

浏阳太康八年墓，出土一有圈纹玻璃珠。② 这种圈纹与古代乳纹珠，完全为另一形式。域外有学者认为乳纹珠（原称眼珠）导源西方，为什么中国与域外海陆已通的时代，反而乳纹珠绝迹，而另一形式的圈纹等各式珠，却在各地发展？先在此一提，下章详论。

长沙五里牌东汉墓，M009出土各色玛瑙珠、玻璃珠。而玻璃珠竟达千粒以上，蓝色透明，火红色不透明，径0.5、0.6厘米。新莽墓M007玻璃珠也出土千粒以上。③

广州龙生冈43号东汉木椁，由于男女合葬，装饰物颇多，其中有深蓝、浅蓝、紫玻璃珠，计1965粒，同出者有五铢钱。

广西贵县东汉墓清理，出土了马蹄金一件，铜鼓一件，玻璃碗一件，玻璃珠1504颗，深绿色，两侧略扁，中有孔可串。④ 图54（174页）之3。

这种细小扁形、几千粒出土的玻璃珠，如何进

① 《文物》1965年10期。
② 《文物》1960年3期，36页。
③ 《文物》1960年3期，46页、22页。
④ 《考古学报》1957年1期。

图 59 玻璃珠饰金铜冠。最阔 9.8 厘米。铜制鎏金，缀各色玻璃珠约 16 粒，部分脱落，已土蚀变色，外观黄白色，内部中心则为碧绿色。凡古代玻璃，外观之色，均非真色，剖开后可看出原来色泽。近代道教尚有此种冠式，旧剧中亦有冠，其冠均左右插入，此冠从正中插入

行研究颇成问题。但据制作简陋，则决非舶来品。它的表里皆不足以称是仿造宝珠，那就是土产了。

这种细粒珠必然有用途。据文献看，《晋书·舆服志》：后汉以来冕前后旒用真白玉珠。多寡是根据等级数目不同。玉珠分量重，必然很细小，但不可能用玻璃。文献上"珠襦""玉柙"是二物，珠襦一般讲应是珠串之衣，但未发现，亦无人敢有此设想。古代用珠饰的地方很多，即包发髻的弁，也缀玉珠。但以上均不相符。

钗。《太平御览》卷七一八引《洞冥记》："元鼎元年，起招灵阁，有神女留一玉钗与帝，帝以赐赵婕妤。"钗在古代肯定用得很多。敦煌壁画的隋唐贵妇人，首饰很繁，一部分是钿。钗（图 42〔136 页〕之 1）有两只脚，这是插入头发，使其不变方位。为什么不能变方位，就是钗上面扎成各种凤蝶之类。古代如何，不可知。以我幼年在各大家所见，是将"发蓝匠"叫

到家来，用珠（蚌珠）、宝石、翡翠，用细铜丝扎成凤蝶之形，下坠一串，较长。不同钗饰者，如蝶状，扑在发上。细玻璃珠穿为首饰，这是一种可能性。晋《女史箴图》，妇女头上有一朵饰物，看上去是钗。罗著录偃师出土六朝俑女像，皆高髻，一髻上饰一鸟。此鸟形，实亦钗饰。①

"包头""鞋""兜肚""腰下小围"，全以假珠钉成图案。在乡僻或少数民族地区，我是目见。其中杂细小之珊瑚珠（管状），这是第二可能性。因为地点是湘粤少数民族地区，可能性很大。我问它叫什么名称，他们称为"水钻"。至于古代珠鞋，《史记·春申君列传》："客三千余人，其上客皆蹑珠履。"

"璎珞"。陈大年想对古代佩式复原，穿了几十次，没有成功，问题是一点儿标本也没有，但从 ✳ 形这样一个中心而发展，则毫无疑问。故璎珞亦有从玉者。颈下，有系成网状，末端为镶珠玉之坠，腰以下亦有此饰物。

河北邯郸郎村发现汉墓，有玉衣碎片，有鎏金铜饰，其中嵌玻璃铜饰②，则当为璎珞等之下坠者。

彩色珠。四川昭化宝轮镇三国墓中，出土了玻璃器22件，玻璃珠，多数为圆形，少数为核形，有红、黄、绿、蓝、白等色。③照器形，有圆有核形，完全符合制作发展规律，而有如此多有色玻璃，则是一个大发现。又出土一件块状物，这显然是原料，他区运入。这是一个很好的研究课题，我初步定的是青州、越州、定州，结果要看研究的深浅了。

而这种多数珠出土，均在西南方，如广西贵县汉墓，同时出土水晶石管，玻璃珠39粒。④是不是少数民族专有此种饰物，亦有可能。

而我所谓璎珞状者，仅在释氏佛像中见之，如

① 罗振玉《俑庐日札》，42页。
② 《文物参考资料》1958年11期，52页。
③ 《考古学报》1959年2期。
④ 《文物参考资料》1956年2期，74页。

《敦煌彩塑》封面。佛之颈下，被肩，珠有数百，该册 13 页北魏一像，则除颈部璎珞外，我们所见之长核形圆管珠，亦为串饰，长达脐部。北魏像同形者很多。到盛唐 67 页一像，其珠更多。古代妇女璎珞，壁画中尚有，而释氏图像却比贵妇人更盛行。所以妇女虔佛奉献物中，玻璃器特多，以珠玉价贵，玻璃亦可表达其虔诚，此当于下章详述之。

大量玻璃珠出土，我的能力，只能谈到这样的程度。

十四

关于玻璃碗，从类型看，有域外文化影响么？我看一点也没有。

我亲手整理过战国漆盘，在未干缩时，木胎的直口圆底，是木块车成的必然的造型，不卷口、平底、口薄底厚，所以虽然称盘，实是低口的碗。我在童年时，家中怕我打碎瓷碗，所以一直吃的是木碗，这种木碗在苏州虎丘、日本日光山多有。这种近于木盘的木碗式，东汉到隋的绍兴型青瓷碗，四百多年以来就是这一类型。

而上面所举的玻璃碗（图 53〔173 页〕,图 54〔174 页〕之 2），从东汉到河北景县封氏墓的唐代碗①，五百年来一点改变也没有，像一个模子铸出一般。

大体上可以下结论，具体玻璃作品，在班超通西域之后，直接为埃及、印度、东罗马形式的物品，从未发现。

古今文献，以为通西域之后，域外一切物品都从丝绸之路东进来了。实际上，中国出的素绢，各族商人在驿站卖买转运，很少直接买卖。中国的绢，

① 《考古》1957 年 3 期。

要卖给拜占廷商人，还要加工才可转卖。特别是域外某些民族，喜用加金图案。以价值论，哪有人去做玻璃买卖。

在这条丝绸路上，域外人来往不少，定居下来的也不少，至少应有点域外玻璃遗物同它的祖先一起埋葬在地下吧。然而，通过中外各色人等多少次所谓探险挖掘，除我上面所举的两条外，仅是略有发现而已。而且时代很晚。且举出来参考。

和田附近岳特竿地方，其废墟中，有白玉、绿玉、玻璃品、陶器，其窑制小品，则可认为发源于大夏之艺术。

车而成的沙漠中，掘到金饰，长方形银锭，珍珠玻璃碎片，据认为是 8 世纪物。

和田尼雅地区沙漠中，掘出 269 年纪年木简，在废圮房屋中，掘出地毯、毛织物、玻璃器、金属器。

俄人于1932年发掘唐史中所谓康国的唐代遗址，发现中国文书、瓦器、玻璃坛及破片、方孔钱。①

除了少数这些与唐人杂居区的实用玻璃品碎片外，并未发现较古的、更有文化传布意义的遗物。至于唐宋间及以后传入中国之玻璃，为数很多，但已完全失掉了发明时期的导源作用，仅是一种贸易关系。下节将详为述及。

在中国自己制造玻璃的12个世纪之后，汉武帝打通西域之后，在塔里木盆地，确实发现过公元 2 世纪的绿色玻璃珠、椭圆形黑色耳饰珠、翠绿色八角珠。又有长圆形黑绿色珠，白曲线，中夹圆圈。②此长圆形黑绿色珠，正如图 25（118 页）之 8，此种图案确实为域外人之创作，与中国文化毫无关系。但仅此一点而已。

世有称马蹄金饼，云得之寿州。然文献所记，

① 斯坦因《西域考古记》。
② 《塔里木盆地考古记》（1958）118 页。

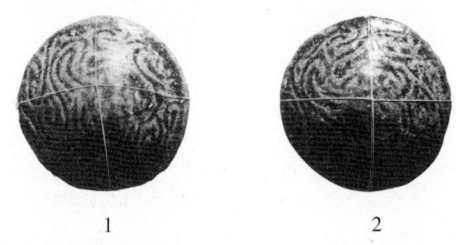

图60　1　原始青瓷加釉马蹄饼明器

2　同上。此种形式之物，有三国青瓷，灰陶，铜质，纹饰，虽有粗细，大体同式。但汉以后，无此种明器。可与下图外币之有外文文字者一件，比较研究。我手边有三种质地之玻璃制者，图61（194页）之2

3　古代域外货币。其纹与马蹄饼同式

① 《山堂肆考》。
② 《中国瓷器的发明》。

则云："往者泰山见黄金，有白麟神马之瑞，以其金铸麟趾马蹄，以叶瑞焉。"①《汉书》注亦言及襄阳间发土得马蹄金，如干柿。汉武时铸过马蹄金，是可靠的。瓷明器中，如绍兴青瓷，薄黄釉瓷，均有此形，且其中有千、史等字②，完全是汉代文字。有域外文字者，出过三件（图60），有人疑一件为仿造，但从全面看，开始是域外传入，中国仿造。例如，公元1581年间，中国输入了许多墨西哥银币，即上面有只鹰的"大头"，俗称"洋钱"，在23年前，中国市上还有，这是极平凡的故事。

历史就应真实，而文献却把"麒麟"也拉上去了。这种马蹄金，上面的纹样是银子铸入的绉纹转化，中国后代银锭，有长，也有圆的，圆的沉淀底部，最奇者是下面有玻璃渣。到20年前，还有这种纸（锡箔）冥器，形如 ⬤，称为元丝。我走过三个省，都见到，这说明影响之大。

图61　1　玻璃原料。成黄味之淡绿色，透明。制作时，仅随手缠绞，不成形。故为运往别处加工之原料

2　玻璃马蹄饼。是黄色蓝色等糅在一起。上有狮首形，成马蹄饼式

3　白石质金镂玉甲三号。照原器约放大六倍。放大后之纹，可看出非玉、非玻璃，乃是石质。因年久，土蚀，颇易发生错觉。同时研碎一块，故定为石质

4　白玻璃珠。与上器同样土蚀，放大六倍后，其土蚀纹完全不同。可分出石、玉、玻璃等质地

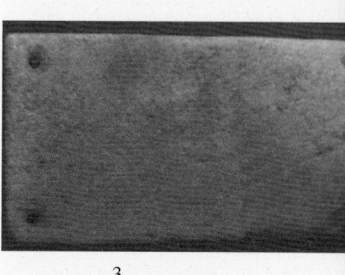

3

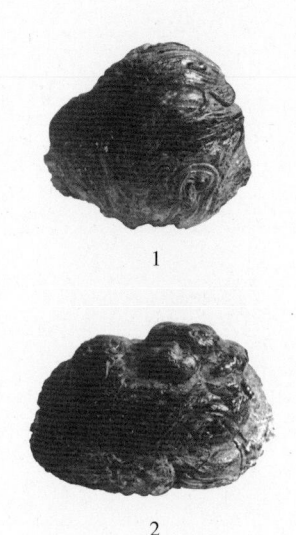

1

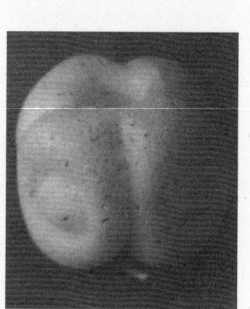

4

2

十五

然而，问题却发生在玻璃的输入关系上。图61之2，是一件马蹄金式，上面有兽纹样，质地是带黄青色的玻璃。中国使用玻璃为明器，已在千年以上，无向外进口必要，但也可能北方还不发达，需要玻璃，且式样是域外的形式，由域外带入，可是决不会大量。中国发明玻璃，若即由这一些就认为导源于西方，是荒谬的。从这条交通运输线的艰难看，从它的价值看，要运一些玻璃，只能是一件偶然的物品。

过了三年，又收集到一件黄青色如糖熬熟绞成团的玻璃原料（图61之1）。四十多年，这两件是独一无二的发现物，然单从这二件物品决定一个问题，是不充分的。我不能想象汉武帝后向域

第五章 中国制造玻璃各个时代的变化

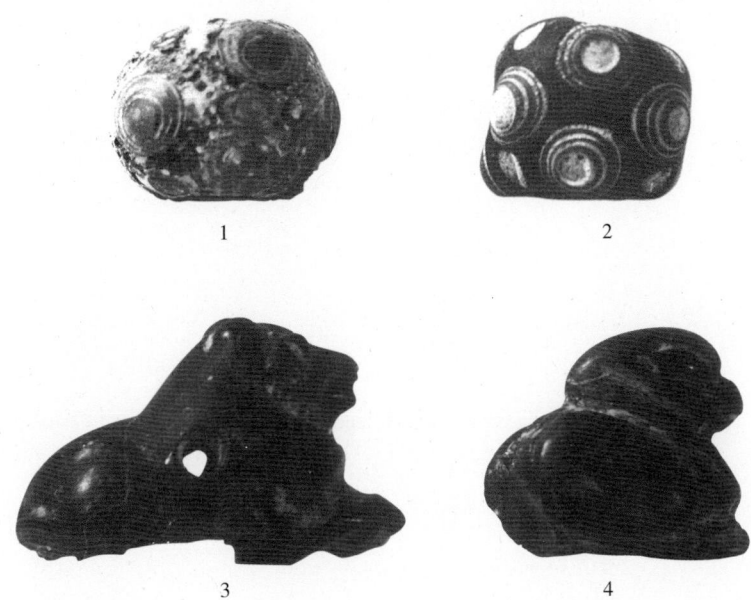

图62　1、2 乳纹三弦玻璃珠。1绿色土蚀深，2蓝色土蚀浅，二珠之制作手法亦不相同。长沙雨花亭（南门外）出土

3、4 琥珀狮与鸭。原大。琥珀暗红色，半透明，雕镂制作。可与图85（276页）之6比较研究

外采购珍宝，同样也采购玻璃，但也不否定域外人确带进了一些玻璃的物品，但这是公元2—4世纪的事情（而后代输入物还要多些）。

附带说明，凡玻璃饰物中发现一些小件——琥珀刻的狮类动物，其见刀痕的刻法，与中国打光的技法不同，这是域外商人佩饰遗留在中国的，如图62之3、4。因为中原没有这动物，属于域外作品，这也是不可否认的。古代域外琥珀暗红而黑，我从最大的一块径4.0厘米的方形物作出了比较。中国琥珀红而明，或有金黄色。中国雕刻，雕后打光。域外雕刻，见刀，不打光。用科学的方法分析，什么事情，总可研究出个头绪来。

这个第三阶段，主要是与域外文化关系。留下的问题，并不是一下子可以全部解决。例如瓷珠问题，还有宗教性问题、细小的纹饰问题等。瓷的硬度高，无同样瓷器发现的时代，而在珠的胎上发现了。

"吴清卿中丞藏一瓷玺，约方建初尺一尺，文曰'㗊新司工'，瓷面有光泽若釉。"①

长沙五家岭古墓中，发现瓷珠二，一为圆形，径 0.9 厘米，胎白，釉深绿色，高火度。其二为多角形，质与一形珠同，釉脱落。② 清理者定汉墓。另一汉墓，亦出土瓷珠二，一多角形，已脱釉；二瓜形，白色胎，绿釉。与"尚方作竟"铭铜镜伴出。

河南陕县刘家渠汉墓清理，发现二珠，一有格凸起，当为瓜形，外涂翠绿色釉。③ 此亦为瓷珠。上面举的釉，透明度高，色彩与一般釉不同，故可认为是玻璃质的釉。

一般不承认中国西汉前后有白瓷产生，而此四条，肯定为白瓷胎，不同于屯溪型米黄的粗原始瓷质地。因而关于近年发现绍兴型青瓷，在汉献帝时代发现，虽打破了"六朝瓷"这一名称的铁框，则其他的选土或瓷质精制（制小件装饰珠类）的白瓷使用，则还要提早。

自己体验过制瓷的人，会理解，精选瓷土、研磨加细窑口，件小，火度高，这是小件，则坚与色，绝不同于大件（唐三彩的小杯，坚不吸水，但色已变灰无光）。既然要研究起源问题，当然要复杂得多。至于胎上的釉，是玻璃还是釉，在原始性情况下，要完全区别比较难，而且所凭借的闪光、透明度，均已土蚀。而从它的成分说，实是同样的物质。这是研究原始玻璃与釉的关系的原始现象，最难分辨的事情。图版中的珠，表面图案、色质是玻璃，而胎则有好多种，这是早期玻璃珠最复杂的事情。

① 罗振玉《俑庐日札》，此记均为目验，较可靠。
② 《文物参考资料》1956 年 2 期。
③ 《考古学报》1956 年 4 期，原报告有图。

十六

附带可说明一个问题。我采集品中一件宋龙泉，部分有釉，而一部分无釉，这种精制品，其胎基本上已成为玻璃状。而景德镇宋器达不到，北方更不可能。下意识地又采集一件，底部有青花康熙款，而碗壁里外，已车削极细薄，尚未加彩上釉。此一标本的白瓷胎，基本上已等于玻璃，肯定制坯的石英比例是不同一般的。这是中国古代硬瓷最大特点，是世界各国在当时所未能达到的。其特点，是中国白色硬瓷的胎质，具有很大的玻璃成分。

根据近二十年发掘记录，类玻璃、玻璃装饰的乳纹珠，均在公元前十多个世纪，公元后除极个别外，已近绝迹。图 18（102 页）之 2、3 之瓷珠，珠上分格，每格缀以乳纹。胎白坚硬，瓷面略带赭色，所施乳纹，仍保存无损，尚有光泽。这一大珠在研究上成了个问题。即这种形的珠，中国及世界各国，多还未达到这种硬瓷瓷质。

成都羊子山 172 号战国墓，出土玻璃珠于人架中，色蓝有孔，有方格纹加嵌蓝色小点，高 1.8 厘米。中国出土有方格纹上缀乳纹圆点之装饰，并不是孤立的，而且最早是虢太子棺内的玻璃上发现这种纹样。

问题是乳纹珠绝迹之后数世纪，中国有发现白色硬瓷之记录，而当玻璃乳纹珠盛行时期（公元前），一般瓷研究者，未承认当时制出洁白的瓷质。如为外来输入品，则这一时代，任何一个民族皆未发明瓷器。

这一段，即我说的瓷珠问题。因表面乳纹仍为玻璃，故将这一问题列在这一时代的末尾。其他问题，将于论及其时代时讨论。

丙编

本编将论述从公元 6 世纪到 17 世纪中国玻璃工业的概况。重点谈手工艺生产部分，主要是盛唐时代。

一

当马王堆古墓的新闻电影放映时，这 2100 年前的情况，有个学生对我说，怎么一个等于侯王的老婆，她的脚大得吓人，脚趾同生姜一样？怎么快六十岁了，还穿这样花衣裳？这僵尸真是宝贝。

由于时代不同，有些历史上的情形，确是使人难以想象。但正因为能表达历史的真实，使人难以想象，才是历史。

《世说新语》谓晋武帝有琉璃屏，这种小块玻璃镶嵌为屏，从汉代起，延续期很长，到 15、17 世纪，屏的制作为漆屏上嵌宝石、玛瑙，各种色彩的纹式。高丈余，多 12 幅，立在大厅之后。此种大屏，宫廷府第皆有，但已不易看到。如《大英百科全书》中国分卷图册，尚刊有多件大屏。

日本正仓院有唐代羽毛剪贴的屏。汉晋的所谓玻璃屏，也就是当时用玻璃镶嵌的屏。总之，是统治者的家具。汉魏的屏，有的是三面，立在榻上，后面及左右、正面均可以起坐。如北魏司马金龙墓的漆画[1],晋冬寿墓壁画的屏风,是榻上左面、后立二面屏风。但屏风上以绘画为多。绘画上看不出镶嵌。[2]

公元 6 世纪以前,从三国、东西晋、十六国到南北朝,四五个世纪的战争,工艺上依附于统治者的一切,不可能大发展。例如北魏灭燕、灭北凉,徙鲜卑杂夷百工伎巧几百万人,而他的大臣司马金龙墓中,单是武士俑和骑马武士俑就有 210 件;这西陲之地接近西域的域外人统治的北朝时代,仅出土一粒直径 1.7 厘米的玻璃珠,[3]说明玻璃是接受外来的输入说法,不可靠。

6 世纪隋代统一,《隋书》称炀帝"美姿仪""好学,善属文",但其残暴却是惊人的。虽将战国时代夫差开通的邗沟用 360 万人开为运河,并修筑长城,实际上和秦人的统一一样。炀帝的胡名叫阿麼,他是胡血统,而又接受了汉文化。到统一之后,要大建宫室,接受两河流域的琉璃装饰,但多年战争,未建壮丽宫室,一些琉璃瓦砖匠,早已死了几百年。

《何稠传》说何稠创制琉璃,后代学者往往误会他是制玻璃,实际何稠三代,多是营造陵寝,他的制琉璃,应是营造宫殿需要大量琉璃瓦,而他在失传铅釉的情况下,将民间玻璃业经验使用于琉璃瓦,为炀帝的享受——开运河游广陵、造长城以防异族,于是为安居而大兴土木了。

而玻璃是小手工业,像本章前段谈到晋代那种屏上可镶嵌的小件实用品,这种生产不会因几百年战争而停业。正如瓷釉器、青瓷发展不大,而白瓷开始产生。而白瓷的釉与玻璃的透明度却有着很大关系。

华化了的胡血统的炀帝,如《隋书·经籍志》

---

[1]《文物》1972 年 3 期。

[2]《文物参考资料》1955 年 5 期。

[3]《文物》1972 年 3 期,23 页、24 页。

所云:"乃发使四出,搜天下书籍与谶纬相涉者,皆焚之。""秘阁之书,限写五十副本,分为三品:上品红瑠璃轴,中品绀瑠璃轴,下品漆轴。"这种玻璃轴,并不是稀奇的事,到明代还有。我手边还集到白色的玻璃轴。虽不适用,却有其事。绀玻璃这一色彩名辞,隋唐时常用之,后代就说不出这种色的色调了。何稠要定烧大量琉璃瓦,在工匠失传下,就是利用这种玻璃传统方法来制造的。

在隋代李静训墓出土物中,有精细工金属项链及白玉杯,还发现了碧色玻璃瓶①,这个瓶的卷口及整个形式,是中国传统型的。三国及晋时代的瓷器,有此形式,上溯到闽侯发现的几何纹器,也有此类型②。

琉璃质地鉴定,实难于瓷,陶之鉴定亦难,但玻璃更难。隋唐后之玻璃,以五胡之后,华化域外人之入宦者日多,域外进献之物比比皆是。海外交通发达,此一时代后之玻璃,何者中国制,较之汉玻璃璧之类,困难较大。

上举李静训墓为一九岁小孩墓葬,故多近玩好品。其卷口玻璃瓶二,高16.3厘米,绿色,透明,且是平底,故定为中国造型。又小杯二,蓝色半透明,与同时出土之金扣玉杯同式,形式及半透明状态,亦为中国造。绿色玻璃蛋形器二件,更说明为死者玩物,当时制造。另一玻璃管,亦属此玩物类。另有波斯式骑者所用之琉璃釉扁壶,则完全为波斯形,隋唐间墓常有出土。

另一高足金杯,表面看乃域外形式,但为金制,则可定为中国自造而仿西方者。另一件玻璃小罐,有盖,近圆形式,中国器物中无此类型,初视之,颇疑为域外物,实一小孩玩物,故无定形。墓一有

① 《新中国的考古收获》,99页。《考古》1959年9期,图版三。

② 《华东新石器时代遗址》,图一九。

波斯萨珊朝银币，系卑路斯（457—483）所铸，而李静训死于大业四年（608）。是一个古银币，只有一小孔可穿挂，亦当为小孩玩物。

从汉代以玻璃为明器，以后仅仅在一些珠类上有所制作，但无大的发展，三国后战争四五个世纪，到隋代的统一，一般来说，这四五个世纪中，虽无具体实物发现，但手工业的玻璃，是在民间发展了。已从小珠等装饰制作，北魏有一些厚重的用具——碗钵类制作开始。而这一座李静训墓，却已能制作杯、瓶、坛等实用玻璃，现在尚无法理解为铸器或吹玻璃，但坯胎较薄，工艺上是大有进步。所以从这一批实物的发现，可以看下面要谈的玻璃器的发展，是符合发展规律的。

由于域外交通逐步发展，胡人文化大量传布，对于李静训墓的遗物，大有外来的看法。例如高足西方式杯、扁琉璃釉壶宝石镶嵌，因而怀疑这些玻璃的来源，如果能理解，形式上有外来文化的因素，而制作上则是中国向着发展规律，细水长流地发展着。由于中国封建社会的停滞性，没有统治者支持着（如越窑为钱武肃王御用、景德镇归修内司等），故只可能是手工业的，逐步自发地有所发展。

这是我丙编中，也即是玻璃发展第四阶段，要揭开的序幕。

二

西安姬威墓发掘，出土隋时代的玻璃器极多。玻璃杯二，一高3.0厘米，一高2.5厘米（是否大小不同，可定为手工塑，非模铸），浅绿色，不透明，外土锈如彩虹，质坚而薄。属唐代出土的一般银器

1　　　　　　　　2

图 63

图 64

图63

1　玻璃瓶。长10.0厘米。淡青色，近透明。极薄，不规则。应是玻璃器幼稚时代产物。土蚀颇重，全身呈银光色

2　玻璃瓶。长10.6厘米。淡青色，近透明。极薄。应是玻璃器极原始作品。土蚀颇重，银光闪闪。传西安出土。泥土亦未侵入，如无细心保护，早已粉碎。如指甲一打，亦可粉碎。据《世界美术全集》，认为系罗马时代物，埃及、小亚细亚均有出土

图64　玻璃瓶。青白色，近透明。全部土蚀，银色化学变化，包住内外。似出土时，内部无物。仅外面一部分贴有黄土，无法洗落。此完整器，极少见。参看第六章附记

状。又有一玻璃罐，高6.0厘米，形如晋式陶罐。这是延续到唐宋皆有的陶瓷罐式类型。又饰物一件，长6.6厘米，有花蕾七枚，嵌白色坡璃。其他饰物，有嵌珍珠、玉，是否意味当时艺术玻璃工具与珠玉同样受珍视？①

李静训墓玻璃瓶、罐、杯　　　姬威墓玻璃罐、杯

隋代短短28年统治，不可能如盛唐那样发挥，所以隋代玻璃工艺，从前一时代小饰件到实用器物制作的进展，说明了民间自发的发展，创造了历史上新的一页，使我们更理解物质文化生产的原动力。

由于隋时代的罐、瓶与中国传统型杯的同出，且二墓之杯同式，这就可证明有玻璃器专业的窑厂，而卷口形式与上代玻璃器同一手法。试看图63、图64，三件卷口也属同一技法。而图63可能要列到盛唐使用香料用器，但质坚而薄，则与此二墓出土物完全一致。但此种非科学出土采集品，其真伪应由作者负责吧。时代确定，除了类型对比外，还是可由继续研究者来审定了。

从7世纪开始，中国文化出现了新的面貌。它经历了魏晋南北朝种族与文化大混合之后，建立了唐政权。唐人从北魏、北周杨坚而直接继承鲜卑族，又继承了汉文化。因此在多方面都流露出一些非汉文化的新习尚，这在隋代已显露，而唐代更其发挥了。故关于唐代玻璃研究，应与唐代生活习尚联系起来看，特别是唐代妇女的放佚生活，必然会影响

① 《文物》1959年8期，《西安郭家滩隋姬威墓清理简报》。

到生活上的装饰与实用器物。《旧唐书·舆服志》："武德、贞观之时，宫人骑马者……多着幂罗……而全身障蔽。""开元初，从驾宫人骑马者，皆着胡帽，靓妆露面，无复障蔽。"唐代妇女骑马而过，初用幂罗，后仅存一披肩之巾，后又着胡帽，其接受域外风俗，非常敏感，此论唐人艺术，不得不注意及之。

河北景县封氏墓群发掘，发现了玻璃器。玻璃碗，青绿色，有黄、紫、红色斑，高4.4厘米，口径11.4厘米。另一缸形碗，广口平底，腹上部有凸起线纹一道，翠青色，下部为紫黄色，高6.7厘米，口径10.3厘米。[1] 特别是下面有凸起绞线纹样，见图54（174页）之1，这是隋唐间已接受了的外来纹样。如碗，则为中国古瓷中之常见类型。

但在西陲敦煌唐墓，虽有俑等遗物，而玻璃仅有一些碎片。[2]《西域考古记》："车而成沙漠中，掘到长方形银锭、珍珠、玻璃碎片。"据普日万斯基《中亚纪行》，认为此废墟毁于8世纪。又在和田尼雅，在废基中发现玻璃器，有早期物混杂。《唐代文献丛考》：唐武后时，康国入贡，俄人1932年发掘唐代遗址，发现了方孔钱及玻璃坛碎片。近西交通要道玻璃遗物，发现极少，而内地的唐代玻璃工艺发达，互相对照，可知中原玻璃工艺制作，并不借域外输入。

西安何家村唐代窖藏中出土一凸圈纹玻璃杯，高9.7厘米，口径14.3厘米，平底、淡黄色[3]，图67（206页）之2。其形式与封氏墓之缸形碗同，而此口部则有二道线纹。而其圈纹则与日本正仓院藏唐代绀玻璃杯（图65之1）圆纹完全同式。说明唐代玻璃器用凸起之线为装饰，已成一风气。

日本正仓院所藏唐代宝物，约成于天平宝字五

[1]《考古通讯》1957年3期，40页。
[2]《考古通讯》1955年3期，《敦煌考古漫记》。
[3]《文化大革命期间出土文物》第一辑（1972）。

图65　1 绀玻璃杯。深碧色。口径二寸八分五厘，高三寸七分。日本正仓院藏

2 白玻璃碗。淡褐色。高二寸九分，径七寸九分五厘

图66　玻璃壶。白色，带淡褐色，不透明。日本正仓院所藏唐代制品。可与出土之各种凤首瓷壶比较研究

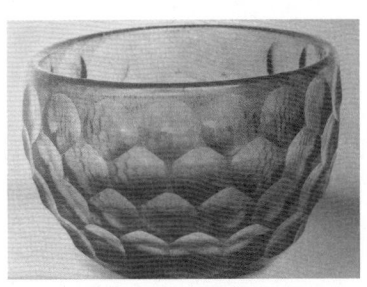

图65

年（761），据其记录，为隋唐时遣使及学问僧自中土将来。其北棚中有玻璃器多件。

此高足玻璃杯，高三寸七分，实为紫碧色，银足，莲瓣托（图65之1）。或疑此杯为外来物，但此种高足杯，如李静训墓之金杯，及唐代银杯，早有此种形式。

白玻璃壶，带淡褐色，不透明，见图66。这种壶式，瓷器中已有很多，有的称凤首壶，其精美高于此玻璃壶，唐三彩中此式尤多。

白玻璃碗，高二寸九分。此种形式照中国来说，可称钵形，其外有鳞形或荷瓣装饰，疑是佛教用器。

绿玻璃十二曲盘，口部是十二曲钵纹，为扁圆深盘，外侧有鱼藻花纹。

图66

1

2

3

图 67

1

2

3

4

图 68

第五章 中国制造玻璃各个时代的变化

图67　1 玻璃羽觞。淡绿色，半透明，平底。高3.3厘米，口径13.6厘米×7.8厘米。西汉刘墓出土，河北

2 圈纹玻璃杯。淡黄色，平底，外壁饰圈纹。高9.7厘米，口径14.3厘米。西安唐代窖藏出土

3 车花玻璃瓶。蓝色，花纹，为车玻璃而成。高35.9厘米，宽9.2厘米。安徽，北宋舍利塔出土

图68　1 弦纹玻璃坛。正面，土蚀不深，出罗马

2 弦纹玻璃坛。底部

3 弦纹玻璃坛。实与上器同式，仅纹样稍异，罗马俗称尸灰坛，其用途可知

4 玻璃瓶。碧色，与白玉杯、金盏杯等伴出。为西安隋李静训墓出土

玻璃唾壶，藏青色。唾壶形式亦为中国汉晋瓷常见。①

正仓之零碎玻璃，为数极多。大约有200件玻璃饰件，包括蓝色、棕色、黄色、绿色，是用来镶在佛经卷的卷首，也有称为轴。如上文隋代的玻璃轴（轴有二种，一平镶，一为轴头），故外人称之为Jihu。另外还有大约62500件玻璃珠。还有不少天皇及皇后用作头饰的不同颜色的玻璃珠、饰品及玻璃块。②

日本正仓院所藏唐代玻璃零物，一般很少有记录，但由此记录中，可以知道唐代妇女头上的玻璃装饰五光十色，如钗、钿、簪之混合玉珠的装饰，非常美丽。而其中还有中国运到日本的玻璃原料——玻璃块。一个姓傅的看到了正仓院的玻璃杯、碗，他毫无考古知识，一口咬定这是西方来的。而记此原文的外国人，认为如此多的碎件玻璃，如都从西方运来，真是一件不可设想的事。而作为中国玻璃研究者，应有能力分别出这许多唐代的玻璃制作，有它的实质问题。

本章首节即说明唐代文化，是一个大混合时期，而其根源，乃在唐前四个世纪以来，即已孕育于其中。这不但是文化的混合，即其人之种族，四五世纪中，已大都华化。试一读《隋唐时代西域人华化考》，即可明白汉族如大海，即有小洪流之冲入，自必沉淀于此大海之中。如安禄山为伊兰人，史思明为突厥人，书于日本国史（《续日本纪》卷二二）之孙孝哲，实为契丹人。其后金世宗尝言："今之燕饮音乐，皆习汉风"，"今则弈棋双陆，宜悉禁止"。还可以明了唐以后文化混合，自不待言。

此种玻璃，例如玻璃杯，隋李静训墓金杯有此式。

① 采自C.G.所记目录。

② 正仓院各器，采自《正仓院御物图录》、小川晴旸《正仓院》等。

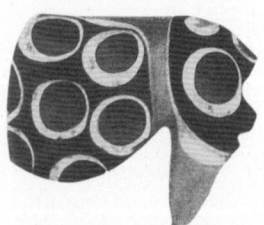
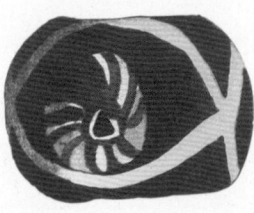

图 69

图69　1　玻璃瓶。洛阳出土。疑为唐代

2　乳纹圈组合玻璃器残片。洛阳出土。特别注意到当年金村的发现。或周代

3　玻璃珠残器。内蒙古出土，近黑城遗址

4　重眼玻璃珠。地方装饰加重，各色眼，极少见

5　重眼玻璃珠残器。埃及

6　弦纹图案装饰玻璃珠。埃及

7　弦纹图案装饰玻璃珠。爪哇

① 史密森学会（Smithsonian Institution），是唯一由美国政府资助、半官方性质的第三部门博物馆机构，由英国科学家詹姆斯·史密森（James Smithson）遗赠捐款，根据美国国会法令于1846年创建于美国首都华盛顿。（编者注）

② 同204页注③，括号内数字为原书图版页数。

③ 毛晋辑《香国》（卷下）。

唐窖藏出土刻花高足银杯亦为此式（51），至于圈纹，同上出土金杯（51），即为圈纹装饰。同窖出土玻璃杯（69），其圈纹完全相同（图67〔206页〕之2）。① 关于荷瓣纹之玻璃钵状碗，此种花瓣形装饰，史密森学会② 向塞缪尔等人集印的图录中所收中国瓷器图70，又钧窑图139、147、148、151、152之钵、瓶等五六件之多，实为中国瓷器与佛教有了关系之后，乃极普通的形式。至于凤首壶瓷器，古瓷中更其多了。

如果说，这是受希腊、罗马影响，或说为西方所造，实属知识浅薄的结果。这应是有西域风格而中国自成体系之作品。但也不能不说到，到了唐代，日本已可能仿制中国玻璃珠类饰物。玻璃的特点，是产地制成堆或棍状，运到任何一地，可以加热制为小件。

所以，这一实质问题，即多种文化混合于一大海中，而中国文化更发扬而光大。

三

唐玄宗夜宴，以琉璃（玻璃）器盛龙脑数片赐群臣，冯谧曰："臣请效陈平为宰，自丞相以下，皆跪受。"③

这种皇室使用的玻璃器，其藏器可能为图69之1小口瓶，或可能如李静训墓之瓶（图68〔206页〕之4）属，其赐群臣之玻璃盛器，则不能不使人想到正仓院藏，要用金银托子了。这是盛唐奢侈之风的典型器，即精制品。

《李太白集》后序提到太真妃持玻璃七宝杯酌葡萄酒，此七宝杯，则可能为玻璃之有镶嵌者。

图70 玻璃四系瓶。耳为蓝色，全身浅青色，极薄，身上全部银光，土蚀不顶深。此种瓶之四系碎件，颇有出土，已入图79（246页）之10、11，即为此系碎件。可知此种瓶，中国不少，以胎薄，大多破碎，但为精美之制作

① 陈继儒《珍珠船》卷三引《穷神秘苑》。
② 转引自《艺文类聚》卷七八。
③ 《五代史》。

"梁昭明墓，为人所开，取其琉璃椀。"①

《秦嘉妻与嘉书》："琉璃椀一枚，可以服药酒。"②

唐前后各期，均用玻璃椀，而椀为木旁，较低而敞口，杯之器形，为后起字。椀形汉晋瓷均有，杯状，隋代始一见之。但瓶，唐前后皆有。瓶，尊状、壶状，器形不一。

唐废帝欲择宰相，以卢文纪、姚凯有人望，悉书名纳琉璃（玻璃）瓶中，焚香祝天。③但同样是瓶，一是珍贵的陈设，一为盛物器皿。如卜宰相之可否所使用之瓶，出土物中极少见，仅图70，为较精美之玻璃瓶，其四系为晋隋瓷器之系转化。

其他瓶类似，仅可为盛物之器，"蔷薇水，大食国花露也。今则采茉莉取其液以代焉……当用琉璃

瓶盛之。……周显德五年，昆明国献蔷薇水十五瓶。"①这里说明盛水之瓶与珍器不同，此时，中国已自制茉莉香水。唐代，谈到用香的地方很多，这种小器物，均不用瓷，而用玻璃。如图63（202页）之类。

西安发现唐墓很多，郭家滩唐墓清理，有一些玻璃，还有钗。②钗是隋唐墓中全有发现的，晋墓亦有，但不多。钗这一首饰，有独脚者，早期可能不称钗，而双股的钗，有仅是双股金钗，无饰物。有饰物者，则珠玉玻璃，扎为蝶凤，比较珍贵。《新唐书·五行志》："唐末……世俗尚以琉璃为钗钏，近服妖也。"

钗之有饰物者未发现。我集得一鎏金钗，上为一凤，精细无比，饰物及羽毛尚残存部分。我去找首饰铺老朋友，他说，真金只可制无饰的双股钗，如图42（150页）之1式，当为老年用；有装饰，则金丝太软，容易走样，所以全是包金（即鎏金，我幼年时，师傅称包金），则扎上珠宝，坠在发髻上，不走样。看唐画上的首饰，皆坠在发髻之外。钗上用玻璃小珠饰，据采集品，可能极大。晋《女史箴图》、汉帛画人物，亦有发饰，近钗形，但名称不详。

唐末以玻璃为钗钏。钏是手镯。后人多成双，古代仅一只，有玉，有三段玉，以金镶。玻璃镯多是一只，采集时发现较多，但铸器无纹，非常单调，不过全是仿造玉色。图57（186页）之3、4，图42（136页）之2。

但有一环，白玻璃，无汉代白玻璃璧半透明。图12（93页）之3，故定为隋唐物，以白环之边，用孔雀蓝玻璃镶入，如番莲花草状，非常精美，有外来纹饰影响。但亦可能还要提早。一般环之使用，上下系丝绳，中缀各色玛瑙类饰物，维贵妇人系在腰下，使步伐不乱，故非民间用品。

① 《山堂肆考》卷一八三引《香谱》。
② 《考古通讯》1956年6期，52页。

民间用品，如珠类、镶件，图73（228页）、图79（246页），那就很多了。河南偃师沈崔墓，发现玻璃珠一，椭圆形。①西安李爽墓，内有玻璃器均残碎，存玻璃杯一，有弧纹边缘，赭黄色。又一残片，似花形，绿色。②河南贾庄唐墓，出土玻璃珠111粒，半月形饰物一，宽5.9厘米，小孔三，近璜形。③这些民间用品，全属土窑制品，可毫无争议。

四

有些文献史料，我不十分信任，故亦不愿多引。如"同昌公主以红琉璃盘盛夜光珠，立堂中，光如昼"④。代宗时，岭南进琉璃盘，面阔九寸。元载家，有一尺面者。⑤扶桑国使，使贡"观日玉，大如镜，方圆尺余，明澈如琉璃，映日以观，日中宫殿，皎然分明"⑥。这就明明是小说，不是史料。又有记述苏东坡有琉璃砚，这简直是个笑话。上举时代虽不同，但不能成为最可信的史料。

记录琉璃的文献，多少是带臆测或宗教的。故凡是记录琉璃、玻璃的史料，采用时要分析。日本上田恭辅在其《中国美术工艺图说》一书中云："日本学者之恶癖，把琉璃、玻璃混淆不清。"看来，这恶癖很难排除，包括中国学者。

如"贞观十七年，拂菻王波多利遣使献赤玻璃、绿金精等物"⑦。唐代盛时，域外贡各种玻璃，是必然的，而且不少。但传世出土皆未见之，或可确定为域外物品者。"时于奉宸中得龙涎者二，琉璃缶、玻璃母二大筐。玻璃母者，若今之铁滓，大小犹儿拳……或云柴世宗显德间大食所贡，又谓真庙朝物也。诸珰以意用火煅而模写之，但能作珂子状，青红白

① 《文物参考资料》1958年8期。
② 《文物》1959年3期。
③ 《文物》1964年2期。
④ 《古今合璧事类备要》引《杜阳编》。
⑤ 《古今合璧事类备要外集》卷六三引《邺侯家乘》。
⑥ 《太平广记》卷八一引《梁四公记》。
⑦ 《旧唐书·西戎列传》"拂菻"条。

黄随其色,而不克自必也。"① 这是一则非常有趣的史料。上文谈到图61（194页）之1为一绞丝状的玻璃原料，根据色泽透明度，定为汉代，此在唐末犹保存上代各种玻璃原料，倒可证明上文论断无误。

但中国古代玻璃仅作明器之用，至汉后而成为饰物，到晋魏后则发展为实用器物，隋唐已达制造相当可观之器物，这一发展系统，亦大体可以明了。即中国玻璃工艺发展史，通过深入研究，亦不难理出它的前后次序。

但由于统治者贪婪，即对域外货物，珍视入库，一方面会打乱中国玻璃工艺史系统，另一方面，又启发了新的玻璃内容，特别是有色玻璃、氧化金属的利用，铅玻璃的发展。

由这一史料看，还可以知道这一时代，模写之的铸器、薄玻璃器及附贴四系，当为新的工艺技法。看到一些杯、碗，表面为凸起圆纹，二道弦纹的厚重器，与中国瓷器同类型，是可以相互引证了。而制作玻璃器的内容品类，有一定程度的发达，则对一些非科学发掘的搜集品的分别时代，有了更可靠的旁证与鉴别力。

"扶南大舶从西天竺国来，卖碧玻璃镜，面广一尺五寸，重四十斤，内外皎洁，置五色物于其上，向明视之，不见其质，问其价，约钱五百贯文。"这也是唐人小说《梁四公记》所录②，有些夸大的地方，但一般来说，也有一点真实之处，即舶来品有一定数量。9世纪后，唐末，中国瓷器飞跃发展。特别是绍兴的越窑，继承汉晋青瓷，对釉色胎质、制作技法，达到了更精美的程度。如钱武肃武定烧之秘色窑器，确比隋唐白瓷推进了一步。也无可否认，江南名窑，薄青瓷，如景德镇等，在唐末已开始有着质的变化，不仅

① 《铁围山丛谈》。
② 转引自《太平广记》卷八一。

仅是形式的多样化——与域外化形式的混和或启发作用，而南北各地各创造了新型器，如凤首、莲瓣壶等。

在瓷器这样发达的国家，这样精美的器物——当然，一些窑底废品不能为代表，墓葬器或可为代表——不断创造出来的时代，玻璃实用器（特别是用来加温）要有所发展，会受到一定限制，除饰物外，用器发达不大可能。当然，在统治者猎奇方面、饰物玩好方面仍然在进展着。

而且，反过来，应用玻璃，碎为末状，羼和釉药，以成发蓝（发蓝即景泰蓝，必须用玻璃末）及琉璃瓦釉方面，在唐代已利用为羼和料，而成发蓝镜饰（图90〔350页〕）。《从考古学上观察中日古文化之关系》中谓："新罗芬皇塔亦见七宝针筒，是唐有此工，益无疑。"10世纪后，法化釉、铅玻璃釉与琉璃釉结合而成大型大量的玻璃瓦建筑物，这种相互的作用，大大促进了中国陶瓷的广阔天地，其中五彩法化，往往为人忽视，实际这是青瓷外，另一枝璀璨的花朵（因非本题范围，未举例及附入各种化学分析表）。

五

先研究一下宋代对玻璃的制作与发现物。

河北观台是个产瓷土、釉土的地区，古窑址发掘中，出土过玻璃器三件。① 这种窑址中发现的玻璃器，应是一般用器。

鞍山陶官屯的宋代居住遗址有多种瓷，及妇女使用的玻璃制装饰品②，其内容为玻璃花手镯两段，发簪一段。

湖南常德郭家村古墓中，除瓷器外，尚有玻璃水精珠等。③ 密县法海寺旧址，发现北宋时代小塔，

① 《文物》1959年6期，59页。
② 《文物参考资料》1955年3期，8页。
③ 《文物参考资料》1955年3期，164页。

同时发现百余件状如鸡卵的玻璃器,器胎极薄。有人以为它与塔都是本地西关外的唐宋古窑所烧造。与洛阳关林唐墓及无为宋塔所出玻璃器,均为自造之物。①

无为的佛塔下,发现一砖砌小墓,内置小棺,其中有蓝色玻璃瓶一件(图67〔206页〕之3)。②这一件蓝色玻璃瓶,上小下大、直口平底的中国式,而在玻璃上,用中国车玉工方法,车出纹饰,这是第一次发现。鼻烟壶、车玻璃当是导源于北宋(956年纪年经卷同出),是一件极重要的新发现。

保定曾发现元代窖藏,内有唐宋元瓷多种,彩绘玻璃瓶一件。③玻璃的车花及彩绘者,全国仅此二件。

江西高安,宋淳祐七年,孙叔恭墓出土瓷明器多种,玻璃珠三粒。④如辽代的义县发现的蓝色瓜形珠二件,为收集的实物提供了证件,因这样的瓜形汉代已有,但非蓝色,形与色在时代上大有分别。

新海连市,清理五代大和五年墓,出土玻璃牡丹花板,上为一大花,五叶,平板形,镂空,花叶阴线刻。⑤这是宋代的典型标本。

中国白瓷,南方为吉州窑⑥,北方邢窑。是唐代早已开始,后指的是河北定州曲阳涧子里的白瓷,则从小范围称为定窑。定窑,胎薄,半透明。古代白瓷,有时加白的化妆粉,再加完全的透明釉,称为南定的吉州窑如此,定窑也如此。这种透明釉,无色,或略带乳色,总之更近玻璃。而定窑之细薄,在刻花内停留了透明釉,根本摸不出刻的痕迹,其透明度可以想见了。

《甬庐日札》:光绪三十三年,定州发现李基墓,墓中明器,瓷坯坚固如石,油色如玻璃。说明早有人发现定窑之釉是透明玻璃质。在曲阳涧子里的东西燕山村,古窑址中,玻璃块随地多是,有暗蓝色、

① 《文物》1972年1期,77页。
② 同上。
③ 《文物》1965年2期。
④ 《文物》1959年10期。
⑤ 《文物参考资料》1957年3期。
⑥ 《吉州窑》。

暗绿色、黑色。① 这显然是定窑烧造之地,就有玻璃制品,也就说是有玻璃窑。官窑可提早到唐代,是在9世纪以前。河北观台窑址,也大可注意。

宋代,以不知窑名的浅青瓷釉的器物,集的标本很多,其透明者,实为浅绿色玻璃。无色透明釉,则以定窑、吉州窑为典型。又定窑不全是白瓷,有红定及其他色器,苏东坡记的有红定,项子京记的有墨定,《格古要论》记的有紫定。吉州窑,世称南定。有黑、紫、黄等色,都是有了透明釉、釉下,可以做任色与装饰。

关于这一造瓷及釉问题,尚无人深入研究,很是遗憾。我研究过南定,写了《吉州窑》一书,但主题是民间剪纸装饰,透明釉仅说了调查中的一个概况,也是疏忽。中国玻璃窑,实际是定窑第一次发现。日本上田恭辅写的《中国美术工艺图说》,刊有一尊形瓶,标定窑玻璃制花瓶,惜文中未有说明。他未调查发现玻璃块,怎么会写明是定窑玻璃制?谅有所本。不过这一瓶是14世纪以后形式。

定窑与玻璃的关系,可启发考古者去注意其他古窑与玻璃的联系。例如定窑发现玻璃碎块,研究陶瓷的专家也忽视了,没有带回标本,也未化验,在我想,这真是一个值得注意的经验教训。考古学有很多问题发生在边缘上,成为它的关键。我们如顾此失彼,就是知识贫乏,看问题不够全面,辩证法学得不好。

六

有了实物标本,再来看文献,则心中便有个底,不会受眩惑。

田汝成《西湖游览志余·熙朝乐事》:"正月十五为上元节,前后张灯五夜。相传宋时止三夜。……其

---

① 《文物参考资料》1953年37期,9页。

奇巧，以琉璃球、云母屏、水晶帘、万眼罗、玻璃瓶之属。而豪家富室，则有料丝……"料丝，即玻璃丝。

范至能诗注："鱼灯，琉璃壶瓶贮水养鱼，以灯映之。……以绢或琉璃为官府名额灯。"

杨仪《垄起杂事》："元夕张灯……他处莫及，有玉栅灯、琉璃灯……"①

从 10 世纪之后，玻璃，基本上已普遍生产，作为民间玩具，与唐时代的统治贵妇人酌酒杯，或为诗歌记录，或赐域外使臣，其使用者与珍视程度，多有区别。与生产量是相对的，反过来证明了发展状况。

《新五代史》：吐蕃"妇人辫发，戴瑟瑟珠"。《通雅》："瑟瑟，或以为宝石。《纬略》以为珠。程泰之则曰，世所传瑟瑟，皆烧石为之……番烧者圆而明。中国之水料烧珠，亦借名瑟瑟。"是瑟瑟亦有为玻璃珠，为民间用品。正仓院藏大刀，亦有瑟瑟镶嵌。近见《考古学报》8 期，言义县辽墓，发现椭圆瑟瑟者。我怀疑是否真是自然宝石名瑟瑟者。古墓发掘，发现宝石的记录，实无缘相遇。

《稗史类编》："予旧见有妇人耳环，色紫，而光艳照映，若紫玻璃……或称为紫辣子（刺子），盖火齐也。"②

明《博物要览》记载，琉璃亦名火齐，明人知道琉璃是烧造的玻璃，是极普通的常识，故认为火齐，也是玻璃。火齐二字，不像外来语。《周礼·冬官考工记》："金有六齐，六分其金而锡居一，谓之钟鼎之齐……"郑玄注："多锡为下齐。"中国文法，齐，是和，是合剂，火齐为火中消烁五石之谓。文献中把火齐说得很神秘，实即原文之"若紫玻璃"。这一节，可以说明 11 世纪之后的玻璃，其光彩，已达到可仿宝石的光艳，是玻璃发展中质的改进的史料。

① 以上三段引文均转引自《格致镜原》卷五〇。
② 以上二段引文均转引自《格致镜原》卷三二。

义县清理辽代墓葬，其发现之玻璃，为蓝色瓜形珠，共二件。① 在制造中，玻璃已有多色，这是非常好的有色玻璃的实例。

大概，宋代的玻璃，已能分辨质地的优劣，如金鱼灯之类，乃民间用器，优质而精制者，统治者仍然重视。《稗史类编》："琉璃，今北方有者，不多见。惟大食、高丽有之，青、白、紫、绿，皆涂以金翠，辉绚灿烂，蔡京尝以大食琉璃酒器献渊圣，时在东宫，却而不受，盖已盛于宣政矣。"② 所谓今北方，指南宋时的北方，贵重品少见。玻璃而涂金彩，是古代已有此为贵重实用玻璃，说明宋中叶，玻璃器内容装饰已相当丰富。

南北朝至宋代，凡属释教有特殊关系者，均于第七章释氏条记述之。此发展史迹中不重述。唐宋之玻璃为宗教要求而制作者，为数颇多。我记得以出土实为多，实际旧式金石学者，也注意到这种资料："太原北吉祥寺僧藏舍利，本出故晋府，玻璃瓶贮之，大如菽，白色。"③ 佛祖焚后，其骨为舍利，到宋代，万千个舍利塔，一塔数十粒舍利，还要玻璃瓶装，天竺运来也接不上，显然是中国自己烧造。此处顺便谈此一条。

第七章谈到璧流离为宝玉，佛教说是金翅鸟口中物的一段神话，又说是色界天王所管，但释氏取来装饰在额上，称摩尼珠。宋代雕刻佛，我集了几件，额上均装白色扁形玻璃珠，说明宋代还制这类物品，个别讲，是小事，全国讲，产量就多了。梵文摩尼为无垢之义。④ 这是佛教在其后代以玻璃透明，象征无垢。无垢，明也。佛书言金翅鸟化成为珠，为"纯青琉璃"，也有称碧色，"帝释得之为髻中珠"。但到唐宋时代，宝石不一定全是碧色。汉以来向域外

① 《考古学报》第八册，图 038。
② 转引自《格致镜原》卷三三。
③ 刘体仁《七颂堂识小录》。
④ 《魏书》"南天竺"条。

觅宝石，恐也不一定是碧色宝石。

日本药师寺，藏有吉祥天画像一幅，是盛唐的作品。吉祥天与毗沙门天，都是司施福的职务，她施福，全靠手中的一颗珠子，这珠，是佛教的象征物，而画像手中的珠，是红色，四边有光[1]。宝石有红有蓝，作为近代人，这点知识谁都有。当然，我们现在不要这种东西，全掷到垃圾箱去了，可是像汉武帝之类，使臣出国觅宝，可能不会有我们的知识吧。中国创造玻璃，被中外学者以琉璃为外来语音译，因而否定了中国自造玻璃，故第七章中虽详辩之，但在唐宋这一章中，也约略提一提，可以醒脑。中国不但制玻璃，各色珠、杯、碗、瓶，全会制造，而且还代印度人烧释迦焚后的骨头——舍利子。

七

汉代以前千余年，已烧制玻璃为殉葬器。可是统治者还要贪婪地使下臣到国外买玻璃（当时称琉璃）。还以虚构手法，画一则"璧琉璃王者不隐过则至"的石刻壁画，现在看来，一个学画的，如无现实基础，凭空虚构，真是罪过。

我年轻时，在剃头店中，看到以玻璃珠穿的帘幕，体味到"珠帘暮卷西山雨"的名句。没有这玻璃珠帘，恐怕我一生也不会有珠帘之卷与雨雾的感受。正巧，这一时期有个同学在外国七年后回国，被邀去其府上观光，原来室内全是车玻璃，高足杯。我说，啊哟，马路上五个铜子一只的玻璃杯，你为什么老远地带这个？他说，你是研究古董的，这是德国什么厂，双刀为记，这是捷克名手所作。那我真是惭愧，对此一窍不通。

[1] 图可参看下店静市《中国绘画研究》富山房版。

那么，我们看看唐宋文人，及统治者的记录。

《宋书》卷二九："玉鸡，王者至孝则至。"这不是同武梁氏的画者一样的无聊与虚构么，宋皇室使石工刻个玉鸡还不容易？而且宋代玉刻挺好。宋代制玻璃，已能做到蛋壳一样薄，还能玻璃器车花，比捷克车玻璃，好歹早几百年。然而，贪心不知足，宋人也要买进口货。

宋人周辉《清波别志》卷二："层檀，南海旁国也"，有"沉水香、血竭……玻璃……"[1]

宋赵彦卫《云麓漫钞》："福建市舶司，常到诸国舶船，大食、嘉令、麻辣、新条、甘秠、三佛齐国则有……乳香、沉香、煎香、珊瑚、琉璃……"[2]

每个时代，除了战国前与域外找不到什么关系，其他各代，多向域外买进或贡入一些玻璃。但任何事物，都要分清主流与非主流，特别是民间用品，绝不可能外来。

而玻璃业，到了宋代，与对外主要贸易，已不列入商品。《宋会要》《宋史·食货志》关于市舶司的贸易货单，有金银、纸钱、铅锡、杂色帛、瓷器、香药、犀象、珊瑚、琥珀、鼍皮、玳瑁、车渠、水精、蕃布、乌镴铁、苏木等物。这一贸易单上，已无玻璃物质，已是工艺原料为主体了。

[1] 层檀，《宋史·外国传》亦有记录。
[2] 书成于南宋开禧二年（1206）。

八

下面论及这一时期的玻璃生产状况及地点。时间上将从公元14世纪到17世纪，至正式半机械的玻璃厂开设为止。

谁也不会想到，当明代皇室朱翊钧的陵墓发掘出来之后，这个被称为定陵的墓葬中，发现了非常重要的物品。那不是金冠、地下宫殿，而是隧道尽头，将进入地下宫殿的路上，散乱着无数的玻璃珠。为什么铺路要用玻璃珠？可能是把它当作雨花台的石子用吧。从这一点可以知道，14世纪以后的玻璃生产，已不是杨贵妃用玻璃杯摇动着葡萄酒以写入诗篇，这时期的玻璃，基本已和瓦砖无异了。

过去研究瓷器的人，只知五彩三彩，正如只知吃火腿，而不知火腿不是火烧成，而是毛猪身上组成的一部分。瓷而无釉，不成其为瓷，瓷而无石英，无以立胎，那为什么，进行的古窑调查以万千计，而不懂得它的姊妹玻璃的立场呢？我手边的书本上，从来没说到中国在什么地方制造玻璃，它与瓷有什么关系。

玻璃窑，可给调查者提供一些线索：

"玻璃窑，出自岛夷，惟粤中有之，其制不一，奈无雅品，惟瓶之小者有佳趣。他如酒盅、高罐、盘盂、高脚劝杯等物，无一可取。色有白缠丝、鸭绿天青、黄锁口，三种俱可观，但不耐用耳，非鉴赏佳器。"高濂《遵生八笺·燕闲清赏笺》。

鼻烟"贮以秘色磁器及玻璃水玉瓶盒中……今粤中亦造之，足以馈远"。（王士禛《香祖笔记》，沈豫《秋阴杂记》，李调元《南越笔记》）

代宗时，岭南进琉璃盘。（《古今合璧事类备要外集》引《邺侯家乘》）

"合化硝铅写珠铜线穿合者，为琉璃灯，捏片为琉璃瓶。……为灯珠，皆淮北，齐地人，以其地产硝之故。"（《天工开物》"附玛瑙、水晶、琉璃"）

"埃及在西纪元前二千四百年，已知制造玻璃之法，与欧洲沿用之今法，类皆销冶火石而成琉璃，今山东博山县境，尚有琉璃厂遗址，相传以白火石，即石之明者为之。"（《万国通史》卷一）

"山东青、莱铸灯。明逾羊角，薄过竹纸，运至京中，元宵卖之，有大者可作屏障，但脆而不能致远。"（清梁同书《古铜瓷器考》）

明人所谓淮北齐地人为之，指的就是青州（益都）。青州即博山之北，汉代的炉、奁盖，都用博山为装饰，以山之上有仙气。博山不顶大，可是和泰山一样，为汉代人注意。其一，可能当时已为烧窑之地，此种从陶到变革时期的新奇形制气氛，使人认为是超人工的制作（包括绿釉）。其二，也可能如杭州宝石山，炼丹者葛洪采此山上古火山口喷出之氧化金属类有色石为炼丹原料，而成葛仙，宝石山故得名。

而博山附近产硝与白砂，为玻璃的主要原料，这是因地制宜。如龙泉产瓷，景德镇成为窑场，鼎蜀山为陶瓷各色窑器产地，主要是当地土质条件，而得成为最著名的产地。又如广东石湾，已调查出在唐宋时代已成窑场。除古越——绍兴尚未调查出瓷土产地外（萧山上盖已查明有瓷土，有最古之窑，这是个重要古产地），凡有适应窑业工艺的土壤，古代即已有生产之窑。虽然有兴废（如皖南有土而未发现古窑遗址），但这是铁一般的规律。

粤闽有古玻璃窑，尚未发现新资料，如德化等地（釉胎均特殊），将是今后调查的重点。定窑遗址是玻璃窑产地（日本有定窑玻璃大瓶），逐步亦可作出结论。河北观台窑址，也大可注意。11世纪，爱耳出西（El Etrisi）在西西里著一地志中，谓古中国产玻璃之地为"冉沟"（Djan—kou），这要依靠地理学者的协助考证了。由于《禹贡》谓"淮夷蠙珠"，所以会产生蚌埠之名，这样看来还得要在其后代的《读史方舆纪要》等典籍上去下功夫。

九

博山是古代玻璃产地，是没有问题了，只要进一步发掘，能知道在什么时代烧造，它和定窑遗址一样有研究价值。

以前有个维廉顺，写过《中国北部旅行记》，云："中国人于博山县附近发现一种石块，碎之与硝酸钾相化合，则成琉璃。其地土人之从事于斯者，历年已久。吾尝见其制造精美之玻璃窗片，大小不等之响葫芦，模制之刻画杯，以及灯笼念珠各种无量数之装饰物品。又制有玻璃棒，长约三十英寸，束之以运销于各省。……玻色澄清，彩色者艳美绝伦，手术颇灵敏。所制各种器皿，亦多精巧完善。"[①]

所谓石块，即石英，玻璃棒为运各地之原料，故以论斤计值，各地用此原料，自行制器。运北京者，称京料，质较精，故北京玻璃器，特别美好，或有专为宫廷制器者。所谓琉璃厂故址，是包括珐琅、玻璃等制品的。

博山附近，第一是产石英砂，第二是产大量的硝。据《禹贡》，青州贡铅。据日本记录，崂山有繁茂的瑠璃草，用此烧灰为料，亦开采山上之石和以特殊之土。总之，博山不但是玻璃产地，而且还制原料运往各地加工。中国考古学称玻璃为"料"，是从产玻璃原料得名，同时也是"税"的科目的简写。故以料称玻璃，是件可笑的事情。今布店裁料以成衣出售，如称自己的裤子为"料"，则可入《笑林广记》。

然而，博山之外，还应广泛调查玻璃的产地，以进一步探源求索。一个卖拳头的英国小伙子，他有目的有办法，第一个找到金字塔的进口，一坐下去，便

① 转引自《中国美术》。

坐在成了一个壳的木乃伊堆中。要不是一个农妇在阿克塔腾"梦国"因拾砖,而拾到了楔形文字的泥版(埃及王的外交文件),则A·摩赖也写不出《尼罗河与埃及之文明》,埃米尔也讲不成"埃及考古学"。那么等农妇去拾古砖呢,还是像年轻的舍利曼一样,立志去发掘《荷马史诗》中的"推来古城"?(当然,这是指努力做,就能谈真实问题,而不是指掠夺和偷盗。)

看一看中国玻璃原料的产区(如第一章所云有关北京),对深入发现古玻璃窑地,会有一助。

豫章接鄱阳界,曰白沙,《太平寰宇记》卷一〇七:"白沙如雪,因以为名。"

海南岛有白沙。广东新会有白沙村。

山东除博山外,有即墨大崂山、海阳招虎山、掖县黄山,流出海口之河道均有白沙。

江苏仪征南临长江口,出白沙。以前耀徐厂即设在江苏。

已采用诸区:

山东:芒硝、火硝(产地多,故无数字)。

苏北:玻璃砂、芒硝、水晶石。宿迁白砂约20平方里,四千万吨(蕴藏量,均1949年前统计)。耀华玻璃厂,即在白马涧。沭阳出水晶,分墨、茶、白、红、绿,年产三万斤。芒硝(药店称皮硝)产东台、台北、建阳、沭阳、滨海、涟水、阜宁等沿海地,年产九百万斤。

浙江:义乌等地产砷石,年五千吨。

苏南:石英及砂,吴县、清明山、彭山、象山、胥口、阳山等地,年产一万八千吨。

古代制造玻璃,以釉开始,到了宋代,视其透明度,非砂(二氧化硅)不可。但其应用,可能比宋代更早。我择已调查的重点地区提一提,在研究时心中先有个底（北方未叙述）。当然古釉瓷地区也重要。

回过头来，再叙述博山。博山不但是玻璃产区，它也是陶瓷产区，也是煤矿，窑的分布地点有北岭、山头、福山、乌龙庄、八陡、窑广村等区。如不到宜兴一查，以为只有宜兴窑，到了窑地，知道有鼎山、蜀山，再深入调查，则有其他汤渡等六七区。博山过去的窑（1949年前调查）约有156座，其后又发展为215座。宜兴的窑算多了，但只有博山的三分之一，龙泉只有博山五分之一。傅振伦写《中国伟大的发明——瓷器》，只"山东省（宋）博山县"一句，什么出处内容，一字不提。

我从开始，整个研究方向，是从窑、釉、自然物质资源方向入手（本来从"窑汗"讲，要从石灰及石英窑述起，但面太大了，可能在跋中谈及）。古代的，无法找到玻璃遗址，而从博山发现玻璃产地，就不难体会玻璃生产与陶瓷窑的关系，这是多大的关键问题啊！然而多年来，我未注意到有学者重视，去博山、萧山作考古研究。写到这里，回忆起过去我从上海沿海到钱塘江上，从浙东钱塘江口，沿着海边，在舟山普渡一圈，又沿海到了石浦，又到雁荡、温州，又在粤的东江、闽的海上，这样漫长的调查，然而我失败了。我没有从自然物质资源着根，而是主观地，认为江南文化是吴越为主，吴越初期民族，是水上村落发展起来的，而从史前民族学基础上去注意物质文化史，这就提得太远古了。

博山的玻璃产地，它开始的时代，要靠考古学的发掘工作。从文献看，据明曹明仲《格古要论》：景泰（即珐琅，明人称景泰）釉药，为铅丹、硼砂、玻璃粉混合物，有自行配合，有采自博山之制成品。说明在14世纪（景泰）不但早已制玻璃，即珐琅、法化、发蓝彩等，也有玻璃粉的原料在博山生产。北京景泰蓝厂约有 13 家，如老天利厂，已有三百余年（1949 年前调查），这种珐琅作坊，不是在明代盛极一时，而是 12、13 世纪早已制造珐琅粉原料——玻璃生产的副产品。

十

下面将介绍套料鼻烟壶是怎样精制的玻璃品。博山玻璃制作，在未经科学发掘之前，可以知道是 12 世纪及 14 世纪已造精制玻璃。据传说，则宋时已有窑。

瓷在地下，大约 12 世纪的物品，还不会在釉上起酸化等破坏釉的组织作用。而玻璃，一般只要 300 年，在水的不断作用下，即把玻璃中的碱碱化出来，硫酸、氢氧化铵、碳酸，在水的污染下，碱化增大，破坏玻璃表面，发生微白薄层或彩虹状。因而，玻璃的考古鉴定，比瓷容易。当然不能比放射性碳素测定的科学性，但对初步调查有可参考之处，主要是土蚀现象，不能与瓷釉同样看待。

14 世纪后的玻璃是向什么方向发展呢？

"昔大德间（元），回回卖红剌一块于官，重一两三钱，估值中统钞一十四万锭，用嵌帽顶……大朝贺时则服用。"①

剌子，是一种红宝石，这种宝石，从汉以来，其价之高，无法想象。

明代的白玉，比汉白玉之黄性要白，宋白玉，尚有青味而略透明。中国软玉，凡含铁质，故有黄、微绿，若纯白，则全无铁质，明代称凝脂、羊脂，如名手陆子冈所刻之小牌挂件，必为羊脂白玉。明代白玉为前代所无。

① 张应文《清秘藏》。

第五章 中国制造玻璃各个时代的变化

图 72

图 71

图 71 清蜜蜡胡珠。观此不知与其他时代器有别

图 72 白玻璃带钩（仿白玉）。明代

① 转引自《格致镜原》卷三一。

故明代之后，玻璃以仿宝石、硬玉（翡翠）、白玉、珠件及仿玉器之尊瓶等古铜器型之大玉件。但是否只有博山制造，则尚待研究。

郭义恭《广志》："有珠称夜光，大径寸……有石珠，铸石为之，一名朝珠，今尚方名以甲乙，为次第。"① 可知朝珠之制，不始于清。古墓中所得之珠，蓝色，非常纯净而圆，径 1.1 厘米，大的径 2.0 厘米，车出纹样，如图 74（231 页）。明代玻璃，从未有人收集珍视，从质来说，达到高度成就，如收集，则千百斤不难。但清人朝珠，一般为"密腊"（琥珀）所制，比汉代之深红琥珀要黄亮，取其轻，计 108 粒，其中大的三粒为翡翠玉，又小玉 30 粒，图 71 是为清代标准式。我所收集的玻璃珠，其时代无法确定，约为明制。

其次为仿羊脂白玉之带钩，如图 72，其纯白明

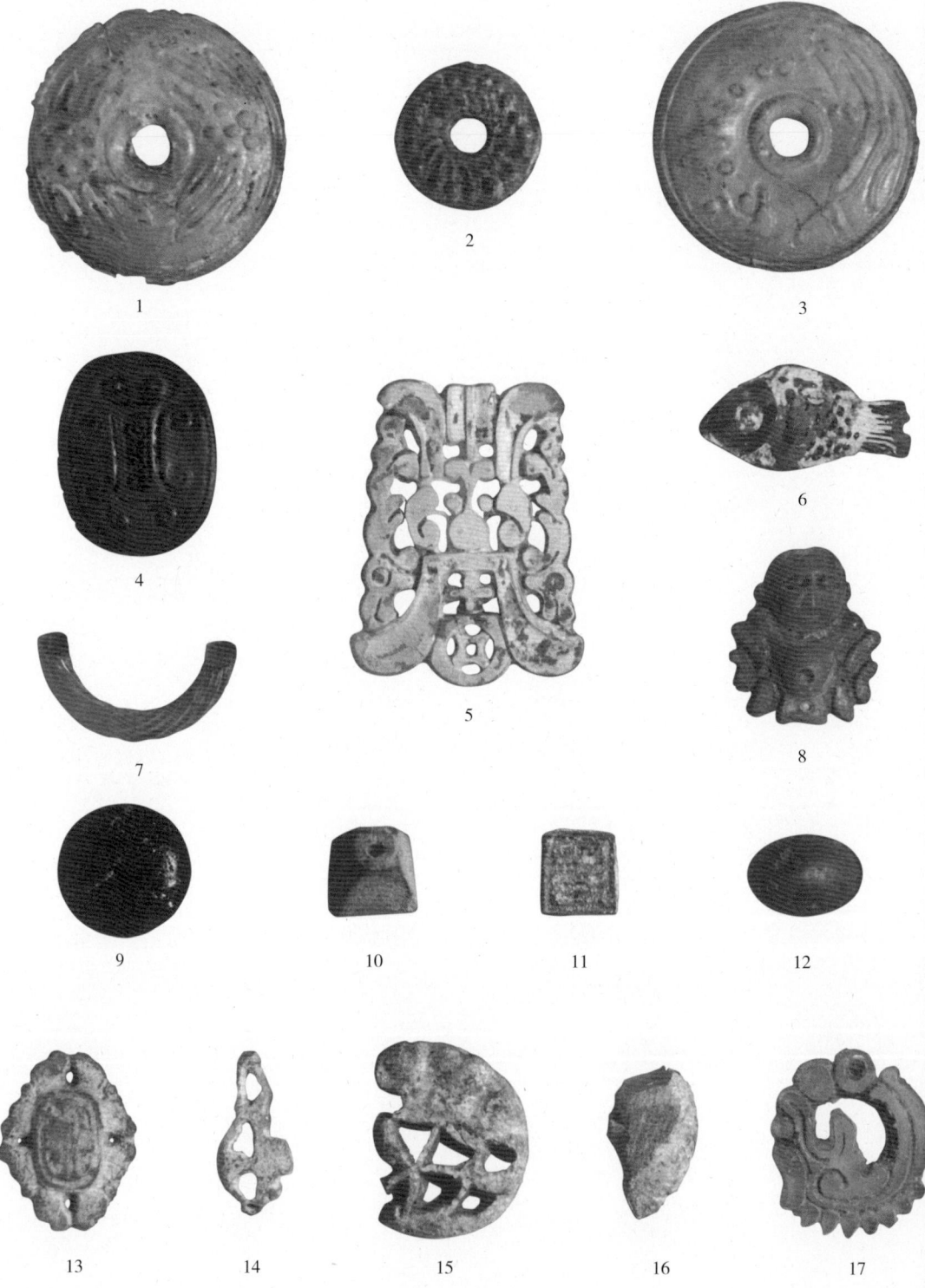

图73

图73

1 玻璃挂件。实为古代系璧演变。乳白色，半透明。略有土蚀。明代，上有纹饰。在某一时代，凡流苏之上，有珠，有上下联系的璧状物。民间无力用玉，均为玻璃制，俗称瑠璃货，言其脆而不坚。大概明清两代，或更早，一直延续到50年前，大量生产

2、3 同上。明代

4 玻璃镶嵌物。青白色，略透明，四边有铜的镶嵌痕。明代

5 玻璃装饰物。长4.5厘米，淡绿色，半透明，有土蚀。似为缝在某种服装上。宋代

6 玻璃鱼。全透明，如水晶，可挂。明代

7 玻璃环残器。乳白色

8 玻璃人物。可饰在帽或服装上

9 玻璃镶嵌件。深蓝色，有银光，土蚀

10 玻璃斗形珠。有孔，土蚀颇深，绿色

11 玻璃印状饰物。有一寿字，乳白色

12 玻璃球。印状，当是镶嵌用，绿色无孔

13—17 玻璃饰物。宋代

净，不透明，仿玉的技术，无论玻璃质、制作工艺，真达到白璧无瑕的程度，使人无法辨别为玻璃所制。有单钩，有左右可钩等式。同时，又有同质之长方块形者，或绽于帽前，或嵌于腰围，出土者，均被弃去，我常拾得之。此为统治者用物。

其仿翡翠玉蚀者，有时有土蚀的白翳，制作尚精，为民间用器，同色的首饰物，（如花苞状）耳坠子、戒指，其他人物、花版、龟、小动物佩件，均为民间用器、小儿玩具。图73之6、11，图25（118页）之1、2、7、8，灯以及灯上流苏上，莫不有小璧玉状物，图73之1、2、3、4，系流苏之中部。佛前琉璃灯，为一特殊形式器，直口、圆底，或供佛前，或用数百人工镂雕一架悬正梁上，中点一灯，长年不熄，其质为完全透明器。

大量生产，则为水钻，即珠之有多面体者，仿自钻石，妇女大量使用，此为纯净透明玻璃，或底面涂金粉者。

眼镜，统治者用皆为水晶制成，但玻璃者，使用很早。《方洲杂言》："尝于指挥胡龎寓所，见其父宗伯公，所得宣庙赐物，如钱大者二，其形色绝似云母石，类世之'硝子'……张此物于双目，字明大倍……似闻其名为僾逮。"日本称"加拉司"，又名"硝子"，恐唐宋已称硝子，以博山由硝制成而得名。

十一

后汉已能制无色透明玻璃。宋，及14世纪，则完全能大量制无色透明器，但为什么不发展这种具玻璃特点之器物？我第一章即已谈到了中国是玉（石器的发展）文化的民族，几千年来，若隐若现，

对玉的感情，始终残留着，而且对工艺品的标准，"温润肥糯"，仍然在不言中，有他的潜意识，其中包括色与质。比如一件古玉，本酸化变质，他们会以几十年的揉擦，名之曰"盘"，使它润泽。一件古铜器，也是这样，甚之加蜡。俗称熟坑，即经人玩好过很久。

这个时代，所制之大型玻璃器，胎厚重，造型稳定，这不是仿瓷器，而是与瓷的轻薄相抗衡的玉雕。所谓黄色定窑玻璃尊，实瓷胎加玻璃厚釉，当在欧洲陈列时，轰动一时。饰有阿拉伯文的紫色玻璃瓶①，在清初即制，统治者用品。瓷器底上有"大清雍正年制"标记，用玻璃当釉书写。又长颈玻璃瓶，则有"大清乾隆年制"标记，则完全仿自青玉。这种大型器，有的用车工加工，使人感到像玉，而不是玻璃。

清人的北京玻璃厂，自明代早已存在。益都孙廷铨写过一册记玻璃的书，是唯一记录明代玻璃工艺的书。孙廷铨是明崇祯时人，还写过《颜山杂记》等。

关于北京琉璃厂，一般把它看为古玩市场，记录它的历史的，也只记录它由山西人来烧琉璃瓦为主，而把从博山运来的玻璃原料——京料丢掉了不谈。《日下旧闻考》："琉璃厂，前明以内官司事，乃秕政之尤，本朝（清）定制，琉璃、亮瓦二厂皆隶于工部。""东西长，约二里许。"所谓"亮瓦"，就是玻璃制的瓦，在陶瓦屋顶用"亮瓦"一米，即成为采光的天棚。《帝京岁时纪胜》："灯屏琉璃，万盏棚悬。"（记正月初至十六日）戴璐《藤阴杂记》引鲍轸词："料丝羊角灿成行。"料丝，即玻璃丝所制之灯。

明人记录宫闱用玻璃："旭日始升，影动几筵，光浮御屏……用之郊坛焉，用之清庙焉，隶于司空，以称国工。"②则玻璃厂之成立，明清多有御窑，和瓷的御窑一样。

① 《中国美术工艺图说》，201图版。
② 明孙廷铨《颜山杂记·琉璃》。

图74 蓝色珠串。下部五粒刻花。最中一粒为琥珀。晶莹夺目,玻璃质极纯净。出土后,似不齐,此系后穿,不知当时穿法为何形式。明清间物。或称朝珠

  14 世纪后的厂,既造御用品,如上文所言之朝珠、带钩,也造民间的料丝灯之类。

  事情多扒剔一下,是可以明白的。玻璃仿玉器大件,瓶尊之属,虽见过多种,以器大,未便搜集,其制作之工,配色配料,成半透明状,是一种特殊的工艺美术,与捷克玻璃之透明纯净,是东西方审美观的根本差别。我在专门单位,尚未见到过这种陈列品,而只在各国博物馆图录上,见到无数种,估计遗留品不会多,注意这种物品者,更无其人。实际这是半瓷(如定窑玻璃尊)半玻璃的作品。中国瓷,到最薄、最精的作品,其胎、釉,已半瓷化。问题是现代玻璃以透明为主,而我所说的是这种器物的质的成分,如清雍正之薄瓷,与唐宋瓷胎比较,前者成分要比后者更为接近玻璃。

  但更微妙的事情,是从透明度的玻化程度看,

元明清以前的釉，更像玻璃（有一些从流失泪状看，基本上即为古玻璃），而元明清的瓷釉，则与现代玻璃，更其分道了。釉向着釉的方向发展，玻璃向着玻璃的特征发展。

十二

我这篇回忆录，快将结束，回顾一下，古代的釉与古代玻璃，基本上是同一体的东西，是同源的。它的分道发展，不可截然说成某一时期开始。如果这样看问题，就是硬性逻辑，从绝对看，不是相对看。而历史，特别是物质文化史，不可能绝对断代，用皇朝断代，本来是个笑话，也即是人不能用自己的父亲的死亡来断代一样。物质文化史，有它的创始，有它的延续，还有它的反复、盛衰与复兴。

因而论物质年代，主要是定两种物质变革的创始时期，而不是定它的延续期。例如汉时代已起改革的创始物质，延续到隋还残存，但你在古墓中，发现了"六朝"的墓中最多，便称为"六朝"物，那我便觉得其愚不可及也。

我不会因研究古器物，而产生感伤情调。有时，我看到的有无数的喜剧，这倒无可讳言，等于我对自己的回忆，也当作是喜剧的演出一样。

在结束时，尚有二问题，一是玻璃的本质的器物，中国在此一时期，达到怎样程度。二是制作上工艺操作的生产情况，我写的是手工业的阶段，到新型工厂产生，即告结束，留待后人补写德国人如何来华设厂，博山人民如何反对，到我们发展到精密的科学尖端的玻璃的发展史。

前面谈到，博山遍地是硝、白沙。当然不能孤立地认为有硝石的自然物产，发展了玻璃。实际上，硝全国皆有，我们乡下人，待天气转变，用一把帚，在旧的墙上，就发现了白硝。用个木桶，底上钻些孔，衬一块破席，将泥与硝一起用水混和，倾入桶内，桶底滴出的水就是硝，用火熬煮，成为白硝粉末。这种硝，用来治人畜的病，用来制硝肉，用来制猎户的枪药。

有些人喜养鱼，这和福建人每家种兰一样，各地风俗不同，若说种花不对，那你去问福建人昆明人吧。养鱼的人，底上要砂，有人用黄、用乌、用白等砂。原来，如崇明等地，产白砂的地方多得很，如白石（俗称火石）或有晶体尖头的石，也是全国各有（我指的是南方）。所以谈到透明玻璃，而要硝与砂的条件时，就不能照我上文，为研究古代玻璃的博山，而有约束了。中国遍地皆有玻璃原料，如遍地皆有陶瓷原料一样。

明《格古要论》谓假水晶，"用药烧成者，色暗青有气眼，或者黄青色者，亦有白者，但不洁白明莹，谓之硝子"。我认为民间各地皆能制土玻璃，故不纯净，土名即谓硝子。日本称硝子，或亦此时传去。

谢堃《金玉琐碎》"卡什楞玻璃砖套料"中记载，曾用黄色玻璃砖制鼻烟壶，"然不及老坯套料"，可见"套料"（玻璃制法）为制鼻烟壶之精品。这种烟鼻，大约造了500年。其长二寸左右，宽一寸左右，最大不出三寸。我第二章中，已提到这件事，几十年前，有人用盒装上八只、十只，名贵得很。事实上，这种烟鼻，它的玻璃质，已达到捷克玻璃的程度，又加上制作精巧，这是古代中国玻璃精制的高峰。我目见不下300只，现在大部丢到垃圾箱去了。它瓶口的宝石、翡翠、嵌镶，已卖了钱，这小小一瓶，无法使用，因而遗存是不易看到了。

1　　　　　　　　2　　　　　　　　3　　　　　　　　4

图 75

十三

我在这里，将举四个例子。

图 75 之 1，乳白色，其中桃色一块，向周围晕开，从浓到淡，像乳白色的水，滴入一滴胭脂，自然地向水中化开了。这是中国人喜爱的氤氲特色——即中国水墨画的水墨变化，也就是花卉画的全部画法。域外人不喜欢，他们的古琉璃珐琅，是一点一点，画出了树、宫庭、艳女。捷克的一本玻璃图谱，瓶刻有一对男女，是最高水平作品。然而，以 14 世纪的工艺美术为标准，则中国自有其风格。

图 75 之 2，造形便于握，全身赭色（咖啡色），而有釉流失一般的窑变云纹，此云纹为一同浓淡之琥珀红，云纹之边则又为黄色。仿自自然界云在某种光影下——夕照镶边的彩云状。我轻轻削去一角，始知这种云纹如釉之浮在外面，不是西洋玻璃，多种颜色玻璃（古埃及）绞在一起而成不规则的纹样。

图 75 之 3，此为纯净透明玻璃瓶，这种纯净透明程度，已达现在的捷克玻璃。在透明瓶上，为红色浮雕的博古图，每面包括鼎鬲炉尊等铜器形，四件为一组，每组铜器上，又镂纹饰。凡透明瓶上，有其他红黄蓝紫的浮雕图案者，均称"套料"，而套的纹样，包括夔龙螭凤的中国古代铜器纹样，也有套花卉仕女者。这种套料，是最多品类、最多色泽，也是最多名称的一种，可能因为既非车工，又非如瓷云彩绘，技法特殊、变化多。自宣德至清中叶，几百年中，出品变化之多，单我见到的，已上百种。套料壶，还有三色四色，则称为"重叠套"，

图 75

1 白色鼻烟壶。白色玻璃壶身，有桃花色晕一块，如白玉上之有自然色彩

2 玻璃鼻烟壶。红地，橙色云纹。橙色云纹之边，均有一道白色

3 无色透明鼻烟壶。此为后车玻璃，故凸起部分。博古物品为深红色。俗称套料

4 透明鼻烟壶。车出凸起之黄色龙纹

此四件玻璃鼻烟壶，应为 15、16 世纪间制品。玻璃质极纯

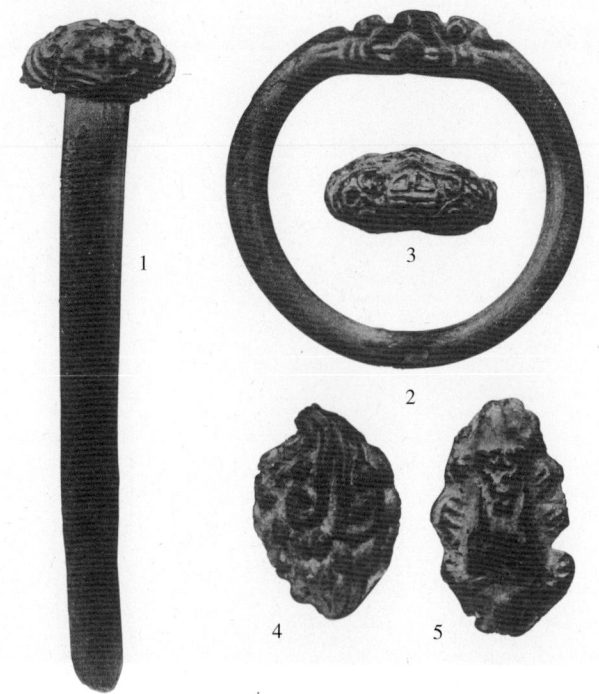

图 76　1　玻璃簪
　　　　2　玻璃手镯
　　　　3　玻璃饰物残片
　　　　4　玻璃饰物残片。葡萄纹样
　　　　5　玻璃饰物残片。叶纹样

其手艺方法，我问了北京老师傅，二色叠容易，而多色而薄，是件难事。

图 75（234 页）之 4，是蓝的单色透明瓶，全身缕以浮雕螭龙，亦明净精制。

其他种类之多，无法详列，如透明瓶，从径 0.5 厘米的瓶口中，在瓶的内部，绘中国画的山水花卉人物，细如发丝，杂彩缤纷。如何进行这一工作，我就无法说明了。又有刻诗词者，又有"藕粉"等。或金星晃耀炫目者，不知其名。其他如谢堃所云宣德"老坯套料""倭瓜瓤"，《秋阴杂记》所谓"老皮"等内容，实无法解释。

鼻烟壶，凡瓷、玉、木、竹，皆可制之。《勇庐闲诘》中注曰："习见达官巨商，竞以羊脂、翡翠为尚，而不知制壶之始，仅有玻璃，余皆后起也。"又曰："凡所造作，或称曰皮，最著者曰辛家皮、勒家皮、袁家皮"，底有款者，有古月轩、乾隆年制，"尤美"。这大概是手工业制作的记号,或家族专制记号。又记有:"赐越南国王记录,据徐延旭《越南辑略》:'乾隆四十九年,……第四次,赐鼻烟壶一……第七次,赐鼻烟壶一,五十八年,赐陪臣玻璃烟壶。'"看来对精制手工艺壶,是相当珍贵了,其赐朝鲜者,亦仅一只二只。

在鼻烟壶制作上,才可以了解制作玻璃的进步程度,特别是晶体的光艳。据外人 S. W. Bushell 的看法,则认为中国早能制造玻璃,技法之口吹、手捏、模塑,中国亦早知之,"若夫雕为细纹,镂成深痕,数层异色之琉璃器上,内刻图像,则为中国人独创之绝技。其手术之精敏完美,刻划不苟,虽 16 世纪播海苗(Bohemia)①之巧匠不能过也"。② 此乃从工艺美术而言。而我则更进而研究其质地,也即炼砂之精、配料的科学性,已可与同时期的域外任何一国匹敌,只有在烟壶中可以观察到这一实质性问题。

至于制一些宫廷御用品,当然亦精密无瑕,如《中国见闻录》载北京一教士信(约 1770)云:"每年制造大宗花瓶。此种花瓶非可以一吹即成者,故费功甚久。""此琉璃厂不过为皇上消耗物中之一附属机关。"《美国中央博物院报告书》(1900)对中国玻璃品云:"此器之最善标本……其彩色既足惊人,而玲珑晃朗之质,又益助其光艳,玻料之选择,谨严精良,彩色之配合,浓淡宜人……可证明其技术之精巧绝伦也。"又有排连老(M. Paleologue)者,尝谓"中国人善于镕铸各种彩色玻璃,或分制,或数色杂为之。既成,则现斑纹与环带"。域外人对中国玻璃的赞美,不只此数书之记录。③

我于找寻实物之困难中,参阅此若干世纪之中国记录,当然以烟壶玻璃达最高水平,但除烟壶外,

① 即今译波西米亚。(编者注)
② 《中国美术》。
③ 本段引文均转引自《中国美术》。

即其他汉、宋器物，亦有透明玻璃产生。而在烟壶上可以完全明了当时确已进入玻璃工艺相当成功的阶段。至于此一事业之兴衰，那只能是由于封建社会制度之停滞性，无法由此而提高扩大来解释。而我亦只能写到这一阶段而告结束。

十四

留下的问题，是中国制造玻璃的技法，其发展的情况。当然，这是一个难题。中国人多少研究陶瓷，至于制作方法、烧制窑具，若无法获得这种知识，若干人是避而不谈。在我能看到的古物馆，不可能展出烧造生产过程，而以某一件精品，用丝绒为衬，以显出其珍贵的程度。然而作为我来说，当然认为生产状况，才是发展的知识、发展的历史，至于成品如何年代如何，它本身已明确地在报导详情，无容多作臆测的说明，因为它自己会讲。

例如用拍的几何纹器，其口至少能容一只手伸入，以便内外两手拍擦的作用。口小者，为后起，而是二只相接而成。明瓷瓶，多是二只相接。定窑、吉州，复烧窑具如梯状，故口毛。丁状窑具，器上必有丁痕，粗瓷釉不到底。只有亲临生产的窑址，才能得到这些知识。

板玻璃的制作，中国，约在唐代已能制作小块板玻璃。庆州皇福寺塔基，发现的玻璃板，最长部分为二寸三分，四周不整齐。在奈良正仓院的玉屑中，可以看到相近似的碎片，经观察，这种玻璃原料也是中国传入。① 关于铸工艺，如璧，大者径 15 厘米，玻璃尺为汉尺长度，这多不是这里指的玻璃板——窗玻璃板。窗玻璃板，如图 77，径 13.0 厘米，厚

① ［日］《美术研究》第一百五十六号，《庆州皇福寺》一文。

图 77　透明玻璃。径 13.0 厘米，极薄，透明，边似用剪在冷却前纷剪成图形，故非圆规规圆。全部银光，照射可看出透明。平板玻璃，仅看到过此片。约为唐宋时代

> ① 关于世界玻璃史，均见苏联斯维什尼柯夫《玻璃的故事》。

0.03 厘米，四周不整齐，这是早期板玻璃，约 14 世纪作品。17 世纪清初在琉璃厂加开亮瓦厂，就是从这一基础上发展起来的。根据世界玻璃史，1894 年，钱别尔斯工厂玻璃师刘伯尔斯，拍吹管吹成了一个更长形的圆筒泡，则后将圆筒剪开，而成玻璃板。

14 世纪时，法国哥克莱发明了窗用玻璃，那是一个小圆片，用金属网络把它镶起来（即后来发展为教学中的嵌花玻璃）。1567 年，英国伯爵诺士伯连，下过一道命令，如伯爵出外旅行，必须把玻璃片取下，放入库房。因以前的窗，都是木栅。但这一些板玻璃，多不是平的，不能做镜子。是法国人先想法做一只台球板的台子，上面浇上溶玻璃液，几十人用铁轴把它辗面一样转平，于是二块玻璃相合，中间放一些砂。前后要 100 小时才能完成。① 古代中国用铜镜，世界各国有几百斤重的银镜，俄国古代是钢镜。

所以平板玻璃的制成，并不是一件容易的事。可是亮瓦——玻璃瓦，我于明清古建筑中，实常见之。《资治通鉴》："唐代宗初诛元载，召江西判官李泌入见，语及载事，曰：朕面属卿于路嗣恭，而嗣恭取载意奏卿为虔州别驾，嗣恭初平岭南，献琉璃盘径九寸，朕以为至宝，及破载家，得嗣恭所遗载琉璃盘径尺，俟其至，当与卿议之。"[1]中国在7世纪60年代，已造九寸、一尺大盘，何以未发展板玻璃，实属不可思议。

十五

14世纪的年代里，玻璃窑的掌握者，正像我们所熟悉的手工业生产中，窑工从"大眼"中观察瓷器烧熟或"黄㶷"现象，成熟地掌握了规律。"其始也，石气浊，硝气未澄，必剥而争，故其火烟涨而黑。徐恶尽矣，性未和也，火得红；徐性和矣，精未融也，火得青；徐精融矣，合同而化矣，火得白。故相火齐者以白为候。"[2]

这里说明了窑工"相火"，是在不断观察中，摸清了火候变化，及其物质变化。

材料方面，有硝、礁（煤）、铜铁、丹铅，"白如霜，廉削而四方，马牙石也；紫如英，札札星星，紫石也；核而多角，其形似璞，凌子石也。"从这一点看，当时不单用天然砂，还在山上采各种石英矿物，细分为马牙石、紫石、凌子石。其中已包括了水晶中的天然石。

其有色玻璃的配料：

"白（马牙石）五之，紫（紫石）一之，凌子倍紫，得水晶。"

[1] 转引自《颜山杂记·琉璃》。
[2] 本节技法部分均摘自明孙廷铨《颜山杂记·琉璃》。

"进其紫，退其白，去其凌子，得正白。"

"白三之，紫一之，凌子如紫，加少铜及铁屑焉，得梅萼红。"

"白三之，紫一之，去其凌，进其铜，去其铁，得蓝。"

"法如白焉，钧以铜碛，得秋黄。"

"法如水晶，钧以画碗石，得映青。"水晶，似指透明度高者，画碗石，当如绘瓷之青花所用者。

"法如白，加铅焉，多多益善，得牙白。"或为琉璃瓦釉之牙白色，不透明。

"法如牙白，加铁焉，得正黑。"

"法如水晶，加铜焉，得绿。"

"法如绿，退其铜，加少碛焉，得鹅黄。"碛，或为上文铜碛，不知为何物。

从烟壶之色来看，大体上多有了。但在量上，如"少碛"，完全是手工业的约数，正如我从刘老四处，看他配釉，以手计量，而配出同色之琉璃三彩。照他说，熟了，指上即知其分量。照他说，得青绿易，朱红难，材料太贵，但未言何种原料。

又谓："琉璃之贵者为青帘。取彼水晶，和以回青。如箸斯条（或即管状截成管形珠），若水斯冰（如檐下冰柱之下坠者）。纬为幌薄，傅于朱棂（穿成帘幛状，挂于朱红之窗上）……影动几筵，光浮御屏。栖神象玄，以合窈冥。用之郊坛焉，用之清庙焉。隶于司空，以称国工。"

这是指珍贵之青蓝珠，是御用的祭祀或神庙的作品。当时的回回青，是进口物，较为珍贵。如民间青花瓷，没有用回回青一样，用的多是较暗的土青。

"其次为珮玉丁当，连珠缀缨，绛纱作盛，弁冕盈廷，乃球锵鸣。古者百僚朝祭之法服也。"

这完全有异于民间用品，质地须符合宫廷要求。其制作方法，在我收集时，有一椭圆板状者，上有浮雕纹样，大珠刻花，小珠有多种形式，当时已有紫水晶色而作多面体，完全如钻石、仰光石等宝石状。所谓法服，是有一定之等级制度，正维是朝祭时，暂时一用，故可用易脆之玻璃，以代玉，而表面上，仍显得豪华。此种多面体珠及蓝珠，与出土之民间用妇女饰物者，其质地相去万千，且坚度很高，其仿翡翠之绿色珠，则完全不透明，但始终未发现珊瑚状等之红色者。如红色，皆珊瑚制成，配穿在内。古代珠，皆大小圆度不一，此则大小圆度完全一致，故其制作技法可称为"国工"。与博山之售于民间者，质，形，工，完全为两回事。

十六

下面，记述手工作品，则上面可能为模制。

"其次为华灯、屏风、㽁（或即罐）合（盒子）、果山（如腊果相叠，可为陈设），皆穿珠之属。错采雕龙，口则无功。"

这段说明，全部作品不是吹玻璃，而是靠手工了。特别是错采雕龙。"错"即铜器上的金银错，是器上有纹，用其他色玻璃嵌入，这是一个使我费了很多时间去研究的问题。如珐琅，以铜丝为范，加有色玻璃粉，烧后不平，利用车工。发蓝是银的首饰，加上玻璃粉，以吹管吹火，即可烧成，上面的光采，不必车磨，我已全部学会这一工艺。但玻璃上有浅纹，不嵌不同色玻璃，在古代，如何制作此"错"的方法，是非常不易的事。因为最古代的珠，全部为"错"的嵌二色三色，后汉绝迹。其后采到一环（图12〔93页〕之4）为不透明白玻璃，嵌以极浅之孔雀蓝纹样。千百件中，只此一件。

因为下一章要研究到古代乳纹珠，关于这种的来源，或中国发明，是争议最多的一个问题。我将"错"的方法，先在这里提一提。"错"是"错采"相联，又是专论手技的一节。可能有人会疏忽"错采"二字，而不知其重要性。做妇女首饰，大概用"错"的方法，故曰"簪珥惟错"。

"其次为棋子、风铃、念珠、壶顶、簪珥、料方，皆实之属。围棋滴之，风铃范之，料方亦如之；条珠缠之，细珠写之，大珠缠之夏之，簪珥惟错。车磲者，杂二色药而糅之；玛瑙者，珐琅点之；缠丝者，以药夹丝，待其融也，引而旋之。"

同时，他记录着，实的东西如棋子、念珠、壶顶、簪珥，是"滴"的方法。风铃、小珠是范铸（亦称写）。"车磲"，即仿蚌蜃类之纹。这种二色糅在一起的纽丝状的工艺品，古埃及最早有此种作品，惟见一黄白的小璧状物。条珠是一片玻璃卷起来的，大珠既要卷，又要夏之使圆，所以出土较大之珠，可以看出缠纹。糅、缠、旋等方法，在古代已有土蚀痕者，完全可以看清楚，可参看图版各大珠，而与小珠之"滴""范"而成者。

看了这一节，完全可以明白，即公元前5、4

图78　1—4　玻璃腰带饰物。长3.4厘米,乳白(带青)色,略有土蚀,附铁锈,当与铁器伴出,反面有对穿孔。14世纪前后

5—8　玻璃腰带饰物。最长6.8厘米,厚0.7厘米。乳白(带青)色,略有土蚀,反面有对穿孔,均为腰围饰物

9　玻璃簪。白色,头部点状装饰为绿色,古发髻用笄,头已断。与图76(236页)之1后代簪形完全不同,而可与图57(186页)之1古代笄相接观察

10　透明石饰物。上有"连中三元"四字,是取石之透明者,代玻璃之用

世纪已懂得这种方法。研究古代出土物,而欲进一步理解其如何会产生各种不同痕迹(出土物痕迹极显著),在当时是非常困难的。而近代玻璃工艺,要用像古代做藕丝糖的方法来完成一珠,或卷成似圆非圆的近管状的珠,这套手法,早绝迹了。

我在玻璃工场观察三色而成的新型企鹅形高级烟缸,以及单色的马与热带鱼,这样"引而旋之"的方法,也早不用了。然而我是研究古代工艺——物质文化的,我像旅居在龙泉一样,用我长年注射针剂的空瓶,亲自来缠,才知道,古代每一粒珠,

都要经过手工制作，缠好了才旋圆。

民间簪珥之属，可参看图76（236页）。"杂二色药而糅之""以药夹丝"，可参看图57（186页）之5，有一环，但时代要早。

三十多年来，我住在曹家渡，东邻是仁丰缸瓮店，弄前是个小小的玻璃作坊，我生活在其间，对阳羡的一切了如指掌。昼夜不停的蜂巢一般的火口，像我的单位买饭票的窗子一样，但饭票窗口的面，并不怎么热，而玻璃窑火口中用勺子，勺出熔融液，用手来把它糅缠成圆珠，真不是那么容易啊！不这样做，无法理解古代手工做一件火那样灼人的玻璃，他只能把它扭旋为圆体，而"错采"的工艺，是由古相传，始终未失。

因而文化传布，仅凭张骞以旅行所见，只能说明其外表形式，而整个生产不可能这样简单。有物质资源，在传统基础上得到一些启发而有所发展，这才是可能的。

上面记录了一些传统基础技法，是三千年来，有实物可证、根源可寻，渐进的规律，使其工艺技法日趋完备。整个玻璃历史，尚未发现突变的现象。

十七

吹玻璃，是玻璃工艺上的一个重要部分，在14世纪间所起的作用，这一技法掌握的程度，其记录如下：

"其次为泡灯、鱼瓶、葫芦、砚滴、佛眼、轩辕镜、火珠……皆空之属。"

图 79

图79

1、2 玻璃桃佩件。浅绿色，有孔可穿。已土蚀变色。定宋代

3 玻璃佩件。似已断一部分。乳白带青味色。尚存重量。定明代

4 玻璃狮。原为挂件，已略残。长4.5厘米，五色透明。明或元。因伴出物有元明钱币

5、6 人形佩件。有土蚀，无色透明。与宋代玉、陶瓷民间玩具完全接近

7、8 玻璃珠。土蚀成萤光，中空，极薄，圆整。近代帽、拂等实用饰物。而非串珠，串珠皆厚重

9 玻璃弹。中实，乳白色，土蚀，疑似玩具

10、11 古玻璃瓶耳系碎件。参看图70（210页）之整器。蓝或淡青，手制纽状之残器颇多，取此二件，说明可系瓶古代并不少见，但在土中均为重力压碎

"石之在冶，涣然流离……受之者管也，授之以隙，纳气而中空，使口得为功，管之力也。乍出于火，涣然流离，就管矣，未就口也，急则流，缓则凝，旋而转之，授以风轮，使不流不凝，手之力也。施气焉，壮则裂，弱则偏，调其气而消息之。……吹圆球者抗之，吹胆瓶者坠之，一俯一仰，满气为圆，微气为长，身如朽株，首如鼖鼓，项之力也。引之使长，裁之使短，拗之使屈，突之使高，抑之使凹，剪刀之力也。"

"凡为鱼瓶，先得口，次得腔，次得山，后得果枝。"

"凡为灯碗，先得圆球，吸其下，按其上，断其脐而坐之，上反为底，下反为面。"

以上摘其大略。吹玻璃，大体已具完备。"佛眼"，我所集者皆实，但大像之眼，尝未集到，谅有中空者。火珠，谅为小珠之中空者，为镶嵌之用。图21（114页）之3，为镶嵌空心珠，或为首饰或帽饰，取其轻，此铜镶物，尚为铜绿贴住，当时定为宋代物。今始知为吹玻璃。又图79之7、8，大圆珠，中空，无孔可穿，亦为镶件。

瓶类，图81（248页）之1，浅蓝玻璃瓶，外包土锈一层。图80（248页）之瓶，蓝色，有土锈及彩虹状。此一形式，是14、15世纪瓷器中常见之物。吹玻璃，传世保存不易，出土物十之九皆为碎片，但从这几点，也可观察出当时工艺深度。

十八

以上14世纪后期的玻璃工艺技法记录，总体上，宋代10世纪前已早使用，特别是舍利塔中的

图 80

1

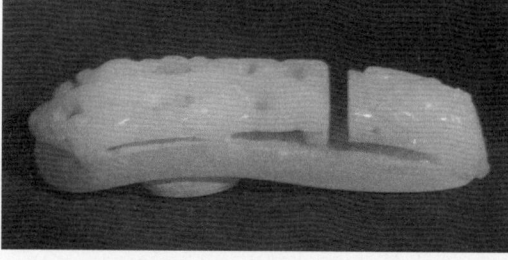

2

图 81

图 80　玻璃有盖瓶。蓝色，外有银色土锈一层，极厚，但无土蚀酸化作用。13世纪有此种有盖瓷坛式

图 81　1 浅蓝色玻璃瓶。外包土锈一层，极厚。此为中国式瓶，但薄于瓷器。约13世纪

2 纯白色带钩。龙形雕像，白色纯净无瑕，精美无匹。约15世纪中期。传世

大量舍利瓶。因为除了吹玻璃，其他技法是公元前已有大量作品，14世纪，则是纯熟提高的问题。且对吹玻璃性能与成器要求的配合，详尽无余。

其中五色"套料"，尚未列入，这是玉的工艺与玻璃可熔性特点结合的精品，有别于捷克的不同性质的艺术品，且更具民族形式与纹样。而"错采"之法，从资料看，几千年几乎失传，从这一记录，则可知道是应用需要的问题，而且三千年一直保存着。它和金银错一样，战国是盛行时期，宋明亦偶然一用，是保存着传统的项目。

其中，更重要的是物质原料的大跃进。古代是灰、釉土、石灰、窑汗开始，唐宋——更可能是9世纪后开始选砂，这从产量上、质上，可以观察出来。但不否定汉代道士之教，可以理解，消烁五石是用砂及各种石英。而14世纪的选料，选料的面，发展到各类石英，及以前认为本身即是名贵之物的水晶属，也投入了宫廷用品的珍贵玻璃器。玻璃砂，本来粗细大有分别，细的有百分之九十的纯度。而玻璃今日的发展，重要的是质料变了。

从这点也看出，这是当时普遍的知识，以一进士出身的官吏，得如此的知识且了如指掌。或他仅得自"国工"工厂的知识，那么民间窑的数量、面，必然相当可观。《万国通史》谓博山县境，有琉璃厂遗址。从"博山"县境说，则指的面积就广了，如后建的耀华玻璃厂，即设在宿迁白马涧。发现的是遗址，则当然不是一时的兴废，而是相当远的时代废弃，才称遗址。

以后，如能更说明一些问题，责在考古学者身上了。

附记

图 82，为白色不透明玻璃，长 21.8 厘米，无土蚀现象，无法说明何时何器。

图版中尚有未作定论的实物，或我定的时代不一定可靠，还有待研究。

《爱摩福普鲁斯藏品集》(THE EUMORFOPOULOS COLLECTIONS, 1940) 收有中国古代玻璃多种，其中有玻璃汉尺，即为极重要资料，兹将其目录，附记于后：

447. 圆形玻璃珠。共五粒，深蓝色，并有白色圆圈图案和深浅不同的蓝色纹样。

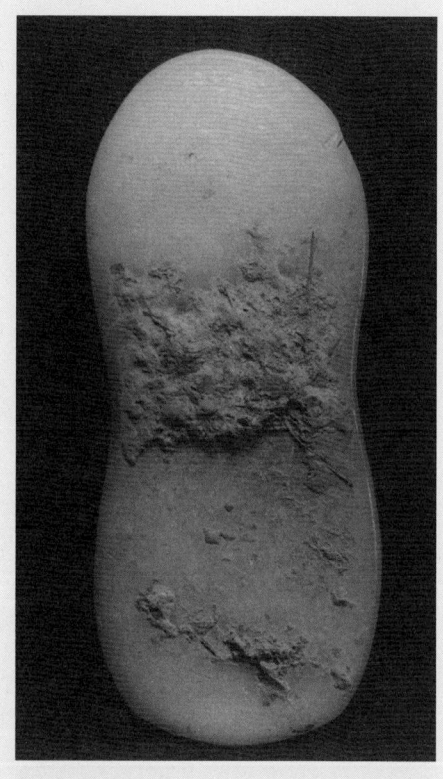

图 82　玻璃板。乳白色。长 21.8 厘米，厚 1.4 厘米。近看带青色，总之不是纯色，略透明。绍兴 1946 年出土。满身黑灰泥

1.5 厘米到 2 厘米。属战国时期。

448. 镶有闪白色玻璃珠。表面深蓝及白色的圈形纹饰，另有二颗，表面有凸起的圆形装饰，色由蓝、棕、白三色组成。大小 2.3 厘米到 1 厘米。战国。

449. 绿松石色玻璃珠。饰有白色同心圆图案。（一对犀牛角，饰成蝎和虎状，并涂以红色。）汉代。

又一只葫芦形瓶。高 5 厘米。又一对柱形玻璃珠。黑色，上面有白色水平浅条及菱形圆形图案。长 1.7 厘米。战国。

450. 有晕光玻璃发饰，形如天鹅。长 2.4 厘米。唐代。

又管形珠。盾为钙化玻璃，有蓝色、白色节形浮雕装饰。长 3.5 厘米。战国。

451. 一颗完整的玻璃珠。深蓝色，并有蓝色、白色玻璃饰成节形浮雕状装饰，在其中心有一组五朵近似花结。长 2.5 厘米。又笄。质为白色钙化玻璃，形如鸟，带有浅蓝和棕色花纹。长 3.5 厘米。战国。

452. 玻璃蝴蝶。色淡蓝。长 3.5 厘米。约为唐代。

453. 玻璃簪。鲜蓝色，外形如龙头，插入淡蓝色的骨制品内。全长 4 吋。（可能经改装，约唐代。）

454. 玻璃尺。淡蓝色，嵌有斜方格三角纹，10 吋，每吋一个图案。长 9 吋，宽 0.75 吋。汉代。这是较重要资料。

455. 圆柱形玻璃瓶。瓶口卷边，瓶底有标记。年代不详。

456. 带有紫晶样的玻璃杯。高 6 吋，约 18 世纪。

457. 有盖的玻璃碗。盖顶部和碗底，则为蓝色。高 6.5 厘米，径 6.25 厘米。约 18 世纪。

此一目录约铜、瓷、漆、玻璃品五百余件。一般说，鉴别尚真确。

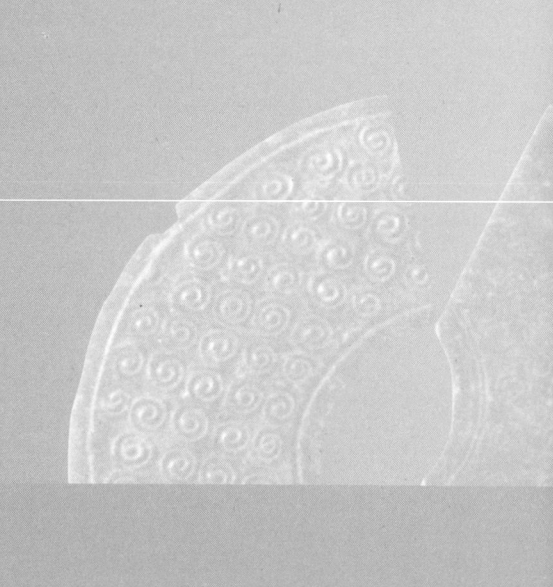

第六章 珠——珠的纹饰

玻璃的发展中，玻璃珠及其纹饰有争议。这一章主要讨论的问题，将是中国玻璃上纹饰的体系，顺便涉及到争议（而不是争议的答案）。

在本章讨论之前，我觉得先可以考虑一些问题。

在这一民族基本缺乏需要的物质，则其他民族，即使将其制作技法等文化传播，亦不可能得到发挥。例如没有获得高岭土或釉，则不可能由传播而生产瓷器玻璃。这就是内因。

如果一个纹样形式，不具备物质条件，它在任何物品上产生传播作用而加以发挥，那是不可想象的。而只要得到交通与民族感情的接受，纹样形式是可以非常迅速地传播在广阔的地域上。不同材料产生了同样的文化。

但没有接受的感情与习惯，传播不会起到一定作用。也有未经传播，各自自发地有了同样的纹样与形式。发展较缓慢的少数民族中，同纹样的多得很。因而纹样形式，不一定全是文化传播。所以文化传播，不是绝对的。

有文化传播迹象，可足为人类文明、古代交通、地理变迁等问题的参考。但纹饰器物，则仅是其中的一点，必须要有其他条件综合配备。孤证而性质又有问题，以一定万，则是危险的。因而必须综合多方面的论证（包括中外），以求精核。

一

中国玻璃珠及其圆圈点状纹样的物品，数十年来，颇多争议。

《新中国的考古收获》（1961）一书讲道："西汉中期以后，海上交通也呈现活跃的情景。广州、

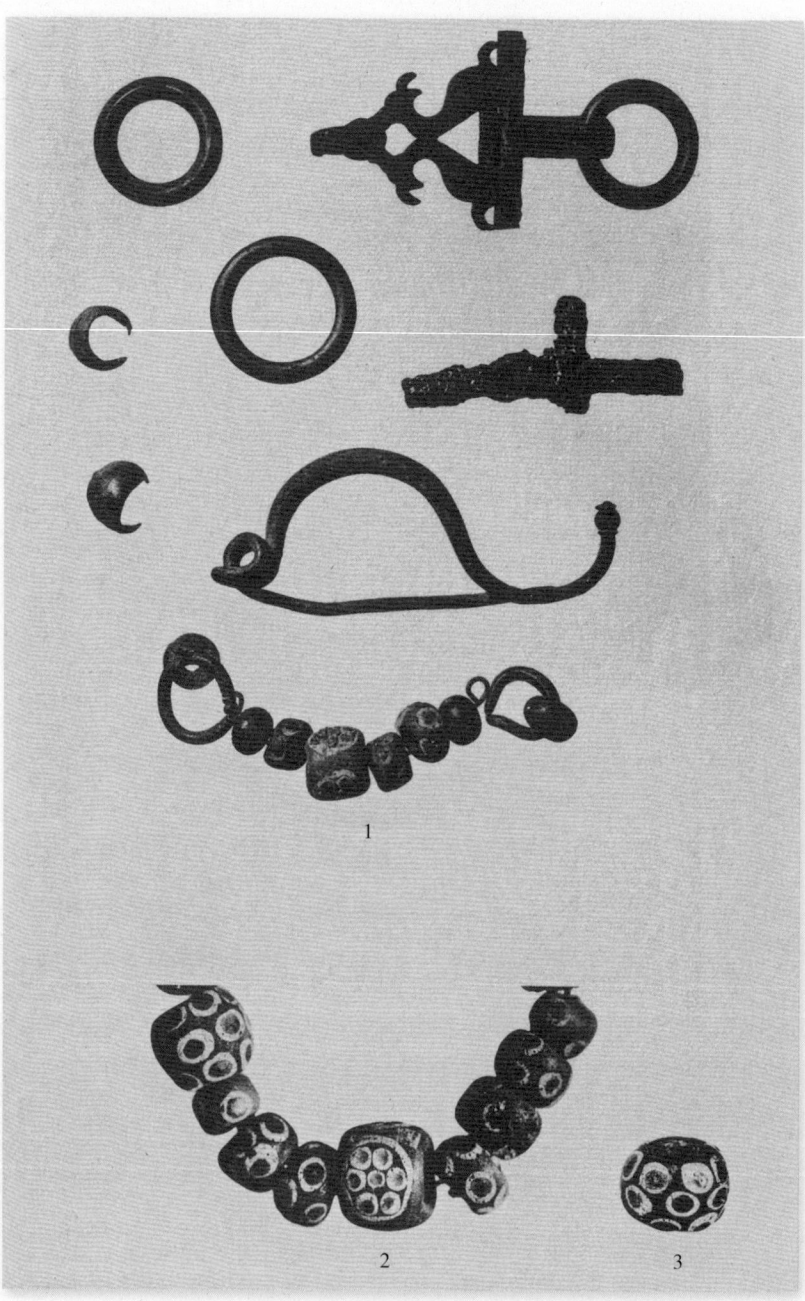

图 83

图83
1 早在拉丁时期的冢墓遗物。在马恩省比西河畔圣雷米出土。其中有重眼复眼装饰的玻璃珠

2 连在装饰物上的玻璃珠。有重眼复眼，蓝及白色，系拉丁时期遗物，布西发现

3 复眼玻璃珠。蓝色及白色。马恩地区发现

贵县、长沙等地墓葬中，经常发现玻璃……玉石佩饰。玻璃器除了璧、带钩以外，还有迭嵌眼圈式的玻璃珠和蓝色的玻璃碗。……这些东西，一部分是国内的特种工艺品，另一部分则系从南海输入。……迭嵌眼圈式的玻璃珠和蓝色玻璃碗的来源地，现在还难于判断。"

早在1938年，C. G. Seligman和H. C. Beck所作 *Far eastern glass: some western origins* 一文，主要论有乳纹的玻璃珠，结论是远东玻璃一部分导源于西方。其论点："我们不得不承认，中国的、非中国的实物上的纹饰同出一辙，不仅每一类中纹饰较少的珠上的复眼（本文称乳纹）彼此非常相像，而且每一个复眼珠（本文称有弦乳纹）多半带有七个小孔，中央一个，四周六个，组成一群。进一步要决定，一、到底中国玻璃珠上的彩饰是从西方来的？二、还是适得其反？三、还是二者都从另外的中间地区发源而分播的？四、或者欧洲和中国各自发展而得到相同作品？我们可以立刻证明，第四点是不可能的，至于到底是东方还是西方发源，我们可以确实证明是后者。现在尚未发现中国物品在公元前几世纪内运销到罗马帝国的近东区域和欧洲的证据，而另一方面讲，西方出品在东方市场上出现，则例子不胜枚举，影响中国工艺，这种珠子上的图案，也是一例。另一证据，现在我们要讨论的复眼组织（本文称圈内多粒乳纹组合），公元前5世纪，在近东地带，数见不鲜。并且，在欧洲法国北部马恩省比西河畔圣雷米墓中出土了标准的七眼复眼珠（图83之2），属早拉丁时代，或后铁器时代的初期。"

根据以上二种论述，则这些乳纹珠（一称迭嵌

眼圈珠，一称复眼组织），特别是圈内多粒乳纹组合纹饰的玻璃珠，成为文化史上传播论、不可知论等论点有争议的问题。

文化史上有些问题是较复杂的，但一元论者有他的文化传播的观点。有的一时不够清楚，如相互提出资料论点，综合集中，加以分析，则事物的发展必然有它的规律，当然不能凭臆测，更不必忙于下铁板的结论，而首先要能客观地反映历史的真实。

二

研究中国玻璃史中的玻璃珠，首先谈谈我们这个民族历史的发展。

珠这种形式的文化，在我国新石器时代，有石制纺轮①，单是南方的邳县大墩子遗址出土石、陶圆体物而有孔者，不下几十件，这是仰韶文化的遗存。如陕西华县柳子村属仰韶文化遗物，则有装饰品的蚌珠之类。②这是南北同样发展着。

至于到了殷商时代，则玉、石、蚌骨等珠饰物，其数将及千百件了。即远在内蒙夏家店遗址，有半圆球形纺轮和大量管状骨珠串③，与卜骨同出。

到了周代，如山西侯马上马村遗址，则玉、骨、玛瑙、蚌与环贝穿成一串，珠有枣形、管状、球形、六面体核形，成为非常丰富的饰物。④而其间，湖北京山屈家岭彩陶遗址，在第三层下出土了大量的彩绘陶圆体。报告中公布了一十九图。⑤从这些新石器时代彩绘中，一十九式中，设想之丰富，构图的变化，几乎使人无法想象。

在这样的古代文化中，装饰纹样，是只有从民俗学角度来观察，才能发现其创造力。在这些彩陶中，

① 《考古学报》1964年2期。
② 《考古》1959年2期。
③ 《考古》1961年2期。
④ 《考古》1963年5期。
⑤ 《考古通讯》1956年3期。

特别可注意的，它有太极图状纹样（即阴阳与乳点）。

于此，对于珠的演进，可以有一个概念。第一是实用上要求，纺轮，从扁圆到中间大、两头小，使旋的阻力小。我们考古界照古董商称呼，名"菱形"，本书则称"核形"。

后面附有中国珠类文化演进及其乳纹等纹样演进变化示意图（264—265页），是想说明这个问题的，可参阅。

所有的珠，除实用外，则为应材施工，如骨的管状珠，其后发展为玉、玻璃，保持了很长时代。

应材施工外，则皆由自然物中得到启发，而千变万化地成为多彩状态。如示意图之4,4（1）为管状，乃截骨而成；4（2）为管状略磨圆（玉器颇多），乃胡秃子野生果状；4（3）则为松子状，凡琥珀、水晶，均采自自然物，应形钻孔而象形；4（4）则是受材料限制，穿孔易而成大量生产的小管珠；4（5）以下四器，非多面或多面，均为核状，多面为枣核磨去二尖头而得，中大两头小的为磨的方便而成形。如做民俗学调查，可发现，取核（枣、桃）磨去二头为串珠，取鬼见怕、红豆、松子、卵石、天然水晶粒、密蜡（琥珀）粒、空青（铜矿苗）粒、蚌珠、鱼目、骨、念珠籽（鬼见怕为皂荚类，念珠籽亦为植物）制为串珠装饰。研究过原始文化，这应是非常普通的常识。

所以正圆珠，实是较后起的。

中国玻璃珠形，也是照着这一发展规律而演进。一个民族，既有它的自然条件、物质条件所决定的一定的形式，也有在某些细节上发生的一些变革。然而承上启下的遗风，是历史的真实，不是凭人——当时人及后代的研究者、异族人——的意志为意志。

示意图5,5（1）是核形玻璃珠，是周初虢国

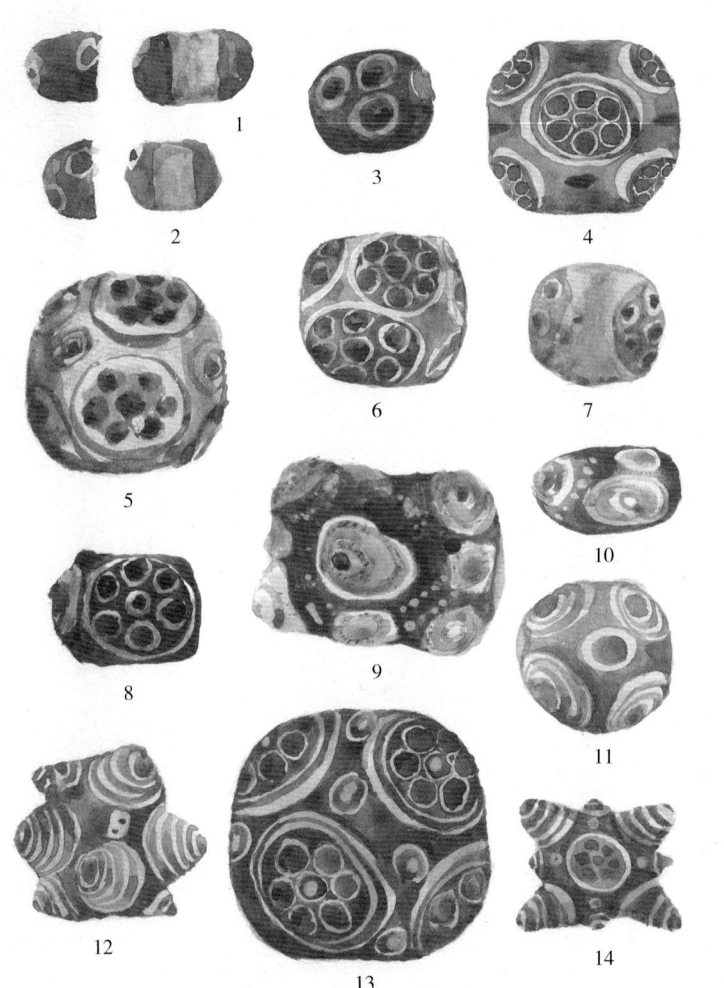

图 84

图84　1　玻璃珠。侧面、剖面。君士坦丁堡

　　　2　玻璃珠。侧面、剖面。中国

　　　3　玻璃珠。弗洛伦斯

　　　4　乳纹圈组合玻璃珠。中国

　　　5　同上。中国

　　　6　同上。欧洲或近东

　　　7　同上

　　　8　同上。出英，雪而撒斯脱，藏里亭博物馆

　　　9　乳纹二弦珠。中国

　　　10　乳纹二弦玻璃珠。中国

　　　11　乳纹二弦玻璃珠。中国

　　　12　玻璃角珠。出土地不明

　　　13　乳纹圈组合玻璃珠。中国

　　　14　重眼玻璃角珠。出土地不明

的作品，它是从新石器时代早已使用的纺轮的形式，也就是管状形变革后的核形。5（7）、5（8）也是核形玻璃珠，与上珠同类型，但为征集品，无确切年代，故附后，但可证明这种作品有一定产量。虢国核形珠，同时出土的，尚有很多管状玻璃珠，显示出古代多样物品有长时期并成状态。

5（2）是短管状珠，比管状玉勒略短，近圆形。这也是原始型，其质为陶胎类玻璃珠，照发展规律，应早于前者，但发掘物还未得到更早的作品，而产量，参看图版，为数极多。

5（4）为版状镶嵌物，5（5）、5（6）为较后代的版玻璃。这就是上节说的小变革。

5（3）、6（1）—6（4），皆为瓷胎——与白陶相同的高岭土胎类玻璃珠，是大小不一、非正圆的珠。（大小统一、全正圆，这是几世纪后的事。）

7的部分，则发展为圆形加乳纹的玻璃珠。

以上，完全可以看出形的演进，从非圆到圆珠，是通过相当长的时间过程的，而质的方面，是由陶胎、瓷胎，到纯玻璃。玻璃质的演进，是先由类玻璃——比釉较厚，而含有大量气泡、不透明的砂糖状玻璃质，演进到较纯净的玻璃（净透明玻璃，则要到相当后的时代）。

三

那么，是不是可以证明中国玻璃珠的类型，是循序发展，照客观历史规律演进呢？

在古代，地域大，南北气候，物产条件，各地的人们的生活，由于天然物质关系而习惯有所不同，形成多氏族／民族。其后由于交通与接触婚配关系，

某一比较特殊的氏族／民族文化逐渐消失，这是极自然的发展中的情况。

我在写这回忆录之前期，今天下笔之地，在上海，这个地区，称为吴越，历史时期称这个地区的人是"断发文身"。然而当记录这一地区的"断发文身"的时代，其断发文身的习惯，可能一小部分还仍然存在，而实际上已将消失了，因为记录这句话的人的时代，比如说，一个在浦阳江边洗衣的少女——西施，当时艳称为美人的，她是剃了头发，裸体的肥肉上，刺满了花的姑娘么？而当时的越王勾践、吴王夫差，与吴越文化接近的楚南后、婵娟、屈平，都是没有长发、满身刺花的真容么？绍兴人也好，上海人也好，听起来，当然要失笑，然而在很远很远的古人，可能是这样。这不是这个民族的人消失了，而是生活把他们的习尚改变了。

又比如湘江边上出土的楚人木雕像的衣服，像蛇一样包在身上，我试做一件，也用黑缎子镶了，可是穿起来，不顶好看，比旧戏中的古装差得多，而且不便不舒服。所以渐渐就消失了。屈原是爱自由的人，所以他第一个就穿宽袍大袖，戴取暖的大帽子，而当时人，是在发上插一根棒头，或钉一块屋檐板那样的冠。然而，一切不符合实际生活的事物，必然到一个时期要消失。彩陶也好，几何纹器也好，剪纸贴花的吉州窑也好，其变化都一样。这是发生、变革、转化、消失的规律。

因而，其间就有个原则问题。一切文化，承上，必有源（可能不鲜明），而启下，则是有渐失、变革或全部消失。在考古学，找不到源，或已消失，便定为外来文化，或看到这种文化消失，而认为这是异族文化，已被迁移而这一民族也消失了。这种硬性逻辑，这种文化传播论，是非常可怜的。断发文身没有了，而这地区的氏族，始终在发展着。

中国古代窑工们从窑汗、草木灰、瓷土而烧成玻璃。在一个公元前11世纪立国的周氏族所封的虢国的一个太子的墓中，发现了大量玻璃。我们虽然无法知道这个太子是虢国的第几代，但从他的服饰，以一个男子，耳上戴环，身上挂满了大小长短形式不一的无数串珠，研究过原始社会文化的人，看过文化发展缓慢民族物品的人，是不难想象他的时代的。纪元前，已经像陶瓷一样烧造大量的璧之类的殉葬用的假玻璃实物，则中国玻璃，已发展到怎样程度。我在第五章中，实际上已说得够明白了。然而，还有这么一个珠上纹饰的问题，这在我回忆起来，那是半个世纪以前有人提出的，哪知今天仍挂着。

似乎，大的问题解决了，这些芝麻无费神的必要。也似乎，我不便谈这个问题，因为我，以及我的朋俦，没有专门研究埃及学的人，而埃及学的某些论据，也不顶可靠，更无人熟悉可怜的古罗马帝国兴亡历程，以及法兰西、英吉利、土耳其斯坦，它们的古代文化发展的史迹与探源。那就等于要说明我本人就是动物园中的猴子的子孙，而不是那有人的特殊生理组织基本不同于猴子另一原始种属的子孙一样。

然而，作为祖国的子孙，我可以用无愧于祖国的子孙的足够的知识，来谈谈我的"如数家珍"的祖国文化悠远的历程。

四

下面，可先看看珠类演变示意图，及非中国的样品。

11	10	9	8	7	6
	世界各地发现之玻璃珠	非中国型玻璃珠	传统嵌绿松珠、变化乳纹珠	乳纹加弦玻璃珠	瓷胎类玻璃珠

5	4	3	2	1	
核形玻璃珠、类玻璃乳纹珠、瓷胎珠版乳纹饰	管状珠、核形珠	陶纺轮、古玉乳纹	同上	彩陶纹乳纹	
					（1）
					（2）
					（3）
					（4）
					（5）
					（6）
					（7）
					（8）

中国珠类文化演进及其乳纹等纹样演进变化示意图

中国珠类文化演进及其乳纹等纹样演进变化示意图说明

编号	名称	出处
1(1)	仰韶马厂期彩陶局部纹样	采自中国科学院编《彩陶》
1(2)	同上	同上
1(3)	同上	同上
1(4)	宁定王家沟出土彩陶	同上
1(5)	同上	同上
1(6)	甘肃出土彩陶纹，半山期	同上
1(7)	瓦罐嘴出土彩陶纹	同上
1(8)	华县柳子镇出土彩陶	采自《考古》1962年6期
2(1)	马家窑类型彩陶	采自Sommarström "The site of Ma-kia-yao"
2(2)	同上	—
2(3)	同上	—
2(4)	马厂彩陶纹	采自《中国古生物志》丁种3号 巴尔姆格伦《马厂陶器》(1934)
2(5)	永靖庙裂出土彩陶文	采自《考古》1965年7期
2(6)	江苏邳县出土彩陶文	采自《考古学报》1964年2期
2(7)	仰韶彩陶华县出土	采自《考古》1959年2期
2(8)	马厂沿出土彩陶文	采自中国科学院编《彩陶》
3(1)	陶纺轮 长沙湖桥西汉	采自《考古学报》1957年4期
	湖北易家山出土	采自《考古通讯》1956年3期
3(2)	中国古玉一般蒲纹上乳饰	采自陈大年集物
3(3)	中国古玉一般乳纹	采自张廷济集玉剑饰(138页)
3(4)	中国古玉一般的乳纹（谷纹）	采自陈大年集物
4(1)	玉管状珠	图1(33页)
4(2)	玉果核状珠（胡秃子形）	图1
4(3)	松子形珠（晶、琥珀、石）	图1
4(4)	骨珠（骨、陶、玉）	采自《考古》1961年2期，夏家店新石器时代后期 采自《考古》1966年1期，郑州上街商代遗址
4(5)	核形珠一	图1
4(6)	核形珠二	图1
4(7)	核形珠三	图1
4(8)	核形珠四	见图版，古代玛瑙及高山族土制手磨玛瑙
5(1)	玻璃核形珠	上村岭虢国墓出土，公元前10—前9世纪，与图85(276页)之5，洛阳出土者纺轮状珠同形
5(2)	陶胎类玻璃珠乳纹	图12(93页)之1、2，及其他图版
5(3)	瓷胎类玻璃珠乳纹	洛阳中州路周代墓出土，采自洛阳中州路

第六章 珠——珠的纹饰

5（4）	乳纹玻璃板（棺内镶嵌）	辉县固围村一号墓出土，约公元前6世纪
5（5）	乳纹玻璃板（铜器镶嵌）	河北满城西汉墓
5（6）	同上	同上
5（7）	核形玻璃珠	采自陈大年集物
5（8）	同上	同上
6（1）	瓷胎类玻璃珠乳纹	图16（99页）之9
6（2）	同上	图18（102页）之4
6（3）	同上	图17（100页）之7
6（4）	同上	图18之11
7（1）	多色乳纹凸起玻璃珠	图17之11，集自武汉
7（2）	多色乳纹加弦纹玻璃珠	图25（118页）之12，陈大年集自长沙
7（3）	多色乳纹玻璃珠	图25之3，固围村一号墓出土另一粒
7（4）	多色分格乳纹加弦纹玻璃珠	图27（122页）之2，采自长沙发掘报告
7（5）	多色玻璃成组乳纹玻璃珠局部	图28（124页），与长沙烈士公园三号墓楚器同式
8（1）	柱形，外如类玻璃，绿色，方小孔，或嵌其他物	采自《考古学报》1957年3期，战国半山坡出土
8（2）	分格加乳纹，较少见	图版中颇多
8（3）	短柱形，此为放大，红乳纹绿花地，未入过土，非镶嵌，玻璃上扭成	一
9（1）	黑绿色，白色曲线，中夹圆圈	采自《塔里木盆地考古记》（1958）；又图25之8，陈大年集物
10（1）	玻璃珠，出土地不明	采自C. G. 一文插图
10（2）	同上	同上
10（3）	同上	弗洛伦斯
10（4）	同上	君士坦丁堡
10（5）	同上	婆罗洲萨利瓦，与图85之10爪哇出土者同型
10（6）	同上	埃及
10（7）	同上	爪哇
10（8）	同上	土耳其斯坦
11（1）	同上	不类中国
11（2）	陶土	迈恩莱茵兰
11（3）	玻璃珠	希腊罗德岛发现
11（4）	同上	疑非中国
11（5）	同上	疑非中国

如看了上举珠的演变示意图，其所依据的资料与这一逻辑无大出入，则我所要说明的乳纹演变，基本上就是同样的分析方法来加以说明而已。因为C.G.氏所根据的，仅是法兰西、埃及发现了与中国出土的玻璃珠上有近似的乳纹饰，便认为中国珠导源于西方，而忽略了中国、埃及、法国，这些国家的古代民族文化，为什么会产生这种纹饰的原始的来源？那我将道出我们古代导致这些纹样，有些什么足以穷源竟委的地方。

比如说，我国也有一些"古代史"之类的资料，可是把殷代社会史，这六百余年，概括为中国古代史，这可能会使人误解近乎缩写。因为我在殷代就要谈到瓷釉，殷后，接上去就要谈到玻璃，会使人有飞跃之感。实际上，像殷代的文字，一千四五百斤的铜器，恐怕其演进的时间，比殷代卜文到我们用钢笔书写的一段时间，还要长一些。这样会使我们理解中国有史时期的文化，由来已久，孕育之长。

这种圆圈纹，国外学者称"眼"，中国也有称乳纹或谷纹。周代有个故事，楚人有个鬭谷於菟，父鬭伯比，生而弃诸野，虎乳之，复收养。楚人谓乳曰谷，虎曰於菟，故名曰鬭谷於菟。这是中原人对楚语的音译，如意译，则为饮虎乳长大的人。后人称谷纹是照中原音，本意是乳纹。同时，也遗留了原始传说，对"乳"是有原始的，包含繁盛、繁殖的信仰。因为虎把人养大，是不可能的，而"乳"则是人类得以延续的具体的物质，每个原始人都会体会到的。

摩尔根[1]也指出，美洲北部及中部的印第安人诸部族中，图腾制分布至广。[2]这里并不想谈图腾制、

① 应是路易斯·亨利·摩尔根（Lewis Henry Morgan，1818—1881），美国著名的民族学家、人类学家，深入研究原始社会社会制度、姻亲制度、氏族制度。他最重要的学术著作《古代社会》于1877年出版。（编者注）

② 摩尔根《古代社会》。

图腾艺术之在中国古代。而只是觉得，一个地域广大的中国，从分布至广的意义上来说，某一个民族，对于某些事物，其信仰、习惯性崇拜上，含有图腾意义的史例存在，是有其可能性的。

中国文字创始，基本上由象形发展，在卜文中，其象形已不是埃及古字的真像绘画，而是已起过变革，成为装饰/图案组成的，如祖字为🔲。郭沫若曰，祖妣者牡牝之初字，随类赋形而不尽。而意义上，当然有包含尊崇在其中。

🔲，此母字，郭沫若曰，母字即生殖崇拜之象征。母中二点，《仓颉篇》云：象人乳形。许书[1]亦云象乳子也。崇拜象征，若已具有图腾的精神，它必将以艺术造形/图案组成来完成它用于其他记号上，以示尊崇与纪念。中国古玉上的圆粒是乳纹，铜器上，特别是祭祀仪礼用的乐器、钟、彝器的凸起圆圈，也是有崇拜象征性的乳纹。后从乳纹孳演为甘字，作🔲形，甘再孳演为开始的旦字为🔲（赵曹鼎）形。

摩尔根认为，获得食物以维持生命，这是在一切种族生存上之一大问题[2]，海尔博恩[3]著《妇女自然史和文化史的研究》（1932）中谓：食物经济占的地位极重要之社会，"据说，澳洲土人之哺乳期至六年，印第安人（在北美洲，坎拿大）至十二年"。那么摩尔根的所谓"女性本位家系"，一般称原始社会中的所谓母系氏族社会，其来由，当然是在于它的生理上，成为人繁殖的本能所形成。这里是我所需要弄清楚中国乳纹在古代何以如此普遍的根源，使我们在古器物上，普遍情况中所得到的印象，不是不可知的东西。

中国乳纹，在象形文字上，铜器及玉器上，

---

[1] 即《说文》。

[2] 摩尔根《古代社会》。

[3] 应是德国生物学家阿道夫·海尔博恩（Adolf Heilborn）。（编者注）

这是较后起的一点遗迹而已。进一步再看一看更古代的彩陶文化，在乳纹纹样演进变化示意图中，新石器时代的彩陶上纹样，我仅取16点（265页，1〔1〕—1〔8〕、2〔1〕—2〔8〕）为代表。这种乳纹纹样，是中国古代社会表达纪念性而演化出来的，如果与玻璃珠上的乳纹加以细致的对照，则可说，完全是一模一样的，不问是单一的，或装饰更繁复的。玻璃珠乳纹，在中国的来源，是母系社会崇拜纹绘在彩陶上遗留下来的范本中孳生的产品。看来决不是偶合吧？

而到了有史期的玉器上，作为祭祖、祀天的仪式的法器，"璧"——或其意为"引导到天阙"的璧（参看前文，璧的葬式，及马王堆帛画），全用这种乳纹为饰（示意图2至4）。以后，其他玉上，也或多或少，全取乳纹为饰。古代文化，任何一普遍信仰的纹绘，莫不包含它。那种几千年遗留的痕迹，不可能是无意识的，特别是祭祖祀神（天）的仪法器。

当然，在物质、工具等起了变化时，图腾遗迹纹样，也要发生变革。如玉的施工，变为车工，及蒲纹的产生，美观要求，特别是玉这一物质资料的变化下，乳纹也起了变化。而有时，则更为特出的还原，如玉璧乳纹凸起，竟如圆珠凸起半厘米高的半圆形（据上文陈大年记录）。

所以，我认为，古代纹饰是有根源可求的。

五

玻璃珠上纹饰，具有多种形式，可参看图版，而属于乳纹者，约有13种，但或有称"迭嵌眼圈式"，日本称"蜻蜓玉"，C. G.氏称"重眼""复眼"，在本书中，则称为乳纹。因其内容较多，附纹饰名称表于后：

表5 玻璃珠乳纹纹饰名称表

乳纹	乳纹一弦	乳纹二弦	乳纹三弦	七乳单圈组合	七乳圈组合	乳纹条分格组合

三乳斜方格组合	三乳方格组合	乳纹带状组合	乳纹佩饰组合	乳纹二弦凸起	乳纹凸起

看了此种纹式单元，以与彩陶玉璧纹对照，只求其探源，非指为复制，以时间上实相去千百年。如对彩陶文化欲了解其原委，则须参阅每个单独的发掘报告，如嫌其未备，则可读 *China Reconstructs*[①]（1963）概括综合介绍之纹式单元示意图。因其中包括了新出土的彩陶纹样。

中国在殷代之玉铜组成镶嵌器，如玉戈等，其铜柄上之绿松石镶嵌技术，如《安阳遗宝》所印，其精致处，我与埃及、巴比伦古器比较，似高于此等民族。至晚周西汉，则盛行金银错间用镶嵌。如图版中之带钩、壶之属。则错之技法，更为精密。如对殷周镶嵌金银错有所了解，则对玻璃珠之乳纹制作，可能在认识上，会更落实。如纹样示意图8（1）之玻璃珠之嵌孔，虽为公元前4世纪左右作品，其长方孔，实为殷嵌绿松石遗留的形式。

纹式名称表中的"乳纹佩饰组合"图版中，此种为数颇多。这种中国古代佩饰之穿配方法，其局部，为左右二珠串，中央一小璧，从小璧上，十字形（×）组成，上下系以璜等玉件，这是古代祭祀

① *China Reconstructs*，即早年中国对外发行的英文版杂志《中国建设》。

中的仪式装饰。与其他民族，很少有共同处。其他国家出土过乳纹珠，却从未发现"乳纹佩饰组合"图案的玻璃珠。所以这种图案的珠，参看图版，中国出土特别多，这是什么原因，就值得研究了。

这一类珠，有红陶胎，外部为有气泡的玻璃质，极厚，先印大小不同的凹圆点，又在凹点上加白色玻璃（不透明）而成乳纹。陶胎上，卷一层玻璃质，故形近管状带圆，制作方法最为原始，参看图12（93页）之1的剖面，就可完全明了它的制法。而且这外层玻璃质，如红砂糖状，粗而多气孔，也是最原始的玻璃。这就可以定为中国最早的玻璃。（其后较精致的玻璃，也有这种图案。）它的乳纹，是不加弦纹的（国外称重眼），仅是白色的一点。

根据出土的玻璃珠，按其年代排比，最早是乳纹，然后发展为乳纹一弦，如洛阳中州路发现之玻璃珠，只一弦，时代为公元前7世纪。辉县固围村一号墓棺中镶的乳纹玻璃片，弦纹就多了。河南信阳楚墓乳纹珠，则为七乳圈组成。战国后出土，弦纹更多。

陶胎玻璃乳纹佩饰，图13、图14（94页），约计17粒。上面的白点乳纹，实际有一些是绿色，而由于土蚀作用，变为白粉。这也足以说明其入土的年代时间。以前曾发现一片玻璃璧，原厚约0.8厘米，经土蚀作用，仅内部0.3厘米，尚存玻璃状，外面0.5厘米的两面，全成为近白石灰状的粉末。发掘中，发现玻璃变为白粉末，这是常有的。

弦纹的层数较多，七或五粒的组成，都是跟时代演进的。

其他国家发现的玻璃珠，是否也是由陶胎卷一层玻璃这种方法制成的遗物，有所发现？从砂糖状的玻璃质发展过来？有否佩饰组成的形式？这一些，如对文化传播进行研究，都是必须的研究课题。而虢太子墓、中州路，从公元前10—前7世纪的实物发现记录，当然亦是很具体的史例。

六

而中国在殷代，发现釉瓷，是中国发展玻璃的源泉，它与玻璃关系复杂，更值得考虑了——即世界各民族，瓷土、釉发明史的重要性。

中国发现的无数乳纹玻璃珠，其中除了上面谈到剖开了一粒是红陶胎以外，还有无数是白瓷胎的，图版中，共收了35粒。内部为灰白色瓷胎，敷玻璃质色彩较陶胎薄，乳上的弦加到三层，乳上最中的一点，有为蓝色、白色，堆得非常凸起。这种高岭土瓷，正是中国白陶，殷代及西周原始瓷的质地。

中国有半透明的玻璃珠，又有瓷胎乳纹珠，这是非常特殊的现象。而且，根据出土物观察，玻璃在地下，被土蚀变质，成为石灰粉末状。其中色彩变质脆化脱落，而有一些弦纹，带紫色的，则仍然硬如紫砂，不透明，非玻璃质。在图版上，可以看到有些珠，弦纹明显，玻璃部分已全部松落，这无疑乳纹加弦纹，是两种物质，卷起来，切片加上去的，中间一点凸起的蓝色，则是后加。中国瓷珠加玻璃釉、玻璃乳纹，用什么理由来解释？我想只有一点。

中国有大量的造瓷工场，制成了瓷珠，敷上薄玻璃釉，又点上玻璃乳。在后代，有闻名的"珐琅彩"，其后竟特出这种作品，写上名称曰"古月轩"。这种利用玻璃为彩色纹样，不始于"珐琅彩""古月轩"，窑厂早有制作。古瓷中无康熙古月轩款，摸上去有凸起感，闪光很强，这是窑工早有的试作即可证明之。古代瓷胎玻璃珠，那必然是瓷工场发达，才能演化这种产品。当我手摸着凸起很高的蓝色玻璃书写清代帝皇名号款时，我很惊奇他用什么工具，把玻璃堆到如此高凸的仿宋字，这不能不使我惊佩窑工的技法。古代乳纹在瓷胎上加工，我是颇有所悟的。

这种乳纹，有称迭镶嵌，国外学者称重眼、复眼，而明代的记录，则称"错采"。粗看上去，颇为突然，原来这是中国传统金银错的"错"，用到其他物质，亦称"错"。明人记录者为孙廷铨，他记了二条："错采雕龙，口则无功""簪珥惟错"。口则无功，是说本来为玻璃的主要技法是吹玻璃。簪、珥等首要加镶嵌工，故称错采。他是一个进士出身的官僚，古代读书人，不可能懂得工艺专名，所以这"错采"二字技术口语，是玻璃工的传统术语。这又说明了这种乳纹加弦，是相传很古的窑工场口传下来的。

《字林报》（1903）记博山县人群暴动："博山县之男女幼孩，分工共事，业此者几居十分之七。城外窑厂工场密布，各因其资本之多寡，为营业之大小……"[①] 如不读这些杂件，我们并不明白中国之玻璃工场，如此繁荣，其技艺之传授，乃是当然的事。

七

图 16（99 页）之 6，有绿色管状小珠十粒。又图 16 之 5、7 较大之珠六粒，为绿色云纹，上有红色乳纹（示意图 8〔3〕）。又图 16 之 10，为瓜形珠，黑色，又加红绿纹。此三批玻璃珠，为近代制

---

① 转引自《中国美术》。

作，我在农村征集到的，可知已过了二千七百余年的乳纹技法、乳纹传统，近代仍然保留着，这说明传统技法的存在，是由于根底之深、原源之长，所由形成，不凭依其他力量使然。即中国自制乳纹珠，有二三千年历史传统，并非外来输入。

中国古代玻璃，科学发掘物发现虢国玻璃实物，最早为公元前 10 世纪，乳纹珠最早为公元前 7 世纪，照征集物的实物的土蚀及原始型等现象观察，则要更早一些。因而不是来源问题，首先是中国民族传统，有多少承上启下的关系，生产上逐步演进的史迹，以及由于其他生产发展而转化，自有其原源与痕迹，当是主要关键。

乳纹珠，发现于公元前 7 世纪，盛于公元前 4—前 1 世纪。其后即极少发现。何以汉武帝后，海运开始发展，而乳纹珠反而消失？则导源于什么西方的论点，反而增加了疑窦。

中国发现之玻璃珠，有非中国型者，如示意图 9（1），共发现过二次，一望而知非中国型。这是因为没有一点承上启下的启发的因素。如示意图 10（1）—10（8）、11（1）—11（5），正如原文注明各国的发现地，虽其中也杂有乳纹（即原文之眼）。然而，在橄榄核截断面的眼组成，枫树果实整个球体上满是眼孔，化石中的眼状（如端砚的化石眼），以及一切动的双目，无不是眼或有弦眼。这一切，具有民俗学考察、图腾探源的治学修养的人，谁都会得到联想，启发此种图案之设计。

我认为任何事物，都不可能平白产生，这就是我的所认为源的由来。我所体会到中国玻璃珠上乳纹的体系，及其有关的知识，分析的方法，就只有这么一点。

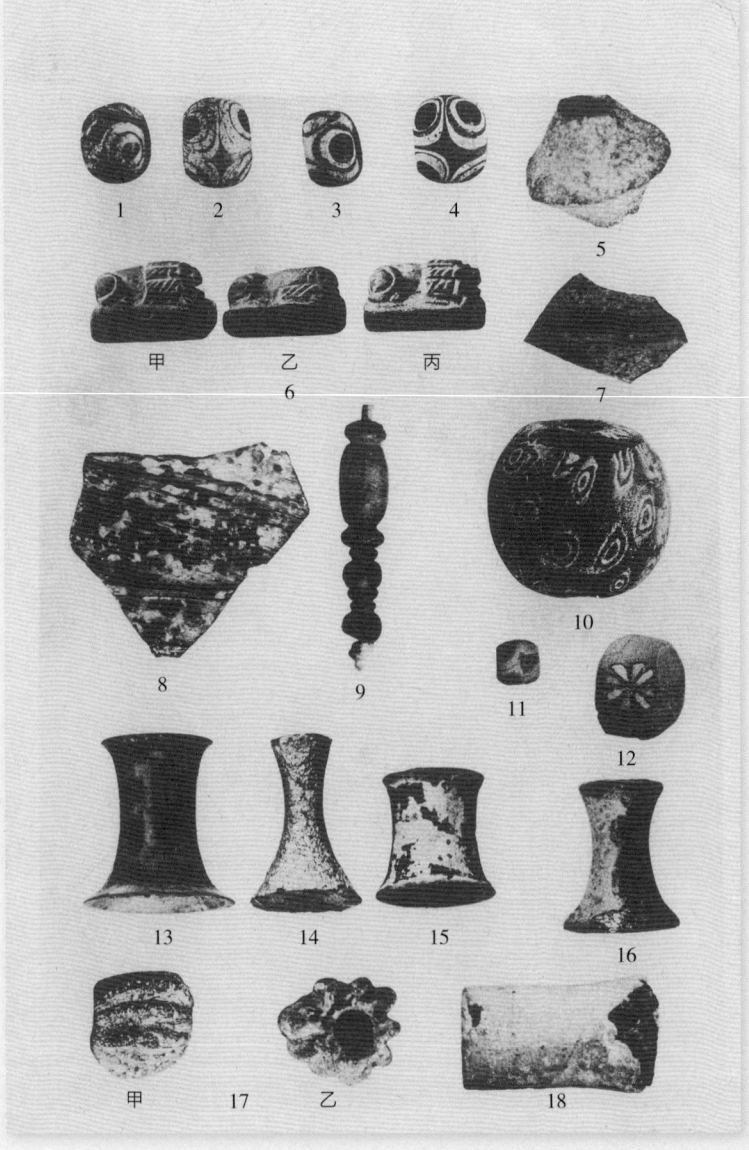

图 85

1 乳纹一弦玻璃珠。埃及
2 乳纹一弦玻璃珠。埃及
3 乳纹一弦玻璃珠。洛阳出土
4 乳纹一弦玻璃珠。洛阳出土
5 玻璃珠。洛阳出土。蓝色,中大,两头小,是枣核形,中国特有形式的转化作品
6 狮形玻璃饰物。甲,中国出土。乙,波斯。丙,埃及。可与图 62（195 页）琥珀狮比较研究
7 玻璃碎片。蓝色。土耳其斯坦
8 玻璃碎片。白色。土耳其斯坦
9 玻璃珠串。涂金色,时代不顶早,与中国珠类型不同
10 乳纹玻璃珠。注意,眼不规则。爪哇
11 玻璃眼珠。土耳其斯坦。英博物馆藏
12 菊瓣玻璃眼珠。土耳其斯坦
13—16 凉帽珠两端玻璃饰物。中国特点
17 瓜状玻璃珠。甲侧面,乙孔部。中国
18 玻璃管状佩件。即中国古玉勒子类。河南新郑

附记

一

乳纹珠出土，一般是一粒二粒，无成串出土，用途还无明确实据。刘昭注《后汉书》引《汉旧仪》曰："帝崩，含以珠。缠以缇缯十二重。以玉为襦……"葬，不一定用九窍玉，这是很明白了。我亲眼见过许多殓尸，口内含银、金皆有，目必含。含以珠，是什么珠，尸已腐化，无人发现过。珠，以及含，都有巫术象征作用。但是什么物质，即成为问题。

C. G. 认为近东玻璃一部分导源于西方，其根据是珠上的乳纹（眼）与中国出土的乳纹同一体系，他举的西方的乳纹珠，计波斯一粒、埃及三粒、意大利一粒、婆罗洲[1]一粒（近似）、君士坦丁堡一粒、弗洛伦斯[2]一粒、近东一粒、英国一粒、法北部等14粒，合计24粒。

中国出土的乳纹珠，我个人征集者计89粒，壶上乳纹镶嵌72块。C. G. 征集者55粒，壶镶嵌104块。爱摩福普鲁斯收集约十粒。日本出土或征集约13粒，中国壶镶嵌100块。朝鲜五粒。旧金陵大学集得四粒。科学发掘出土113粒，壶镶嵌100块（其中埋玉坑58粒，是否乳纹未注明；辽阳报告，云成串，无法统计）。

以上所见及征集中国出土乳纹珠共计为289粒，镶嵌乳纹块376方。中国各省地方博物馆收集者，尚未统计在内。

捷克《古代艺术》一书中，二十多粒饰有乳纹。玻璃珠而同样是圆圈的纹粒，却异于中国的乳纹，也与中国乳纹组合方式大异。而最后一页的一件理发的"篦箕"，则与中

---

[1] 婆罗洲，今称加里曼丹岛（Kalimantan Island），是世界第三大岛。（编者注）
[2] 弗洛伦斯，应指意大利城市佛罗伦萨。（编者注）

图 86

1 乳纹三弦玻璃珠。纹形不圆整
2 乳纹二弦玻璃珠
3 乳纹玻璃珠。带黄色龟裂纹间隔
4 玻璃珠。在带状装饰上缀乳状纹
5 乳纹玻璃珠
6 乳纹玻璃珠。珠心凸出,近角珠
7 乳纹玻璃珠。注意,珠形不圆整,成五角
8 乳纹二弦玻璃珠
9、12 乳纹玻璃珠。顶较方,为同一类型
10 复眼玻璃珠。出意大利
11 复眼玻璃珠。剖面,及孔构造
13 复眼玻璃珠。珠眼不圆整。特点很大。出萨剌瓦(婆罗洲)

以上全部摹绘而成

附 记

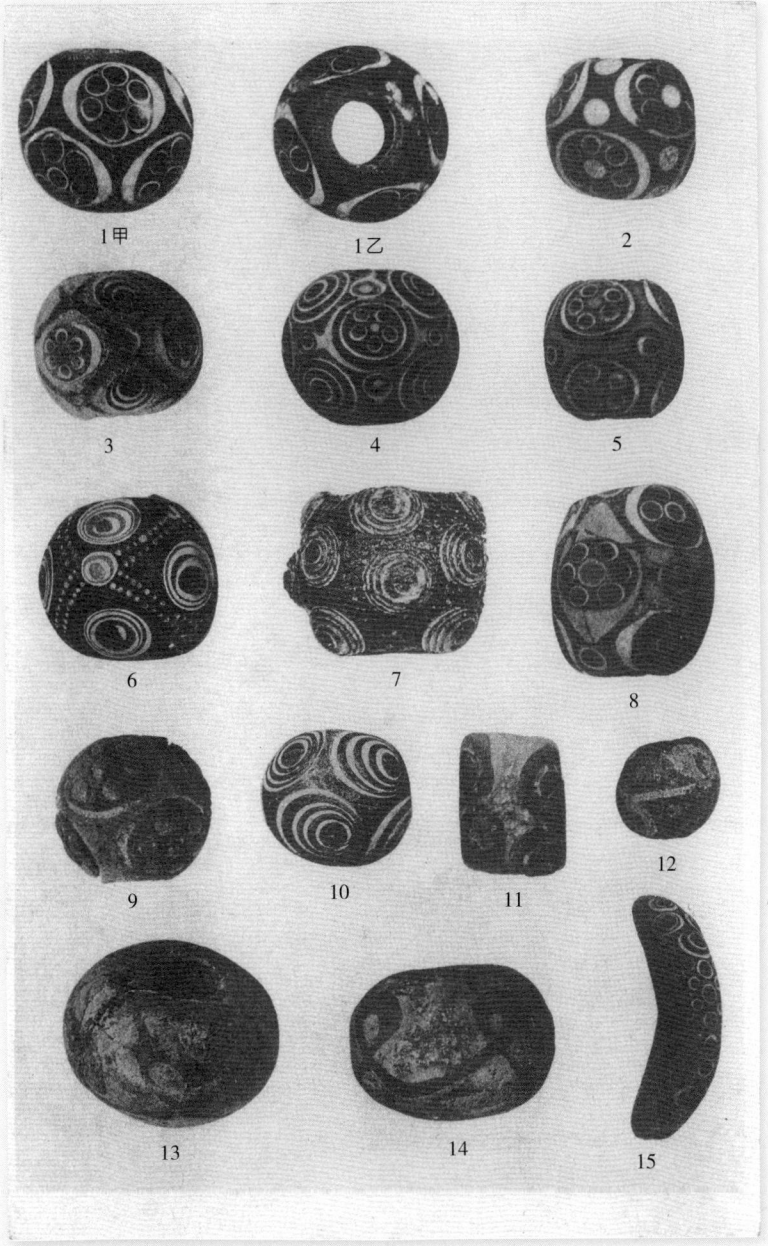

图 87

1　乳纹圈组合玻璃珠。甲侧向，乙顶部。此珠孔特大
2　乳纹圈组合玻璃珠。加单点装饰
3、4、5　乳纹圈组合玻璃珠。不同附饰
6　乳纹二弦玻璃珠。细点璎珞风装饰
7　乳纹二弦玻璃珠。近凸出的角珠风
8　斜块状面上加乳饰
9　乳纹圈组合玻璃珠。土蚀较深
10　乳纹三弦玻璃珠。弦纹最显
11　饰乳纹玻璃珠。管状切断型
12　彩陶样纹玻璃珠。此种粗线彩陶样卷云纹，发现不多。希腊罗德岛发现
13、14　彩陶样纹玻璃珠。纹饰与12近似
15　乳纹组合玻璃珠。此种勾玉状者，发现极少

国完全一样，而且是具体而微的一模一样。

我总认为"来源"也好，"导源"也好，首先是要研究分析这一地域的民族、物质材料（国家不能成单元，如罗马帝国等）。生产这一物质文化，要有它原始的、过渡的、完成的，一系列历史发展的具体史料，以及其一定的发展规律。不问其过渡期，有过什么插曲或其他影响，那不是主流，不会左右它向前发展的必然后果。虽然有促成其变革或阻滞其前进或发生过弯路，那只能是地球运转中风雨晦明的关系，有失也有得。

我觉得这是一个"原"的理论体系问题，而不是生硬地去找"源"的问题。

所谓远东玻璃导源于西方，远东是指土耳其以东的中国、日本、朝鲜、印度、伊朗等，但巴比伦也在远东的边缘。我未研究过西方，法、英、意大利的玻璃，在它们自己的历史过程中，发生的源的因素。但作为研究，西方的源，是在什么地域，这是一个首要的问题。然而巴比伦、希腊、罗马、埃及，则非研究不可，如认为源在西方的话。

下面我想记录一下埃及情况，为此问题做一参考。

二

古埃及，这是个谜一般的时代。在它自己的文化圈内，显然像太阳在它的纬度上，在很长时间内，仍然照在它自己的土地上。

赫罗兹尼[①]著《西亚细亚、印度和克里特上古史》（1958）云："上古近东历史的年代学是一个很复杂而困难的问题。"我所说的古埃及之谜，就在它的年代学。埃及的陶釉玻璃，一般记录，可举一些做点参考。

赫著云："巴比伦尼亚成为古代东方各国制陶术的教师。"陶轮传至埃及，始于第一王朝时代（前3000）。其普遍使用在四、五王朝时代（传入印度为前23世纪）。

---

① 赫罗兹尼，应是捷克斯洛伐克考古学家赫罗兹尼（1879—1952），捷克斯洛伐克考古学家。（编者注）

柴尔德①著《远古文化史》(1954):"埃及的新石器时代……坟墓里面的东西……有了琉璃和黑曜石……琉璃则或者是从伊朗高原运来。""于是,'新石器时代',可以泛指公元前6000年到公元后1800年之间的一切东西了。"(注意,这里说的琉璃,不是玻璃,是宝石。又可注意,各学者定埃及玻璃,其年代各不相同,说明臆测多于科学论证,甚至最后将其推翻。)"……蓝宝石和琉璃之类的罕见石子……得被珍视。"玻璃"史前的埃及人早已知道了;其制造技术,在公元前3000年以前,即已传入美索不达米亚"。

埃米尔②《埃及考古学》(1959):中王国时代(前2100—前1700),国王桌卜放着水晶杯、玻璃器皿。"墙上也用精致的蓝釉瓦作装饰。"图版四十四第18王朝器物"阿玛那发现的鱼形多色玻璃器"(17—24为新王国时代,前1580—前715)。

赫著:"巴比伦尼亚北部……其陶器是用陶轮作成,再加上发光的釉。"

斯维士尼柯夫③《玻璃的故事》(1954):在埃及菲弗的墓内,发现了5500年前的一粒绿色项珠。哈舍苏的墓中,发现一串黑绿色玻璃项珠,上面刻有字迹,为3400年前物。他们根本未做成透明的玻璃,"他们当时所得到的玻璃,单从颜色上讲,极像烧焦了的砂糖一样"。

关于埃及玻璃系统的叙述:

玻璃起源,传说甚多。出现玻璃最早之地,一般认为埃及。而依据若干考古学者研究,考证出现玻璃之地,尚有他处,古代埃及人,仅从更早制作玻璃的民族中,学会了制作玻璃的技术而已。

依据这位考古学者的发表,他发现这种最古的釉药,在埃及约公元前12000年前,涂于石制珠上,其色为绿。又在约公元前9000年时,埃及制作以石英粉为基础体、再涂绿色釉药,发现物中,有这类小型的东西。(按单独石英,不能烧成陶瓷胎。但原始玻璃有胎,与中国同。)

---

① 柴尔德,英籍考古学家,以欧洲和近东史前考古学的综合研究而著称。(编者注)
② 埃米尔,埃及考古学家,亚历山大大学教授。(编者注)
③ 斯维士尼柯夫,苏联学者。

这类釉药发展的结果，终于，所谓玻璃形体这样东西，出现于世。为人所周知的世界最古的玻璃，是用模子制作出来的玻璃色的护身符（御守）（护卫）。推定其年代约为公元前7000年。（此句可疑其出处）。

埃及古玻璃，发现有埃及第一王朝之绿色不透明"有眼细工艺品"。又有第九王朝时代之穿系（缟目）的黑色白色的护身符像（护卫）。

又有公元前1570年前的半透明青色片，然而，这些玻璃经考证，均非出诸埃及人之手，系来自古代叙利亚地域。

可认为是真正的埃及玻璃，不过一些"有眼细工艺"残片而已。除考证其最初年代外，资料甚少。被认为属于第一王朝时代的数片玻璃，是公元前3500年以前的物品，除了残片与残片间，可考证约有2000年的上下外，其他一无所知。

三

依据前记考古学者的见解，这些埃及的最初的玻璃，多半是从美索不达米亚的北部地方，或极北的高加索的什么地方做的。因为那些地方，当埃及做玻璃以前，早为玻璃制作的中心地了。（原著者未注明出处，此二节基本上推翻埃及制造玻璃。）

现代对玻璃的概念，古埃及人全然不知，故不能在考察古埃及玻璃时，以现在对玻璃的概念来设想。古代埃及人制造玻璃的目的，是仿造出廉价的宝石之类，因此，在埃及发现之古玻璃，均为有色、不透明。制作用的材料，重在关心如何求得有色玻璃。

古埃及模造假宝石，故不必定需液状，只需似尼龙物，纳入模子而成形，故皆有色不透明，非吹玻璃。制品，悉为小型宝石，小片，及小的有眼细工。

这些古代埃及玻璃中，可探知其如何发色，其发色剂主要原料为铜。古玻璃色中，有青、绿、红等色，一般玻璃制造术，原由铜冶金学中分出，故玻璃发明，与铜器时代有关，乃极为重要。玻璃方面与铜的关系，存在着重要意义。

埃及玻璃用铜为青色，从瑠璃的浓艳中，制出近土耳其玉及绿柱石样的淡色的青色。埃及人曾有致力于用赤铜于玻璃，冀得不透明的碧玉色的形迹，于埃及遗物铜的含有量达15%—20%之多量上观察，可以证明。又于古代埃及的含赤铜玻璃中，亦常发现有若干锡，实系作为发色剂之用。因为用铜锡合金的青铜，自然会含有锡，所以，可以想象到决不是偶然才加的。赤铜玻璃之使用，仅限于"有（象）眼细工"，因此种玻璃，做成器物，在成形再热时，利用酸化作用易使其变色，亦不难得到美的赤色。

紫青色玻璃，或系公元前1500年以后的东西，现仅发现一二件而已，为数甚少。用锰做紫色，这是远古时代已知道的，亦为第一王朝时代之釉药中业已发现。

淡黄色、芥样黄色在埃及为常用之色，这种发色剂与黏土及含有酸化铁的天然黄土，可成为酸化混合物，埃及妇人由太古时即用锑涂黑眼缘。故埃及人对锑有相当知识。

四

埃及人制pieces与象眼细工的技法。用玻璃棒制象眼细工，恐为制玻璃片的古法。先将玻璃卷于棒上，用铜丝使之作螺旋形，再加热使之稍溶，以制成片，玻璃棒的制法，谅系由此而成。埃及人有了制细玻璃棒的精巧技法，以后由玻璃棒以应用于象眼细工及马赛克方面的工艺。当时细工艺，是先制成玻璃小棒，加热使略溶或软，再合起来成为一件精制品。在当时是十分优秀的方法了。制大型的象眼玻璃板时，使有色玻璃软化，再压入象眼穴中，然后使有眼之全体物再加热而使其表面均匀。

关于玻璃砝码。古埃及对玻璃的应用甚广，以之作为金银货币重量准则的玻璃砝码，即其中之一。这大约发现于公元前3500年以前，其制法为用模子压成。经过如此长久年代，其重量之差，仅1克的二百分之一以内，其制成之正确可知。这类权器，从极小的到二磅的重量，均为白色，仅部分有色，每个砝码，大都有打出的刻印。谅为执政或作者标记。普通大型砝码，延续至9世纪后废除。

玻璃瓶的制作。古代埃及玻璃小瓶，被

视为珍贵的艺术品。有的已确知为公元前16、15世纪的作品。当时,并无溶玻璃吹瓶的方法,至其如何制成,前记之考古学者,于1894年在Tele-ela-amama发掘报告中,将制作方法,进行了研究。其制法,先以布包沙,成丸形,一端缚于金属棒上,把丝状的玻璃绕满沙丸,执住棒柄,将沙丸放入窑内,使玻璃丝互相胶溶着,照沙球形状,而成一玻璃容器。然后再把有色玻璃丝缠上,成圆底或将底加工,修整边缘,添贴把手等附件。加工完毕,玻璃冷却,则金属棒收缩,可从瓶口中拔出,并从瓶口倾出细沙,即成一有装饰的玻璃瓶,这种瓶以波状纹样为主。

有一个属初期的玻璃瓶,由三个日月形的曲线构成,有两个由类似叶状曲线构成,这类小瓶作品,一般认为具有艺术价值。此外还有一种以甲虫装饰的化妆品的瓶,这种甲虫为当时埃及人所尊敬,所以死后,涂以香油。这种虫有着神秘的传说,研究了埃及纪念物上的雕刻,这种虫,似有四种。埃及人以此神圣的甲虫制成玻璃品的宝石状,佩在身上,以为护身符。

以上采自杉江重诚著《玻璃》,中濑古六郎著《世界化学史》,西村真次著《世界古代文化》,有古埃及玻璃附图,可为参考。《世界美术全集》第二卷114图有四玻璃瓶,下面右为古叙利亚系的玻璃材料制成。其他三瓶,则为罗马时代的玻璃型,埃及小亚细亚方面的工艺品,且出土不少。此四种瓶,与本书图63、图64(202页)等瓶同型。中国出土,余在中国境内征集,约六个之多。特别是圆底、卷口形式,是研究古玻璃的极重要特征。115图下中一壶为埃及十九王朝时代之物,其他罗马三只壶,实与埃及纹样全同。

我把关于埃及的玻璃常识,列出如上。

五

但埃及有史叙述,为希腊人在公元前5世纪为最早。埃及为多利买(今译托勒密)国与凯撒征服,象形字早已废弃,今之言埃及者,则由18世纪商博良,始研究出石刻上的记号。且古埃及纪年均为第一年某季某事，以法老统治之年代计算。A·摩赖著《尼罗河与埃及之文明》，其参考之书——包括考古学，何止几千种，实际，大多为旧式考古学的整理材料，科学的不是顶多。

就这些文献来作为依据，其问题可提出的，试举数例，作为进一步分析世界古文化之参考。

古巴比伦还没有发现旧石器时代的文化。然而据考古学者论述，埃及在第一王朝时代（前3000），轮制陶术，由巴比伦传去，然埃及古釉药，在公元前12000年已使用，其矛盾自不待言。

玻璃非始于埃及，许多考古学者均论及，有认为在古叙利亚地域，有认为在美索不达米亚的北部。这当时是指亚述巴比伦地域了。如此说，则中国《穆天子传》的迁徙原始流浪者的传说，指的是西方，则其传说之古旧，便是传说时代史料的存在性，是古代西域周民族的某一酋长时代所知道的传说片段的延续（当然不是周穆王）。

这已不是古代交通史，而是远古时代地理变迁、人类迁徙、大变迁的遗史了。中国殷代以前文化史，有着极长的时代，实无可疑。以璧流离这样一个辞，找出外来语移译根源来论证文化关系，这样一个后汉的记录，实与古文化距离极远。那只能说是属老汉学体系的论证方法的传统。

从埃及考古学或其他考古学中，可以发现无数臆揣的论断，即古埃及人无法设想的现代情况，而今日考古学者，却可将现代事物去设想古代事物。古埃及不会先知道铜可以为玻璃发色剂，而是在其他（如土类）物质含有铜（或其他金属）的成分，烧成后，发现了各种色素。本篇研究的方法，以近半个世纪中，而民间尚保留着的民俗学知识，借助为分析古代文化起源，在方法上，与臆揣是完全两条路子。如中国釉用灰，灰中含有若干物质，今古人利用自然物质，其第一阶段，应是一致的。并不是先有科学知识，知道铜铁等物质。

考古学是若干科学知识边缘的综合研究作业。但方法不同，论证结果，必然有异。

埃及玻璃是仿宝石，中国是仿玉为主。原始概念同，结果则不相类。这些是问题中心。而某一个纹样的异同，则很难指出它的发源于某一地域，传布各民族。

下面是埃及、罗马的最基本的玻璃纹样，看一看，中国出土物中有一点一滴的雷同物么？而这一个民族，于什么时代确已自己制造了釉——玻璃，则肯定，那是这一民族的古代文化了。如连釉尚未发现利用，而说已发明玻璃，则实难使人信服——如欧洲某些民族。

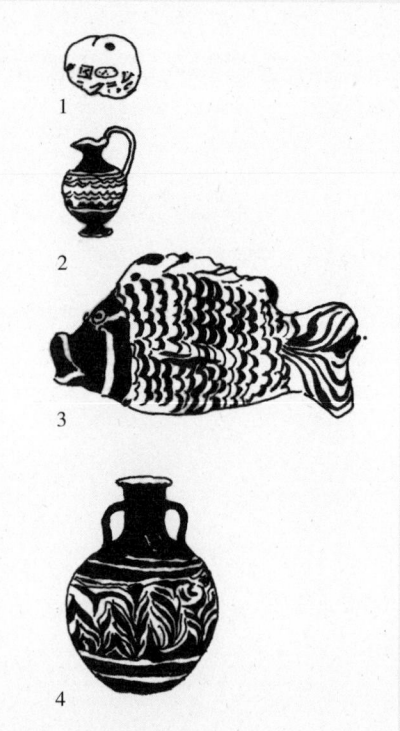

1 哈舍苏墓出土，采自苏联斯维什尼柯夫《玻璃的故事》
2 埃及瓶，采自苏联斯维什尼柯夫《玻璃的故事》
3 十八王朝玻璃鱼，采自埃米尔《埃及考古学》
4 埃及十九王朝与希腊领时代玻璃瓶，采自日《世界美术全集》卷二

六

不否定地理有过大变迁，民族有大迁徙。而物质文化在这一域的遗存，则是客观史例。有时，在这一地面上发生过人的变化，与地下物质，几乎毫不相干。

中国彩陶，称为仰韶文化，在殷文化、龙山文化之地层之下，一般假定在公元前2000年。通过放射性碳素测定，西安半坡遗物为公元前4115年±110年，属仰韶文化。是中石器到细石器之间。在这个时代，中国陕西、甘肃的人，是否能和埃及或美索不达米亚的人往来，实属不可想象。

就在彩陶上，如示意图1(6)、1(7)等16个图例（仅为部分）中，就有"乳纹""乳纹圈组合"——七个圆圈在一个圆圈中的纹样，早就普遍应用。

C.G.氏认为这种乳纹玻璃珠，在埃及、法国等地发现，时间为铁器时代。从楚人墓中来看，南方的楚在战国中晚期，还是铜兵为多，同时有铁器。故中国的铁，发现当在公元前4世纪之前，而应用则在公元前4

世纪之后。

中国在公元前四千一二百年陶器上有乳纹，而在公元前 600 年之后之玻璃珠上的乳纹，却说从西方埃及、法国传播而来，实无法取得证例。

世界各国对玻璃名称，有同一语源，有不同语源，兹将各国的玻璃名称列右。

参看以上世界各国对玻璃的名称，实际上不是一源的，所以同名同音，多是后代人为的势力造成。如马来由于属地不同而不同音。英美同种同音。

由不同民族而同音同义，这一可能排除，那就须大量史料，来研究其原因所在，而其因素也必然很多。但此原因，不能举为同一源的依据。

如果条件成熟，可能性存在，不同地区产生同样物质，这是理论的原则，如对此原则加以否认，或未认识，则世界上有无数问题，是无法解答的。当然，也并不否认某一物质的产生，是两个民族起过启发、传播作用。但不是全部，近代要多于古代。

表6　世界各国玻璃名称列表

中国	玻璃（料、硝子、流离）
日本	ガラス（硝子、蜻蜓玉）
朝鲜	硝子
伊朗	chiche
暹罗	keo kachok
印度（Hindu 族）	shishah
南方印度（吠陀族）	vaidurya
阿富汗	chiche
马来（英属区）	kacha
马来（荷属区）	katja
夏威夷	aniani
爪哇	katja
菲律宾	baso
美、英	glass
德国	glas
法国	verre
意大利	vetro
苏联	CTEKΠO（steklo）
瑞士	glas（verre）
丹麦	glas
荷兰	glas
比利时	verre
葡萄牙	vidro
西班牙	vidrio
瑞典	glas
挪威	glas
波兰	szkio
匈牙利	ü veg
土耳其	cam
叙利亚	vitrum
拉丁	vuzagah
埃及	zuzagah
墨西哥	vidrio
布拉塞尔	vidro
智利	vidrio
世界语	vitro
巴尔干半岛	vidrio

第七章 释氏、域外文化关系

今天看到一则广告："广收文物，以供学术研究……端、歙、澄泥古砚。"泥可为砚，难以置信。当年军人盗窃故宫时代，各器散出，我请人觅购澄泥砚，在寄到时，是八角形，边款"仿唐八棱澄泥砚"，底铭"四维四隅，是曰八方，璧水环之，圆于中央，内外各具，深义澄泥，式仿乎唐，此则端溪，出△△乾隆御△"。其式，中央为砚，四边为储墨汁的沟，原来仿的是汉瓷砚，雕极精，漆盒上嵌大玛瑙。此不能不赞许砚工之巧，他们是看到过古砚式的，他们知道泥不能为砚。前游肇庆，朋友知我喜自然，取砚石老皮如古树者截一段称澄泥砚以赠，知不足以试墨。色黄，仅一角留紫端质地，外形则为古松树一段。

中国山石何止万种，何独取端与歙。万物皆有"性"，适其性则相生，砚之用，微不足道，有信泥可成砚，以取彼以代，有选适性者之典型。其中有相克者，而适性相生，凡论物质文化，当为不易之理。然而有其智不可及，亦有其愚不可及者。

今分析瓷之成分以及分子，而取其他物质之同成分分子而欲成此瓷；今分析一鼠之成分分子，取其他同成分分子而欲制一鼠，则虽有科学根据，亦不可能。

一

古代有瓷有釉，而古无釉字。今之称釉者，有称锈、釉、油、光油、砷、泑、土甾，这是否可以怀疑中国古代无釉。

今天，吾人，饮水用玻璃杯，坐在玻璃窗下，设计玻璃工厂，但至少有几千卷几万篇文字，凡说到玻璃的文字（其中有科学考古者），则称为琉璃或料。因为中国古代无玻璃二字，便怀疑玻璃为外来。

既然古代有釉、有玻璃，必有个称谓。

但是中国文字变化太大。殷文，照造字内容看，可能离最初造字年代，比今日至殷的年代还要多几倍。今天所凭借的字书是《说文解字》，东汉后成书，年轻得很。即在战国，浙人唱歌，湘人就要找翻译；郑贾向周人买朴，周人拿出来的是一只死老鼠。[①] 我仅仅是一个教书者，看到战国各国文字，加上麽些文之类，比丞相李斯见识要多些。

釉、玻璃多不是西陲的土佬发明，是南方文化，可能这些字被李斯统掉了，例如《穆天子传》有璮字，《说文解字》就找不到。有人说，当时想办法的是程邈、王次仲[②]，不过李斯统了一统。后人看到玻璃，是哑口叫不出名称，因而借琉璃之名以代玻璃。

玻璃和琉璃，既不同属，又无共性，何以三千年前中国早已制造玻璃，而三千年后的科学者仍称之为琉璃，其间问题之错综复杂，是一个笑不出声来的笑话。主要是不从本"性"来看，而是重在皮相。

若今发掘一遗址，其中有琉璃瓦的琉璃器，又有琉璃质的玻璃器，如二者其名相同，而质异，考古学者将如何写出报告？在无法可解时，勉为其难，于是混称之曰"料"。

按博山古代土法玻璃窑，制成长条玻璃，商贩运到北京，称为"京料"。造纸的竹木纤维，商贩运到纸槽，也称料。布成匹，裁成衣衫付诸成衣铺，也称料。这是商贩的专用辞，非科学学名，用于古物商贩则无不可，用于治学，则是笑料。

两千多年来，玻璃与琉璃，之所以造成混淆，

① 《国策》及《左海文集》卷二等。
② 《水经注》《猗觉寮杂记》。

原因很多，因而否认中国自己创制玻璃，实由来已久，问题错综复杂，故得将它从头分析。

兹分三方面来谈：一、璧/玉文化。二、真璧流离与假璧流离，是中国玻璃史上造成混淆的关键。三、佛与琉璃的故事到佛与玻璃的故事。

二

第一方面。

有一种学说，称为"文化单源说"（Theory of single origin of culture），这在实质上就是人类一元论，是反进化论的文化移动论。其中有个叫斯密司[①]，写过一本古代埃及人，他由此成了思想体系，一切问题都顽固地执着于这一见解。他认为璧玉文化（Turguoise culture）由埃及出发，北向大陆进取，进取到亚洲大陆的奥地——土耳其斯坦——即分流为二，一向西伯利亚，则直达中国的陕西地方，并且在那里创造了中国文化。

这种理论一知半解顽固的人，外国有，中国也有，到处都有。且当作笑话看，但已成为学派，势力可以成风，历史上，就留下了这种理论。

只要不是以洋枪队占领别一民族的土地，而是土生土长，必然从原始社会的石兵器逐步进化为现代人，这是社会发展规律。由于地理环境，地下蕴藏石英类硬质玉石，必然更进一步使用硬玉石为武器，而与自然争生存。又从保存石器为装饰而转为装饰物，直到金属器产生之后，则这种玉石完全转为——在不同的社会制度下，作为另一种用途。中国不能例外，当然也循此规律前进。

石器的质与形，不是一成不变的，它的延续期，

① 斯密司，应为英国人类学家埃利奥特·斯密司（G. Elliot Smith）。编者注

也不是发现金属器而绝迹。玉石在古代，也无明确区别，因而有人怀疑玉器与石器不相联系，也怀疑玉器不是新石器时代遗物①。不要孤证立论，全面些看，问题是可以解决的。

中国的璧，是件比较重要的典型玉器。它的发展，无疑是从石孔石斧演变而成。即从在中国文化哺育下的古代东部，黑龙江新巴尔虎左旗新石器中，有件有孔石器②，正在渐渐演进为从长到圆而薄的过程。又乌苏里江的一件玉璧，与许多石器玉珠同出③，这是代表，既使用石器，又取美石——玉，演进为饰物。

至于中原地区，这种例子是更多了。浙江与江苏邻近，然而浙江出玉之地特别多，最素朴的璧，厚达1.9厘米，非车工制成，而是人工磨成，高低不平，非正圆，孔为漏斗孔。在土内，外层已变色。经我请城隍庙师父车成一环、一小璧，小璧内部之色，为深青绿色（Ⅶc 67'），可知其入土年久，与战国车工精制品，薄仅0.6厘米，而细花纹晶莹独绝者，完全是两个时代延续时间很长的过程中的作品。

中国玉材，不能照文献死搬，说全部出自西域或外来。殷代，在周入侵殷商时，抢去了旧宝玉万四千，佩玉亿有八万。那时的殷民会到西域去搬玉坯么？我手边有一些殷人玉戈仪杖、小玉件，这种玉质，老玉工认不得，我想，如请《石雅》作者来认，也是徒劳。它是玉，而非晶莹半透明的玉，我游踪所至，觉得中国石英岩中，而可称玉者，何止百千处。

吴大澂得一古玉璿玑，与他在锦州广宁县所得新雕的玉琢，其质地相同。又一古玉方勒，云石之

① 《华东新石器时代遗址》（1955），45页。
② 《考古》1972年4期，22页。
③ 《文物》1972年3期，12页。

似玉，俗称菩草。① 如细加查对，中国境内出的玉，多得很。如仪州产栗玉，或云黄玉之类。又竹叶玛瑙产淮右，色黄有纹。② 土玛瑙出山东兖州府，忻州出花纹如玛瑙，红多而细润。③

《汉书》：蓝田"出美玉"。《吕氏春秋》："君子之容，纯乎其若钟山之玉。"若照穆传说，出玉之山近 280 处。我看他不会出国多远。甘肃在前汉是在汉版图中。我年轻时，看到运入的甘肃玉料，同运大煤块差不多，玉工称甘肃皮子，给我们玩耍。中国本土出玉。而以为玉，及玉的文化从西方来，这在中国物质文化史上，混淆了二千多年。

三

可能今天有人以为玉，这是要丢的东西，多古旧，去研究它干什么？而我却说玉，是中国文化。也可能有人说，别人写的中国文化史，几百万言，没有个玉字，而你却大谈这旧东西。然而，我不想丢弃它，我还得谈。

中国之玉，从石器演进到礼仪之器，王字从玉、宝字也从玉，封建社会初期，成为等级信物，以玉象征人之五德，其后成丧礼。以璧为盟会信物，近年长沙马王堆汉墓出土的帛画中，表现璧与龙是从黄泉地下引导到神明境界的灵物。从商代起，陶瓷之器的装饰，主玉色之青，直至宋元青瓷，成为民族色彩。物质文化的历史，是历史来证明的，不是由于信念不同，可以附会或否定。

下面是本书的具体问题了。

武氏祠石阙是汉恒帝建和元年（147）所建，其画像石成于元嘉元年（151）。有一璧，其旁文字

① 《古玉图考》。
② 《博物要览》。
③ 《格古要论》。

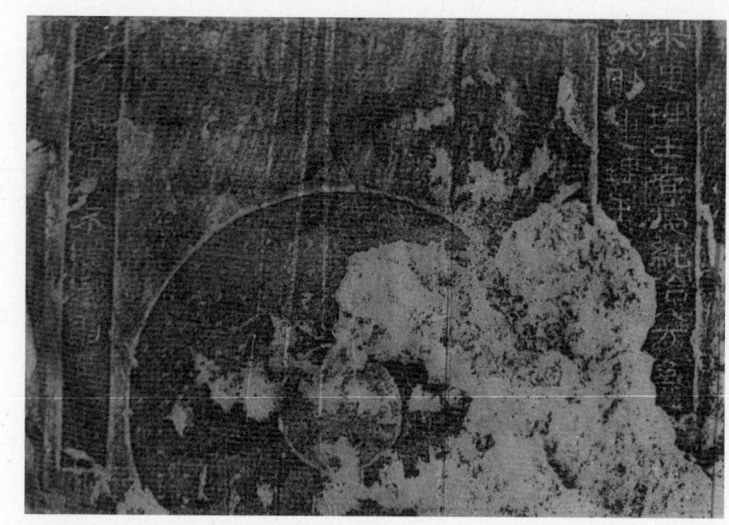

图 88 汉武梁祠石刻壁龛中的"璧流离"。此种拓片,系从十几种中,觅到纹样最清楚的一种,其璧中之纹样为花形

为"璧流离,王者不隐过则至"。我找了很多拓片,看不清纹样,后来得到一份旧拓本(图88),才看清楚是 ▨ 纹样。中国有蒲壁纹,均为 ▨ 纹。《周礼》"六瑞之一"注:"蒲为席,所以安人。"殷文"谢"字作 ▨,两手持席。两人相见,布席令坐,两手持席,是持席以谢。①

璧是行聘相见礼,礼器。故雕蒲纹,那就是中国由来已久之文化纹饰。璧是贵重器,如"完璧归赵",史书上加以记录。石雕工当然没有见过王者的玉璧,画匠更不用说,看不到真的玉璧。所以,不但是什么质地不知道,连纹样都刻错了。现在我们的一些读书人中,也有。

因而对于"璧流离",要在"王者不隐过则至",视为一种难得的祥瑞物,也就是珍宝器。"璧"字是包含璧、玉意义,连起来成为名词。这是从域外流浪者中,徒闻其名、未见其物的理想的宝玉。《说文》:

① 《甲骨学文字编》上册,第三。

"珧，石之有光，璧珧也。"石之有光，当是宝玉。

根据上面第五章，中国烧造玻璃，到东汉已有千多年历史，且从战国起，已沦为烧制玻璃为璧形，大量作为死尸殉葬的明器玻璃。我手中就有几十个。当时玻璃已不是什么可贵之物，故武氏祠石刻上的璧流离，指的是宝玉，不是玻璃。后人引用此资料的，可以说全部都引错的。

四

第二方面。

真的矿石的璧流离，与域外烧制的假璧流离，是中国玻璃工艺史上，最大的混淆关键。

真的矿石部分的玉的研究，不在本书范围之内，但必须弄清楚。文献上指的璧流离，一部分是玉类的矿物。中国在这方面进行研究的，首推章鸿钊的《石雅》一书，以科学家面目来讨论。域外精通中国文献而进行研究者，有刘应、夏德、洛佛、白鸟库吉等。但彼等之研究，反为中国文献所束缚，对文献的辨别，不是力求其真实，而是取为主观论断之佐证，使新的科学研究，反而使得问题更为混淆。特别是他们没有民俗学调查基础，关于考古学地下发现物缺乏知识，文献中堆叠如山，而结论往往走向反面。

《石雅》一书，着力于璧流离与外来语的关系，而对地下发现物一无所知，全不注意民间窑工有何种经验，故其结论，认为中国玻璃最早系由东罗马传入，到北魏开始自己制造，实将琉璃瓦釉误为玻璃（下节将详述之）。最后竟误认释氏的文献（《一切经音义》），以木难珠混为琉璃。故这一科学家，对中国发明玻璃史，毫无帮助，反而幛起了大片疑云。①

璧流离究为珠形，或可以制成璧的玉，实已无法求出其究为何种矿物。如我所见到的各种宝石，如粤东华侨寄回的各国饰物，广州的珠宝市场，各地的珠宝商店，此种宝石种类之多，我在各自然博物馆中核对学名，实无此项璧流离实物资料，或科学学名更不可得。例如仰光石一类，有玫瑰色自然粒状，有车出多面体，有类钻石者，珠宝店统称之为宝石。至于蓝色，闪光者，价值相差百倍，而出产地，亚非拉各洲各有特点，但无有能全识者。故一文人，即为研究地质矿学者，其知识，即现代物，亦无能力完全认识，究其学名，古代的，更无法证实了。

璧流离是一种矿物（vaidurya beryi），这种矿物产于南印度的哥印拜陀及萨勒诺地方，后来这些地方发现了许多罗马货币，当是当时通商证据（关卫语）。我是同意这一说法的。因我考察中国宝石，也大多出在这一带。所谓罽宾、大秦，实际上是转运的。

但可以肯定，在当时——古代统治者贪婪找觅宝物中，璧流离，必有其真的矿物玉类存在，在文献上，可以定为指的是真实宝石者，有下列各例：

"自武帝以来，皆献见。有译长，属黄门，与应募者俱入海市明珠，璧流离，奇石异物。"（《汉书·地理志》，班固记粤地与南海交通）（秦人统一中国，南方的越族他管不了，就是没有船。汉武帝"句章浮海"南征东越有可能《后汉书·郑弘传》："贡献转运……沉溺相系。"武帝时所入海，我怀疑西行海上不会远。）

① 《塞外史地论译丛》之一《木难珠》一文中，已将章鸿钊《石雅》上有关木难即琉璃一节，加以反驳。故其论述琉璃之真实物质为何种矿物，实无可靠之科学根据。

罽宾国出"珠玑、珊瑚、虎魄、璧流离"。(《汉书·西域传》)

"璧玉、珊瑚、琉璃,咸为国之宝。"(宣帝时桓宽编《盐铁论》)

"《西域传》注:孟康曰:璧流离,青色如玉。"(《汉书》段注)

"璧流离,梵书作吠瑠璃。《一切经音义》旧言鞞稠利夜,亦言鞞头梨,或云毗瑠璃,皆梵音讹转。"(徐松《汉书·西域传》补注,罽宾国条)

"大秦国……多金银奇宝,有夜光璧、明月珠、骇鸡犀、珊瑚、琥珀、琉璃、琅玕……"(《后汉书·西域传》)

罽宾、大秦之宝石,我怀疑皆来自各地。

在《说文》玉部,玉的名目,至为复杂,实际上名实不符,重名者,为数必多。《书·禹贡》之玉,有璆、琳、琅玕、球,《上林赋》有玫瑰、碧、琳,《山海经》有玉苍、水玉、玄玉、美玉、糜玉、璒琈、婴垣、藻玉、瑾瑜、文玉、璇玉、珚玉、碧、青碧、瑶碧、水碧、碧绿、珉等 21 种,《尔雅》有珣、玗、琪。

古代玉石名之多,可考证者极少。前与陈大年在惠吉西路讨论上千件玉质时,认为殷周之玉质较差,战国前汉玉质有珠光宝气者,玉质起极大变化。以出土地点言,寿县、洛阳、长沙出者,玉质高于浙江所出。总之古代之玉,所以认为"宝"者,其质必有区别。武帝以后,与域外交通扩大,故上列各条,统治者向域外觅取宝物,如璧流离之类,应承认它有其真实性。

但何者为璧流离,当时并无鉴别能力,今日出土物中,更无法识别。也从来没发现过璧流离玉,即使一般玉的发现,老实说也没一个人研究过,能定出学名。且无法识别何者为战国时代目为国宝之璧。

璧流离，在某些文献上，目为如今的宝石（下详述之），但地下发现物，从未发现如今之玫瑰子、猫儿眼、蓝宝石之类。故璧流离，只能定为是玉，不是木难"珠"类。而这一宝玉，统治者是百计以求的，也说明，琉璃决非玻璃质的域外人造物质，绝不可能为一般论文中所乐道的埃及、罗马的玻璃品。

五

正惟因为璧流离之珍贵，便产生了假璧流离。

假璧流离为中国古代艺人掌握了制造技法——在原有釉灰玻璃制法上加以发挥，故亦珍称瑠璃。这种瑠璃，即为今日地下发现物，如图版中所表达者。这一假璧流离之玻璃，而混称为瑠璃，达二千年之久，其秘密就在这一关键上。因此，照我的看法，凡今后考古以及文献上的应用，必须去掉瑠璃这一名辞。将过去一切文献中混称瑠璃者，点名澄清之。使得中国玻璃创造史，独立成一系统，即道士所称以五种所成之制造釉玻璃之系统。

中国古代向域外觅石玉，如琅玕之类，而西陲发现之汉简，汉民族以极精美之书法写成之汉简中，有六条"谨以琅玕一致向某某夫人"，这显然是汉人将中国所产之琅玕赠与西域之妇女。《书·禹贡》："雍州贡玉色如天者"，"厥贡惟球、琳、琅玕"，"厥贡璆"。说明统治者对本地区所产同类宝物，仍不满足，而由域外输入，乃极常见之了。

从这一玉石事例看，虽然中国早有釉玻璃，统治者仍将域外玻璃器，作为宝物看待，其名称仍为琉璃，或有所输入，这是有其可能的。特别值得注意的是铅玻璃，有金属成分的多色玻璃。

"大秦多金银铜铁……琥珀、珊瑚，赤、白、黑、绿、黄、青、绀、缥、红、紫十种流离，璆琳、琅玕、水精、玫瑰……"（《三国志》引《魏略》）这种十色琉璃，显然是铅玻璃，亦即以后将论及之琉璃瓦釉品。中国知道这种多色玻璃，其时间在晋魏间。此时间问题，乃极重要。

中国初得到此种多色玻璃质之琉璃瓦器，极为珍视，不久即被视为不足重视。而在此同时，瑟瑟、火齐、同类物，亦源源输入中国。因交通面扩大，矿石物质与人造器物混淆输入，名同质异，当时人必能辨别，而文献上却造成混乱。

这就是"假璧流离"的第一个缩影。也是古代商贩的欺骗性的恶果。

第二个混淆因素，是释氏的进入中国。

儒释道在其教内，派别繁多。而以科学目光视之，三者的内在本性，儒的神道设教、道的神仙学与释的天界说法，中国原始性精神，全部接受。此一内在因素，使释氏在中国大为发展，故不仅是一佛教，而包括释氏的无数派系。

中国与印度关系，据法显《佛国记》"……新头河……蹑悬缅过河……九译所绝，汉之张骞、甘英皆不至……"中国与印度交往，在汉末有往来，真的璧流离，供应不了需要，而"假璧流离"，遂成为东方及中东的货品。义净《根本说一切有部毗奈耶经》："商主报曰：仁往大海，取假琉璃。"又言："此之宝州，多假琉璃，与宝同似，仁等应可善为试验，方可持之。"慧琳《音义》释璧流离，谓："天生神物，非是人间炼石造作，焰火所成琉璃也。"

释氏之流入中国，当然有无数经义，然大量虚伪妄诈之物，由一个佛的"信仰"附带衍生。中国虽自己能造玻璃，而"释教玻璃"大量进入中国，中国由此不言自造之玻璃，而以琉璃为释教的寄托，琉璃之名，由此传播各地。"假璧流离"由此将琉璃作为玻璃混同释氏之教，与教同成于历史上。"佛"的"琉璃"作为精神化身的荒唐故事，将于下节，独立详述。

六

第三方面。

佛教徒的教义，认为佛是明净如镜，略无尘埃，不存在人世间的一些些世俗上的罪恶，空洞到纤毫微尘的存在。《药师瑠璃光如来本愿功德经》："愿我来世得菩提时，身如瑠璃，内外明澈，净无瑕秽，光明广大。"释氏是把瑠璃作为菩萨的象征。

这些教徒，在原始所认为一切宝的瑠璃，是自然物，相当于水晶体的宝石，获得这种宝石，至为困难。然释氏原始，并无何等自然知识，而是一种信仰的副目的的作用，对于真实，不会有明确理解的要求。

任何人，只要"副目的"的信仰存在，即将不要求对真实的理解。

支娄迦忏译《无量清净平等觉经》，言释氏七宝"金、银、琉璃、珊瑚、琥珀、车渠、水精"。按支娄迦忏为月氏人，据《开元释教录》，谓此人于后汉灵帝中平三年（186）来洛阳，译大乘部经23部、67卷。

然而，在公元186年的汉统治者，或更以前的统治者，正受到这种七宝传说的影响，将琉璃目为"王者不隐过则至"的珍宝，而对琉璃究为何物，实一无所知。释氏之徒也正如此，故《阿弥陀经》，则以白玉、琉璃、玻璃等为七宝之一；《无量寿经》，则以玛瑙为七宝之一；《法华经》，则以瑠璃、玫瑰为七宝之一。

释氏之教，从原始流浪者到正式教徒，在西域传入中国，单从琉璃一事上，愚昧了中国，其事例之忠诚而荒唐，可作为传说故事看，但也有若干物质史料。这是处理民俗学资料的方法。

波斯语 Mînâ 一辞，凡玻璃、釉药、青色、天、乐土，皆可使用。中国将玻璃质物品，与自然物质之瑠璃共称，与其他一些东方民族的一个名辞应用于若干方面类似，完全决定于当时人之智力以及其他习惯性信仰因素。

印度释氏七宝，将琉璃、玻璃、水精、玫瑰混为一谈，各经不一，即说明其对于此种物质知识，并不理解，只能认为因他属古代人之故。

如现代人欲将如《石雅》及日本人《木难珠考释》之作，分别古代矿物质名辞作学名考证，几乎是不可能的。我将用二毛钱一粒多面仰光石，与二克之钻，皆镶为指环，使一自然博物馆长，无法认识，除非他用显微镜，发现劣质钻石中，尚存有微粒煤点。使一位珠宝商店掌柜来，在两米外，他早发现他业务范围中各物之真伪。而反过来，包括博物馆长到我收集的古今一切矿物质艺术品，一定出学名，即使他带有矿物辞典，也无法认识。更何况古代文献上一个名辞，如琉璃之类，到今日为止，始终无人真能指出是什么物质。

有了这个概念，可以指出一些释氏经典中的物品，以及后汉之后，他传到中国，为何扰乱人们对自然物的认识。

七

释氏经中有木难珠。《南越志》称木难，《广志》与《古今注》则称莫难，则非汉语可知。《大智度论》，其中言及有"摩罗伽陀珠"。《翻译名义集》卷八"摩罗伽陀珠"条，注"大论云：此珠金翅鸟口边出，绿色，能辟一切毒。"晋沈怀远《南越志》："木难金翅鸟口结沫所成。碧色珠也，大秦土人珍之。"《观佛三昧经》（卷一，三丁）："金翅鸟心为明珠，轮王得为如意珠。"

《博物要览》："佛菻国产木难珠，碧色，夜有光明，云木难，鸟口中结沫所成。"《增一阿含经》：金翅鸟，"又日别食一大龙王五百小龙……命欲绝时，诸龙吐毒……遂至金刚轮山顶上命终……发火自焚，难陀龙王恐烧宝山，降雨灭火，滞如车轴，身心消散，唯有心在，大如人胜，纯青琉璃也。轮王得之，用为珠宝，帝释得之，为髻中珠"。《一切经音义》云琉璃为金翅鸟卵壳。《华严经》（卷四〇，一二丁）："帝释于顶髻置摩尼珠。"《陀罗尼集经》（第六）："真陀摩尼。唐云如意珠也。"①

于此，从这些传说中，略可知印度对于琉璃，是怎样看待呢？木难，即为琉璃，均由金翅鸟身上化生，青色，如珠。凡自然珠形，中国统称宝石，未加人工，是发火烧成的东西，成为佛教的宝物，它的实质，是纯青琉璃。

中国早已传入这种传说。《广博物志》卷三七："吠琉璃，出须弥山，青色，一切宝皆不可破，亦

---

① 以上二段引文多为滨田耕作等《古物研究》转引，更多内容可见其"木难珠与如意珠"部分。

非火焰所能熔，惟鬼神有道力者能破之，或云是金翅鸟壳'帝青'者，帝释宝青色也。"这无疑是由来已久的传说，故不是民俗的，而是纯宗教的。

后汉时，佛教初传入中国，如《大智度论》编者为龙树，即是生于中国后汉时。因而中国亦传闻以琉璃为宝。真琉璃是难得的矿物宝石，但可以由窑工烧成，如烧成，而称为烧琉璃，岂非无珍视必要，亦不成其为古代人。即如今日，冷的称为冰淇淋，薄的布可称的确凉。这不能算滑稽，这就是民俗学。历史的真实，在民俗学中为我们保存了史料。史学者不研究考古学、民俗学，不可能成为史学者。安然坐在玻璃窗下研究玻璃史是不行的。

文化一元论者非常有兴趣研究古代交通史、塞外史地，而埃及罗马是古玻璃的摇篮。然而，就我个人的研究，中国古代没有到过埃及，也未到过古罗马。而印度，在古代，有偷偷摸摸的原始流浪者到了中国的边地，其后，大批的进入西域，而且还有住下的，也有更前进入中国腹地的。

因为释氏的教义，基本是东方教，不管月氏大食，还是可以相容。而耶路撒冷的教义，向着海上发展，成为西方教。由于这一事实，中国地下发现物中，尚未发现埃及、罗马典型性的古代玻璃的交流。而对印度的交流，就有研究的必要。

中国有文献的廿四史，根据目前的资料看，中国还可有地下物的廿四史，又有地上物、文化史迹廿四史，还可以有民间传说、风俗、民俗学廿四史，而最后一部，不久会逐渐冲淡而化没。我今天的回忆录，则是融合了四种史料来写它。

八

印度的金翅鸟、龙、琉璃，这是一个民族传统。而印度的鸟与龙与中国不一样。所谓金翅鸟实际是秃鹫，龙是眼镜蛇（印度称龙与蛇均为 nāga），琉璃是宝石，经典中称之为木难、如意、摩尼，而且也就是纯青琉璃。

马可·波罗的《东方见闻录》所述印度采取宝石情形："金刚的采得，此地有高山，猛雨之后，土人搜寻石间，可得此宝石。但夏季苦热不可上，大蛇之多，颇足惊人，故大多为毒蛇啮死。采石者将肉投入深谷，白鹫善食毒蛇，见肉投下，飞攫山顶争食，采石者逐鹫，而在肉中捡得所附之宝石。谷深多宝石，险不能下，故以肉投之，鹫与蛇斗而攫肉飞翔山岩，因而得石。"

此一实记，已充分表达金翅鸟与龙斗而化宝石的原始传说的来源。

早一点的流源，则要推阿拉伯人的《金石记》，相传为9世纪伪托亚里士多德之名的矿物学著作："除我弟子亚力山大外，绝无有人往探金刚石深谷。此谷在东方呼罗珊，蛇类群集，啮人即死。亚力山大屠羊投谷，宝石即附肉上，鸟抓肉出谷，兵士追逐，拾得宝石。"

这就证明印度古老传说，东方诸国早已传布。而其最古者，则为公元315年间爱辟芬史① 所述，耶路撒冷高僧所饰十二宝石的传说："大斯基的亚深谷，深不可测，奉国王之令来采宝石者，先杀羊以肉投谷底，宝石即附肉上，鹫飞谷下，抓肉高飞山上取食，乃驱死刑犯与鹫夺肉，寻得宝石。此种

① 应为塞浦路斯岛萨拉米斯的主教爱辟芬史（Epiphanius）。

宝石，颜色各别，视为珍宝，可除一切妖怪。"

这个传说记录，正是中国后汉受自佛教徒带着蒙昧知识、来到中国宣扬珍宝之时。与《大智度论》之龙树同时，《增一阿含经》所谓纯青琉璃，岂不是从这一传说中而来。中国武梁祠的壁画家，道听途说地以为宝石、宝玉应可为璧，而画成了璧形。而所谓宝石，就现在尚流行的自然石粒状、未加人工者，有红、蓝、紫等，确属精神宝光，往往成为指戒戒面。故琉璃原始为珠形，而非大块之玉环。古代之珠，正是宝中之宝。

中国有八卦，中国佛教有八吉祥，民间有八宝，其第一宝亦为"珠"。故玻璃最早之仿制品亦为"珠"。

此种传说流入中国，除《广博物志》，唐代《梁四公记》中也有保留，曾述到武帝时有人说到西海岛中，以肉投谷而取宝的故事，云是色界天王宝藏。① 此无疑为印度传入西域，而由西域传入中原之琉璃根源。不问璧流离语原为何种文字，而其来源无疑为印度。试看敦煌佛身上的珠宝装饰，真比时髦女子多百倍，印度阿丹陀壁画，佛也同样是珠宝满身。其后代，凡善男信女，不管金银珠宝，都得献佛。下面将有具体地下发现物来证明。

佛教的鸟、龙、石的宝的观念传说，是促成中国古琉璃为瑞物的主因。即使不是直接的，也是无可怀疑的。

虽然它的来源有大夏、月氏、大秦……但基本上是一个来源，"宝石"。——"珠"，与中国玉综合在一起。然而中国玉文化自成系统，即古玻璃也纳入了玉系统，地下发现物中，始终未发现宝石或金刚石之类的东西。正如文化传布论者，一度热衷于中美文化传布，以为美洲有碧玉，引起了碧玉派学说，而牵

① 《石雅》引《古今图书集成·食货典》卷三二一。

连到中国的向外传布，待化学家分析了东方玉石和西方玉石成分不同，才使这一学派失色。[1]

九

由于木难珠为青琉璃的印度文化关系，我留心自武帝时代开始的海上交通。它是否确实？对中国古代玻璃发生何种作用？我选定广东、宁波两个点。

我观察了光孝寺，宋代木刻的双目是黑玻璃外，无法获得足以代表印度玻璃的佛具。但却看到了大佛背光下安心脏孔洞中七八十尊宋木雕，为一群艺术学校的学生打扫出来，丢进了垃圾箱。艺术学生而不懂得宋人木雕也是艺术。

在南华寺，这个南宗的发祥地，当时正在营万人墓，发现了两座汉墓。南华寺除了方丈室有些遗物，也是空有其名的古迹。当我遇到自称一百二十岁的虚云时，我说，你们的南华寺志，失载真正的六祖像。虚云大吃一惊，自谓久住南华，接受南宗系，现有第一高僧而失载六祖像遗迹，几乎难堪。我领他去看了嵌在墙角上一块碎了的六祖画像石，他细细读完跋文，发现了是件宋代的石刻，他马上在满长青苔的地上跪了下去，行了教徒最敬礼。在方丈室看到的，是历代帝皇的诏书、大臣的文件，但没有发现域外交通的痕迹。虚云认为可去泉州，遗迹较多，但我还是走向宁波。

鱼腥的舟山岛，枯干的百十个古寺的普渡，富有藏经的雪窦，南向岛屿尽头的石浦，这一切，黄海波涛，飞瀑清溪，作为佛教海上通道之路，现在是一无所有。虽然普渡后寺方丈室中存有了百千幅

[1] 周骏章译《文化传播辩论集》，32页。

旧画，而没有一件较精雕塑。

宝石之称金刚，佛名亦为金刚；宝石之称琉璃，经典亦有以琉璃为经名。代表光明的长明灯，亦称琉璃灯，这些都成为教内民俗资料，而不是物质资料。而藏经还不失为一个参考资料。但当我今写回忆录时，派人去雪窦核对一段经文，据云这个寺已完全坍倒了。

我同时也留心一些雕像，却在上虞章家埠旁名为谢村的一个深山荒寺中，看到了一尊白木雕刻，达到了精美的程度，而他的双目还没有镶上玻璃的黑珠。

中国亿万古寺，僧徒对于遗物的保存，看来是没有知识的。对比正仓院，中国的古代高僧，实是一些丐僧之头，而不是文化的保护者。

谁也不会理解江南丛山中有天台之国清，宁波天童、育王等的大寺。更不会理解，在新昌，会有二三十米高的大石刻。

大寺院与精美雕刻，不成正比例。壮年时，所遇僧友，品性与知识，也不成正比例。所以佛教美术，有足够的成绩，但很难发现。佛教艺术中，有较古的锡杖（一般锡杖镶玻璃）、金刚（佛以金刚称珠）杵等，终未发现。说明教中对佛教艺术有所研究，而对琉璃／玻璃，有所理解——无法发现具有这样知识的僧侣或学者。

由于这一次考察，可以肯定印度的佛教玻璃，确实输进了中国，但它并没对中国玻璃起多大作用。而玻璃为释氏使用，却为必然的趋势。大概宋代后的佛顶摩尼珠——即佛像额上的一块白色玻璃[①]；黑目的玻璃质者；琉璃灯——状如极薄的玻璃罩，中盛植物油，内燃灯草，外为雕镂（约三百人工）灯壳，悬在正中梁上，部分中国造，部分输入。

① 此额上珠，《佛教图象学》一书中有其专名。此书极厚重，蓝绸面，多画图。

十

其中有一特殊物,则颇可研究。

释氏:释迦既化,阿难焚其身,有骨如五色珠,名曰舍利子。

《往生论》注:"佛入涅槃时,以方便力留碎身舍利,以益众生,福尽,舍利变为摩尼如意宝珠。"

《华严经》(卷四十、一二丁):"帝释于顶髻置摩尼珠。宝力故,威光转盛,即得十法,超出三十三天。"[1]

此种舍利,中国有几万座高塔,实际上皆为纪念释氏而建,别无其他目的。虽仅一部分称舍利塔,实际每座塔基,必有石室以藏八宝,而其中较宝贵者即为舍利子。如不进入佛教的内部了解,你将无法知道此一秘密。

人之出生,极简单,但人之死——涅槃,即大作家如荷马、屈原,将断了一切创作,有大事业者,此事业可能化为乌有。因而其信徒必将夸大其死亡,千方百计以使其升华、永久、夸大。而作为我们一个学者来看,认为是一种资料而已。而作为其信徒来看,却无法知其心情之活动。

中国旧室有保存古文物千百年者,如我一生目见上海等大都市,一生收集资料,如宝虚(谷)庵、宝髡(石溪)龛、石涛画搜集(霖氏)、陶瓷收集等,他们皆早我而死亡,一死之后,全部化为乌有,子孙皆成白痴。当时我认为"气薄"之故,现在我始理解,"死"就是事业的结束。如郑氏在飞机上烧死后,他的陶器、藏书(当中还有我的

---

[1] 上两段引文转引自《古物研究》。

辛苦），一切多告结束。所以佛的涅槃之后，死后活动，研究下来，实在惊人。

以前我研究宝塔，多年未作出解答。我校有研究生，研究宝塔九年，他给我的回答，是砖木结构、斗拱等。看来其幼稚可笑，仅为动物园看猴子的三岁小孩而已。

印度称为"支提"者，其梵文为Caitya，其意即为藏舍利之塔，中国佛徒译为"窣堵婆"。中国之塔实际则为藏舍利之纪念物，或宣扬教义的一种精神象征。从事物的理解，不管金字塔、霍氏汉石刻、金陵八十余只埋在田野的大石兽、始王之治骊山，无一不是一个动物（有一分知识的人）与死神搏斗的遗存。我有时也为某些被狂妄对待的文物而惋惜或浩叹，而当我看到我的鱼缸的红鱼，由上浮下沉而寂然，真是非常简单。不过人是闭着眼睛，而鱼是张大了双目。

金华万佛塔（密印塔）清理，清理出一些佛像。实际此塔基，军阀及日军，早已偷掘了多次。清理中共得遗物183件，未发现舍利，但其实际，据石造"龙宫"（塔基下石室）的铭文，"一切如来心秘密全身舍利宝箧印陀罗尼经……"而建塔的目的，仍然是为了舍利子。① 这显然为偷掘者毁了。此9世纪的作品，其舍利从何取来，无可考，但钱氏"铸金属塔五百遣使颁日本"，则见于程珌《龙山胜相寺记》，可能将中国造舍利也带往日本。

一个塔的坍，并不那么简单。杭州雷锋塔倒，我正在净慈寺中饭，轰然一声，烟尘四起。小小一塔，坍下时，实成一山，如欲掘发基础以及龙宫宝藏，却不是件容易的事。故一般人对塔内的舍利如何，颇难获得知识。

① 金华万佛塔，《文物参考资料》1957年5期。

十一

　　我上面谈到，多少高僧，在古代经过万难，求经各国，其回国登岸，一为广东，二为宁波。故浙大寺，有使人不可想象者，如雪窦烧饭之铁锅，高可一丈，径八尺，一排四只，则一餐饭食即需四千斤大米。国清等寺，也差不多。而天童、育王二大寺，文物要高得多。

　　我的宁波之行，从江东七塔寺到延庆寺、育王寺，藏经一楼，额为"钦赐龙藏"，墙上皆镶历年出土陶瓷砖碑之属，这种蝴蝶装之经，对我颇有用处。寺后二大水库，亦颇愉悦可小憩。但我终于在二殿觅到藏舍利之所，是当年请到舍利，尚未建塔。我极欲请二小沙弥偷得一二舍利子，即将其打碎，二小沙弥认为偷是可以，但不偷走，而打碎之，则不可思量，而拒绝了。

　　我不睡客房，而住小沙弥僧房，这个只有一榻一席一包之僧人生活，我将使用之扬州酱菜、糖果、书本与沙弥共之，沙弥与我成为极亲之一家人。他们认为我行路而来，不坐轿或元宝，就是穷人，他们偷看我的笔记，认为我的读经与藏经目录，比他们师太高出百倍，且时时提到乳母应氏章氏，而不提父母老婆，健谈好客，能地座睡眠，是比和尚还要和尚，且我的名氏与唐三藏同辈。

　　千百和尚吃饭，二丈大木鱼一击，大群入食堂，各人一木碗饭、一瓢菜汤，于是念经，很快吃完此斋。其伙食等于一个囚犯，虽师太亦如此。只有当家，则外面可能有三四个类妻的别居。小沙云，他是以七元银币卖与和尚，我说可以将他买去，他认为其娘说清，当了和尚，终身不会有犯法饿肚之不幸，而世俗完全是罪恶生活。舍利子在，避一切魔障。

这一天被许拜瞻舍利，二沙弥将舍利宝藏抬到光线较好之庑下，令我跪大红蒲团上，从一隙缝中拜看舍利子。方丈云，能见到舍利，则一心善良；若邪恶贯盈，双目为幛。我则见到隔板，板下为玻璃状之罩，罩下悬舍利珠，珠作半透明，黄色，有时因光的变化，乃为乳色。我伏团不起，托此木塔之沙弥，已痛楚万状。我云所见，方丈云为大功德。而我实为研究玻璃。

当我问到九华（南）、五台（北），有何琉璃，方丈介绍我问三师太。三师太年轻时为行脚，以一担（行李袈裟装担上，不如今担为下垂）行全中国。但三师太所知，为佛经中之琉璃，而不知实物。我却认为黄山、雁荡，可为博物馆内馆，非行脚不知。识山水不识琉璃，亦不足罪。

育王寺琉璃观察之后，我认为印度将舍利散发东南亚佛国将及亿万，必将以玻璃为代用，凡向天竺请舍利，当为此物。但全中国而欲看到舍利实物，绝不可能。因凡请到舍利，即埋塔基龙宫，研究者如无出土物上留意，将一无所知。

近年，在非洲东部桑给巴尔，发现了二千年前的印度玻璃念珠。荷兰学者证明了印度念珠之在非洲东部发现，当时实作为钱币使用[①]，那么印度在佛教上利用玻璃代替琉璃珍宝，则无可疑虑。

① 《文物参考资料》1958年1期，59页。

十二

苏州虎丘塔修复，初我校参与其事，惜我忙，未得目睹。他们发现每层皆有宝藏，暗中抢摸，此

9世纪的绣花品，全部揉烂。最后发现一铜罐，此罐有绣花缎包袱。在一些绢襆上墨书"口口惠朗舍此襆子一枚里迦叶如来真身舍利宝塔"，那么这个塔，也是舍利塔。此铜罐有盖，口中塞纸圈（当是经卷），高2.9厘米，腹径7厘米，上小下圆，如图64（202页）之玻璃瓶式，如将来无新发现，则此一瓶式，皆为装舍利之用。此铜质舍利罐，内中亦为舍利子，但据发掘者及其负责人云，将舍利罐和舍利子"已仍还藏虎丘塔中"。[①] 他们没敢看一看舍利是什么物质，即急忙送回塔中。

一个考古学者，不是轻而易举能了解物质资料。那正如欲进行考古的学问，而欲从他人身上或博物馆、图书馆中得到帮助，是不全面的。考古不比文学创作，可从生活中来，它是铁一般地要求物质文化资料。

曾见一册大型书的序文云"个人研究是最大障碍"，但我活到白发萧萧，尚未见到非个人考古研究而完成伟大作品，如《十钟山房印举》，打出一万颗古印书，也没见过祖子孙三代一百载完成一部古文字印存，至于《史记》《汉书》，古代文化史迹之类，不谈。末了还是一个"志"字，同法显一样。

朝鲜古新罗时代的庆州，在狼山东麓的皇福寺有个三层石塔在修复中，在第二层发现金佛像及银盒，银盒内为玻璃舍利瓶，及舍利四粒。原来此石洞，已为多年石浆葬满，是用筛以三昼夜时间，筛出了玻璃瓶碎片以及舍利四粒。舍利为细粒，二个不整圆，琥珀色，日人称为小丸玉状，吾人则可认为不透明玻璃，在敬佛的日本则将讳言之。铜盒铭文言及："神龙二年以佛舍利四金弥陀一陀罗尼经一安塔之第二层。"日本研究者认为

① 《苏州虎丘塔出土文物》（1958）25页。

唐代由中国输入。瓶的碎片碧色，半透明，经修复，口小，异于宋代。此瓶与朝鲜芬皇寺塔发现之瓶，及中国发现之唐代玻璃比较，定为唐代。新罗时代是受唐初文化的影响。

同时又发现日本称为瑠璃玉之珠，有圆有凹入者，大的 60 粒，小的 550 粒。南京玉 200 粒左右。

同时又发现一水色玻璃碎片，中似有孔可穿，长二寸三分。此种玻璃板，筑前石室亦有发现，正仓院玉屑中亦有发现，当是中国传入。[①] 中国有玻璃板制作，这是件可靠证物。

日本称玻璃半透明者为瑠璃玉，称有绿点者为蜻蜓玉，又有称硝子玉。其保守性很强。如我国一遇玻璃，即称琉璃。而其中一部分则为玻璃。

[①]《皇福寺》一条见《美术研究》第 156 号（1950）。芬皇寺塔之玻璃瓶条见《朝鲜古迹图谱》第三册。中国出土之玻璃瓶，见柴田实之《大津京址》。

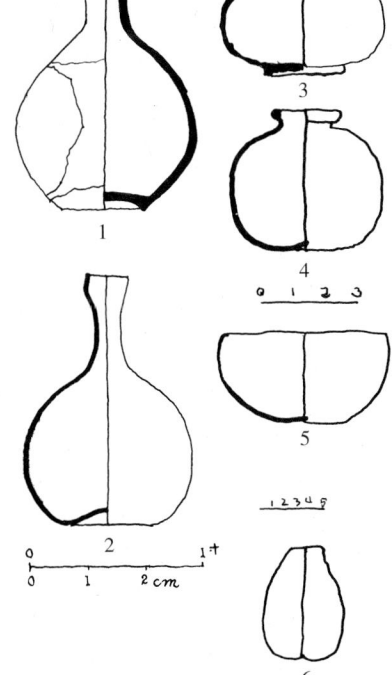

1 中国发现之玻璃舍利瓶
2 朝鲜芬皇寺塔发现之玻璃舍利瓶
3、4 定县魏代玻璃舍利瓶
5 同上玻璃钵
6 镇江甘露寺铁塔之玻璃舍利瓶

十三

这里先提一下概念。

宋舍利瓶，不同于唐型。舍利与舍利瓶是一个组成，一般还加上琉璃灯、珠类璎珞。善男信女之献贡菩萨，是与其信仰虔诚成正比例，故塔基下有纯金所铸之佛像，纯金净盂。五代钱氏独创一金涂塔式，全部鎏以纯金。中国玻璃在使用于明器之后，其用于日用工艺，远不及宗教的范围。故凡有珠类发现几千百之数目者，是信士施于菩萨之璎珞物。

如留心佛画及铸像者，菩萨身上之所谓"琉璃"饰物，从颈到腰手足，是惊人的。当时，这种假宝石璎珞，已是极高价的，而信士之对菩萨八宝之物，虽金银珠宝，皆可奉献，此于地下物，特别是塔类龙宫中见之。其数千万倍于方丈室常住保管者。

方丈室都有极大的木柜，如棺材一样大小。我参观大方丈室木柜，全是装满了帝皇诏书、绣花品、书画，但经济价值物，则不翼而飞。

域外文化交流之玻璃工艺，于此可知，宗教上的实高于世俗使用者万倍。这个概念，待下节叙述时，理解上可以更为明白。

河北定县出土一石函[①]，实际为一塔基。石函上铭文，可定为 5 世纪（481）物。此一石函中，可证明当时信徒捐献物，金银首饰无所不有，其中包括萨珊朝波斯银币,如耶斯提泽德二世（438）时等。有一银瓶，有盖，根据形式，必为舍利瓶。发掘者，瓶内没倒出什么。舍利之细，在土锈中，如以一无经验者处理，是无法发现的。但建塔有舍利，可能性极大。此石函接受女子饰物外，有大量玻璃品。

① 《考古》1966 年 5 期。

玻璃钵一件，天青色，透明，气泡极多，最厚为0.5厘米。气泡在此时代之玻璃中发现，工艺必低，疑为中国造。玻璃瓶五件，一件为细长颈小口者，当为净瓶，其他坛状，皆青色，有气泡。此瓶又不同于唐宋式，但非藏舍利之用，藏舍利无五件之多，一般来说是香料瓶。

玻璃珠类2621粒。绿、孔雀蓝、黄、白，而无红色，大部有银光。孔雀蓝、青，一般恐为铅玻璃。瓜形、扁形、扁圆者，均为中式，即滴状制作。管状，为中国传统，勒子变形珠，因而这些珠气泡多，其形式全为中国制造。此时罗马玻璃已无气泡，纽丝制法较多，灌铸滴状已无此形，而中国之不透明白色玉状玻璃，则为特征。此即佛像摩尼珠，在中国化而在额上之白玉状者，乃中国仿玉特点。

供奉菩萨之璎珞装饰，多至二千六百余粒，我大怀疑印度佛中必有女性，细腰婀娜姿态者，实为少女舞姿，但教中讳言女性，其身几乎全裸，而靠璎珞为其胸乳臀腕臂装饰之。当时信供奉女子钗钏指环耳饰，用意何在？而另一教，则男女合而为佛。正教非之。

东汉后近百年，玻璃用于实用方面，几乎衰落。而用于释氏之教，那就是佛言琉璃为宝，中国大量接受此教义，作为供养上必需品。

十四

我上面谈到塑像之双目为黑玻璃，额头白玉为中国仿玉不透明白玻璃，而未及背光妆銮所用之镶嵌玻璃。

王佶为我在一仓库中取来一佛，木雕，全身妆銮，金彩颇显，乃一女像观音，而嘴上为曲曲状二须，王估认为五台作品。另一僚佛极矮而可笑，二佛之额所镶白玻璃，我取下观察，四周不圆不光，估计宋代工艺，仅有此水平，但或为大量之欺人之物，无加工必要。惜此二像，前二三年失去。北京王世襄寄来收得之像，时代较早，未及论到此项工艺。恐所集亦毁坏无余。

洞庭东山有泥塑罗汉，颇有盛名，有汽车可直达。我根据《吴梅村诗集》，进入洞庭湖中之东山。此山无旅馆、饭店，与世隔离。先觅到一包山寺，只一僧人，在其屋顶夹层中，藏有宋明木器，寺前有石经幢。由此苦行僧导入一古庙，名福源寺，其所塑侍女、罗汉，与东山完全各一手法。大殿在养蚕，但全部加以摄影，明小木刻未上彩者极多。这些漂亮女像利用玻璃品有一定数量，苦热天气，时代问题无法查考，这种艰苦生活委实难当。

但当我写此回忆录时，曾托人去复查，寻了二天，云二寺全毁，欲拾取一玻璃眼，亦不可能。但我本来收有晋祠型女像二，亦已失其所在。而这一印象颇深，虽不得取为资料，作为回忆而言，确名副其实。东西山塑法颇精，而其庙之小与陋，无法与浙东比拟。苏南佛教建筑，极少伟构，颇使人费解。

如为宋人旧作，明清修复，则庙宇简陋，完全可能，而与甪直罗汉，则成系统。近有人发现晋祠圣母之椅下，有宋代年号，此一疑点，多年未为之攻破，鉴别确非易事。

余在玻璃年代鉴定上，可能犯极大错误，特别是在资料失尽之情况下。而可以作为证明者，中外交通史上，在南方并未起较大作用，比之敦煌，实如白水枯煎，无任何作用。

镇江甘露寺，铁塔修理中，塔基下发现玻璃珠三件，无色透明。共舍利773粒，人骨522颗，慧日（智珠）一颗（不知何物），属唐大和三年（829）。润州甘露寺重瘗舍利于长干寺塔金棺中11粒。禅中寺金棺中156粒，无色，透明或半透明，或有白色，细如芥子。属宋代元丰九年（1086）瘗下者三处，银函内57粒，银圆盒内170粒，另有七粒作矿石状，绿如孔雀石，在一银盒内。木函内372粒，均细如芥子。人骨均甚干燥。玻璃瓶与舍利、人骨，是在圆银盒之木函中发现。[1]

唐代舍利一部分为玻璃，宋代的七粒又是另一种代用品。玻璃瓶极稚拙，是小的玻璃窑土制。玻璃珠与唐舍利同一质地。古代于舍利、铜银鎏金之盒，层层包装埋入，非常珍视而严肃。参与埋葬有当地大官吏，如王安石之弟，亦在参与之行列。足以说明当时释氏之教，在中国工艺、文化史中占的比重有多大，一次就是770粒。

如本书所举例，合计将近几千粒，以当时佛教之盛，印度也供应不上，中国用玻璃自造舍利，也供不上，故有些以矿石代。但我所见舍利，似圆非圆，如路边取些黄沙代之，显然不成话，因圆度不合。那么与域外交通，从塔的建筑，其纪念性在人的心理上、经济上，永恒性，高出云表的精神崇敬作用，外来文化的作用，未必比得上细如芥子的舍利。而我的研究，是被中国古今卑视的"琉璃货"的玻璃。

[1]《考古》1961年6期。

十五

当我写此回忆录，在遗迹上、物质上、文献上，要一些人为我去校核，其间也发生了非常可笑的史例。同时，我还校核了一些心理精神状态。一些僧友，已大多死亡。留下一个瓢师，他已衰老。讨论到僧人对舍利的感想，他断续说：

从过去看，真，去一切孽障，得正果，是高僧，骨亦不朽，是为灵骨。

应是自然物，借此寄托菩提。

琉璃原始为一切宝，后世以一切宝为饰，如意、摩尼、火齐、木难……万物化生，不生不灭，此为无常。无永恒，如来，即为变。

即灯草燃琉璃灯，经年火炼，亦生硬珠。物性使然。

这一段话，说明了一个长年念经的僧徒，近年好学，已有所变，并不昏聩。认舍利为自然物——石或玻璃。但心灵深处，认为灯久燃亦可结成硬珠物质（物理的）。如此当为难磨之精神状态，即外来文化交流所积之后遗状态。凡染之深者，可导而不能净化。

宗教如此，汉学考据学如此，文献学如此，凡信，则入精神状态。凡学不入精神状态者，皆诡辩伪装，入精神状态，则成正果。一岁学话，不知所云，无论矣。

舍利子，不全是玻璃，也有各种代用品。我无法作实物化验，但可尽我之力列出历史进程中的资料，要待各单位作进一步分析。

沈阳崇寿寺白塔，拆除时作了清理，在第一层中，有一方堂，内一棺形石函，又有一铁盒，内有七小盒，其中镀金盒内放有舍利120颗，右盖上刻有"佛舍利子""三月廿三日"，正中"乾统八年"（宋大观元年，1107）。在后部发现两个方盒套一椭圆盒，外面为铁，中为铜，里为银质。

圆盒内装舍利178颗。①

其后，又在塔基进行发掘，石函内有一小瓷葫芦，内装舍利百余颗。②掘出土物，此佛应名"释迦佛生天舍利塔"，与沈阳塔湾"无垢净光舍利佛塔"同一性质。此项辽代舍利，年份不多，但为发暗的粉白色，近圆粒状，比小米大，质如砂石之坚。此批舍利不像玻璃，且不装玻璃瓶，而装瓷瓶。

这看来与生产玻璃的地区有关。在东北的舍利，会外表发暗，与我目验的不同。这里举了三种不同型的舍利。中国舍利塔为数极多，如南京栖霞山有名的石雕刻塔，亦为舍利塔，不一一例举。

河北定县发掘二座宋代塔基。六号塔基出土舍利二百余斤。塔之最后修理为宋代，可是塔里遗物从魏、隋至唐代均有。其中又出土玻璃盆一，玻璃葫芦33只。又五号塔基出土玻璃缸三、玻璃盆三、玻璃葡萄一串、玻璃瓶七只，其他24件。原报告不作详细报导，至少是宋代玻璃史料。但五号塔基石函盖上刻："大隋大业……塔内有瑠璃瓶二，小白、大碧。"

这个塔基的玻璃器，可能不全是宋物。③也有舍利子，旧的已失，新的是假货，而玻璃器，则仍是好资料。可惜新考古学者，对玻璃二字不记，一件釉器却摄影详记，忙个不了。也许这是考古学的传统，但并不赞同。

① 《考古通讯》1957年6期，37页。
② 《文物参考资料》1957年8期，81页。
③ 《文物》1972年8期。

十六

玻璃是工艺品，而工艺品的生产，不是经济价值，而是从思想体系的历史过程中联系着的东西。

陶器的最初产生是生活，但由于生活用品，而产生人死后灵魂存在的思想，一部分转入明器，其后青瓷绿釉均转为明器。玻璃从人的装饰，转为仿琉璃的玉代用品，转为明器。而同时释氏之教传入，作为释教之宝，转为宗教道具，"琉璃"钵、"琉璃"灯、"璎珞"，而成释氏八宝之木难、如意、摩尼等。而最大的秘密是以玻璃为舍利。

舍利非全部为玻璃，而与玻璃、舍利瓶、法钵连在一起，这种转化，完全从人的思想体系生化，而以原始的金翅鸟与释氏之宝上转化而来。

我讲舍利，已讲得很多。原意是想从舍利来看中外交通关系，但到后代的舍利，已不能起这一作用。据《如意宝珠金轮咒王经》说："若无舍利，以金、银、琉璃、水精、玛瑙、玻璃众宝造作舍利。……行无力者，则到大海边拾清净砂石，即为舍利，亦用药草、竹木根节造为舍利。"舍利，在最初，无疑大多数用玻璃制造，到后代供求不适应，则是无所不用其极。但其瓶作为玻璃工艺史料则仍然存在。

中外交通史，与其说是实物/物质文化的交流，毋宁说思想精神的影响，超过了工艺技术的成就。

中印关系，在文化上的面相当大，而"琉璃"问题，在中印关系上起的作用，超过其他国家。问题关键就是释氏之教。

上举玻璃实例，须明了中国文化。由于瓷制作的手法，胎较厚重，甘露寺舍利瓶，薄而轻，不合铸的手法；魏舍利瓶卷口、平底，是古瓷的类型；朝鲜舍利瓶，当为中国出口，钵的造型为中国古瓷碗式，与晋瓷造型无异。中国用筷，起自南方，上海福州路一旧家及苏州所见，筷长为20厘米弱；

浙闽乡村，筷长为 28 厘米强；湖南为 31 厘米强。长者原始性较多。而钵，是以手抓饭，不用筷的特点，故向内卷口。定县玻璃钵及其他钵状玻璃器，未向内卷口，当是中国型器。中国玻璃，由窑汗转化，以灰成器，铸器多，绞扭工艺少，故气泡多，应是中国古玻璃特点，特指初期，或未起改革作用者，其后即逐步转少。

凡落土年久，有银色土锈，以及孔雀蓝等浓色，必有金属——铅性存在。但这种有色玻璃，这时仅是开始，尚未发展。玻璃历史章详述之，仅说到中国交通史的一些关系而已。即金属玻璃，中域交流中，在什么时代起了作用的问题。

璧流离一辞，是译音，同瑟瑟、木难等一样。指的是传闻想象，特别是释氏原始的宝的观念化生神话中的产物，即后代雕塑、绘画的佛像中，额上凿一孔（经典则云在发髻，佛原始带发，后以除一切烦恼而为秃，原释氏男女不分，后化为男），嵌一白色物，称摩尼珠者，即琉璃的化身。在思想精神世界，则以明澈为佛之象征。

而在物质文化史上，则是石、烧制物、尸骨（一称灵骨）。后世，凡属光明、青色、明澈者，如建筑材料、烧制物，足以代佛法之说者，皆称琉璃，并附有一定程度之神灵，如难产、医药之类。中国与西域诸国传说糅在一起。而对这一物质文化研究，在我所考虑的首先是分析其真实状况，有其相生的一面，也有其相克的一面。有以讹传讹，也有讹之中包含着真实成分。

十七

中国与域外交通，最早要算希腊人托尔米的《地理志》中记有秦尼国（Sinae）及赛里斯国（Serice）。称中国为秦国，大概是秦服西戎，声威远振，但这肯定是原始流浪者辗转传闻，所以到汉武帝时，大宛还称中国人为秦人。

赛里斯的意义为蚕丝地，大约指的是新疆的丝路，所以域外真正知道中国，最早也在公元前2世纪（域外古代学者有的还认为丝是树皮，有的还说丝是一种虫的毛）。与中国自己生产玻璃的时代，公元前10、9世纪，有地下物发现的年代推论，就有点风马牛不相及。若以中国釉使用的时代，在公元前商代的14、15世纪，世界上找不出早于中国使用釉的民族，包括埃及。而釉与玻璃，只要懂得一点化学知识，它们不是姊妹，也是父母关系。

至于其后张骞，虽他跑于大宛、康居、大月氏、大夏诸地，也听闻关于身毒、安息、条支、乌孙、奄蔡等四五个古代中央亚细亚的一些事情，毕竟他所到的地方，实无什么伟大文化可言。但他的时代，中国玻璃已成为像后汉烧成鸡头壶之类的青瓷明器一样，专为死人夸富有的殉葬物。

原来，中国埋璧，是头向璧，璧向羡道，有引向天路之意。马王堆墓更明显表达龙在黄泉，通过璧孔引向上天（说明中说"二龙穿璧"，龙穿璧他已画出了，何须再述）。而张骞通西域之前，中国制玻璃璧，一面有纹，一面是平的，显然这是骗鬼的把戏，把它一叠叠埋入坟中。故张骞通西域，对中国制造玻璃业，已无什么知识可传入了。

不管哪一个向域外走的古代旅行者，没一个跨过红海，对埃及是不起作用。即使说埃及制玻璃较早，但它与中国无关。小小红海，现代来讲穿越不难，而在古代，待埃及跨过红海，而传布其生活习惯到亚洲，在古代人类文化学来看，时间已是很晚了。

后汉以前，官方或非官方旅行人员，最远是到达犁靬，即《汉书》上的骊靬，那是古罗马的边境。黑海与地中海之间，罗马盛时，地域之广，有东西罗马，故即使到犁靬，也无非以后耶路撒冷的边上。那么，即使罗马制玻璃也是相当早的民族，可是到公元前后，仍无机会将这一物质文化从其中心地传到中国。而中国玻璃在这时代，已无须得到异域的助力。

但另一史实，亚力山大征服之地，包括叙利亚、巴比伦、粟特，这种文化集中在大夏，后大夏为月氏所征服，希腊血统散处四方。公元前后，大月贵霜王朝迦腻色迦一世，创建了犍陀罗国。建陀文化自迦腻色迦二世，其中心已在今印度西北的帕绍阿，中国受到犍陀罗文化的影响，则是起了很大的作用。

既然希腊、印度混合体的犍陀罗式文化在中国起了作用，这同时期的其他文化与之同来，毫无疑问。

释氏之教起自中印度，在公元前3世纪，承继孔雀王朝正统的摩揭陀国王阿育王，派遣传教僧向四方宣扬佛教，后统治全印度，即阿输迦无忧王，于是释氏之教流传于中央亚细亚，即今之阿富汗、土耳其斯坦，远及新疆、于阗、龟兹。另一路则由锡兰、暹罗、柬埔寨至东印度群岛，及其他亚细亚诸国。

王即位在公元前261年，大兴释教，则在公元前2世纪左右，正是武帝使人出使之前。释氏之教初来中国，则是中央亚细亚及月氏辗转传入，并非印度直接传来。印度受到希腊文化的影响，从没有玻璃的民族，也开始制造玻璃，其后以玻璃制释氏八宝之宝石、璧流离或各色宝，在它这个以魔术闻名的民族。正如义净译《根本说一切有部毗奈耶经》所著录的史实，随着释氏教义的全面化，中国也就全部接受了"璧流离"这个混淆的称谓——一个包含多种同类型物质的原始名辞，成为满足大力扩展教义宣传道具的专名辞。

释氏传入中国，异说纷纭。相传西汉末哀帝元寿之年（前2），博士弟子景卢受大月氏王使伊存口授《浮屠经》。但《汉书》云，汉武帝使人入海市璧流离。则他知道璧流离的知识，是从何处得来？决不是从正式的佛经得来，而是从原始流浪者的怪诞传说中得来。而且不是他已得到璧流离，而是想"市"——买到璧流离。而《汉书》也不是武帝时的记录，是班固根据明帝时（227）的传说记录，而非实录。

公元2世纪大地理学者托勒美所引他的前辈泰勒的马利努斯的三条记载，其第二条，记载塞迦游牧人的疆域东边到中国的商路时，讲到伊摩斯山商人去丝国时的那个驿站。这"塞迦游牧人"之类，就是我所指的原始流浪者，夸谈印度传到罽宾的金翅鸟与龙相争的宝石，璧流离。

璧流离，显然是梵音 vaiduys，但指的是宝石，奇怪鸟蛇之争中的青色宝石。不问是琉璃、吠琉璃、吠努离耶、毗瑠璃、鞞头梨，总之是一个传说的产物。

根据地下发现物，战国到西汉的古玉，其透明度、闪光、精神，已达到极高标准。其后，已无春秋战国间一个璧，可换一个城邑的事了。比如说，有时打开一个古墓，出几个玉璧也无所谓。玉璧已不是那么可贵了。武帝正处于这种状态，幻想着神仙的奇迹，而实际在地下物中，从未发现有可疑为璧流离的实物。

事实也确实如此，一颗蓝宝石，精莹闪光，超过了玉。玉是中国文化（《山海经》记玉名22种，其中无璧流离；许氏说玉之类百十，也无璧流离），宝石是印度文化——即以一切宝饰它的半裸的美术风格。

然而印度人传入中国的璧流离，不是玻璃，而是像玻璃般明净莹澈、略无尘埃，以象征佛。因而璧流离是自然物，是原始传说中的宝，转为象征的宝。《汉书》之所以云是罽宾出者，问题就是当初的传说，由罽宾、月氏等佛教民族所传入。

正像中国二龙抢珠的故事一样，珠及珠状物，本来在原始社会已为人所喜爱，详见珠一章。

十八

我在旅行中，夜晚到雪窦，为了看千丈岩飞瀑，我身用绳系树，攀岩口下视，用我最好的电筒下照，其光不到二丈就无用了。第二天，我将爆竹下岩燃放，声响极微，同我登高燃放一样无声。当人坐在铁篮中，吊下日本日光山的深谷时，恐怖心理仍然存在，人只要一跳，显然是入黄泉之路。

黄山玉屏峰，有个厕所，伸出岩顶，下为深壑，有这个机会，我可以看壑的幽深。我身边没材料，将帕子系一小石掷下去，它飘下去，又被壑风旋上来，久久，才看不到了。游黄山，多游山峰，没人敢下深壑。顾恺之的云台山图设想，就是从这神秘观点产生的。

地底下本来就是一只坩埚，坩埚爆破——火山喷发。有的岩浆的结晶，在冷却时，就成为石英、长石、云母等粒状物。岩浆喷到地上，成为结晶体，地质学上就称为"玻璃质",如含有三氧化二铁,那就变成红色,这就成了宝石。近一点讲,杭州葛岭,就有很多红石夹在岩中,而方士就利用宝石山的结晶体就地炼丹,成为葛仙。而壑中的圆粒,就是这样产生,又产生了神话。

西汉,最高智慧,也不能不为印度金翅鸟口中探得之宝——璧流离所迷惑。至于汉画像石之璧,非写实,是写箴言与祥瑞。既不能成为研究璧流离的史料,更不能为玻璃的史料,至多是个美术史史料。

如果我的言说,能道出璧流离是自然物与象征佛的精神寄托,我还应谈清楚,一切玉佛寺的白石卧佛,它们为什么不采泥塑妆銮,可光耀迷离以惑人,又为何不采石刻,可垂世永久?

问题就是以白玉为卧佛,显出佛的莹洁净明的真身,同佛在火焚之后其骨化为舍利(和金翅鸟自焚后,心化为琉璃相同),而舍利是明澈如水精,略无尘埃。

这些白石佛雕刻,我看过几百尊,全是些顶差的类大理石的矾石。这一根源,出在《大智度论》。其故事是《西域记》中说的,说舍卫城的诸外道,阴谋伤害佛陀,佛不愿对抗,游化他处,遂产生上天三月为母说法故事。阿育王为纪念这个佛陀遗迹,在其处立石柱"高三十肘,上作师子,柱内四边有佛像,内外映澈,净若琉璃"。那就说明,这种白石他们也称琉璃。所以,要是不把这诸种联系一层层剥开,中国创制玻璃,是无法弄明白的。

问题的研究,是会不断发展的。虽然仅仅是为了说明《汉书》中的一句废话,被后代学者演进为中外交通史、文化传布论的借口,引申到中国窑工创造的玻璃,却道是从埃及、罗马传入,我就费了如此多的口舌。而问题还有遗留,既然如此,就得把以讹传讹这一孽障,一棍子打死。打个半死,是不行的。

十九

璧流离是石,不是玉,更不是玻璃。即使在汉通西域之后,据《汉书·西域传》所载,西域之民族,也未有知如何制造玻璃者,但释氏之书到了中国,其后发现了异于琉璃、而且混淆之"颇黎"。

颇黎是不是与我们自造之玻璃为一物,即人造物呢?还是自然物之另一种?

姚秦鸠摩罗什译《佛说阿弥陀经》及《大智度论》,七宝为金、银、琉璃、颇黎、车渠、玛瑙、赤珠。宋畺良耶舍之《观无量寿佛经》,亦有琉璃、颇黎,分为二物。唐菩提流志《大宝积经》,亦以颇黎、琉璃皆为宝物。

颇黎梵语作 Spabhks。《大唐西域记》《瑜伽师地论》作"颇胝",《翻译名义集》谓"颇黎"或云"塞颇胝迦",《阿毗达摩俱舍论》作"颇胝迦",《一切经音义》作"婆破致迦",《刊正记》谓正名"窣坡致迦"。

这虽是较后代的文献,与中国玻璃关系不大,也不小。但它又是释氏之教带来的——文化传播的产物。对释氏来讲,云是一宝,释氏之宝多是未加工或劳动创造的物质文化。宗教的固定于原始型(包括思想、观点,与方士之放诞与进取不同)是和封建的停滞性同规律的。

而问题却在于如何看待、解释这种释氏之宝。《石雅》谓琉璃常杂彩釉为之(似指琉璃瓦),玻璃则质较纯。它的玻璃观念完全任意测。渊博的夏德(Hirth)对琉璃、玻瓈(颇黎)之别,以为玻璃透明,琉璃不透明，而后者常通称为料。他把二种物质都定为人造，这是极后代的知识，而把琉璃瓦称为料，更不懂得中国如何区别釉玻璃与铅釉的关键，而成为缺乏常识的外国学者。

《一切经音义》："颇梨，此云水玉。"《翻译名义集》："此云水玉，即苍玉，或云水精，又云白珠。"《刊正记》："状如此方精，有赤有白，譬如过千岁冰化为颇黎。"《本草拾遗》："此西国之宝……一称水玉，或云千岁冰所化。"[1] 他们把颇黎认为是水玉、冰所化，近代学者有以为是水晶（以为佛经言水精者，不言颇黎，言颇黎者，不言水精），也有以为是红宝石，出在八达山。

《魏书·波斯传》："大真珠多颇黎，琉璃。"杜佑《通典》"劫国"条："大唐武德二年，遣使贡宝带、金锁、颇梨、水精杯各一，颇梨四百九十枚，大者如枣，小者如酸枣。"《新唐书》"罽宾"条："遣使贡宝带、金锁、水精盏、颇黎状若酸枣。"于此可以明白，颇黎是自然物，透明度较高，大小粒相差不大。

西安南郊出土了一批唐邠王府遗址中的药物，内为钟乳石、丹砂、石英、珊瑚、密陀僧、琥珀，其中即有颇黎十多颗。[2] 唐宋时代，这种透明度较强的矿和石钟乳，在医药进入了复方的进步中，已成为药物原料。《本草拾遗》云："主治惊悸、心热，能安心明目，去赤眼，熨热肿。"几近乎生石膏，而且进口量多（从来没有玻璃进口实物记录）。

人的认识力提高了，也逐渐有了比较普遍的常识。中国玻璃从假琉璃到了这个时代，除了弄文墨的守旧文人，渐渐就称为玻璃了。《太平寰宇记》则以玻璃代颇黎。

中国古代玻璃的定名，应在这个时代。

[1] 皆转引自《石雅》。
[2] 《文物》1972年6期。

附记

日长似岁，病余有幸看到南京大学历史系北园东晋墓的报告："人工制成的玻璃器在晋朝时候究竟称作什么呢？我们认为还是应该包括在当时所称的'琉璃器'……因为是从国外输入的，所以被称为'宝器'，只有高级的封建贵族才能享用，而《世说新语》的编者也把王济用瑠璃食具请皇帝吃饭的举动，当作是非常奢侈的行为来描写。"①

南大是高等学府，在 20 世纪还认为在晋代中国还不会造玻璃，是从外国进口，这实使人大失所望。靠一部《世说新语》那种姑妄言之的杂家书当史料甚贫乏，却难以置信南大图书馆的简陋。如果给一个有分析能力的人一件琉璃宝器，会不会去用作洗澡时的皂荚盆？《世说新语》说："婢擎金澡盘盛水，瑠璃碗盛澡豆。"澡豆是什么呢？是从山野拾来的皂荚，它像豆荚一般，火煨之后，捣烂，可作肥皂之用。这个我们乡下都认为不值钱的澡豆，会用外国进口的宝器来盛么？以"王者不隐过则至"的宝贝做肥皂缸，这是天大的笑话。

老实说，后汉时瓷器已大大发展，玻璃脆，实用上已属停滞生产的东西（除了装饰品）。此墓出玻璃不少，可惜一张完整照片也没有刊出。

今天有幸看程十髪插图本的《红楼梦》②，这是十三四岁的玩意儿，很想看看焦大，却看了不少清代玻璃资料。第三回三一页"一边是玻璃盆"，注者云："明清玻璃器，多半来自外国，价值昂贵。"看来这条注是多余的。曹雪芹写的是 17 世纪的事，与明代毫无关系。中国在清初已大量生产玻璃器，

---

① 《文物》1973 年 4 期。
② 《程十髪插图本》（1972）。

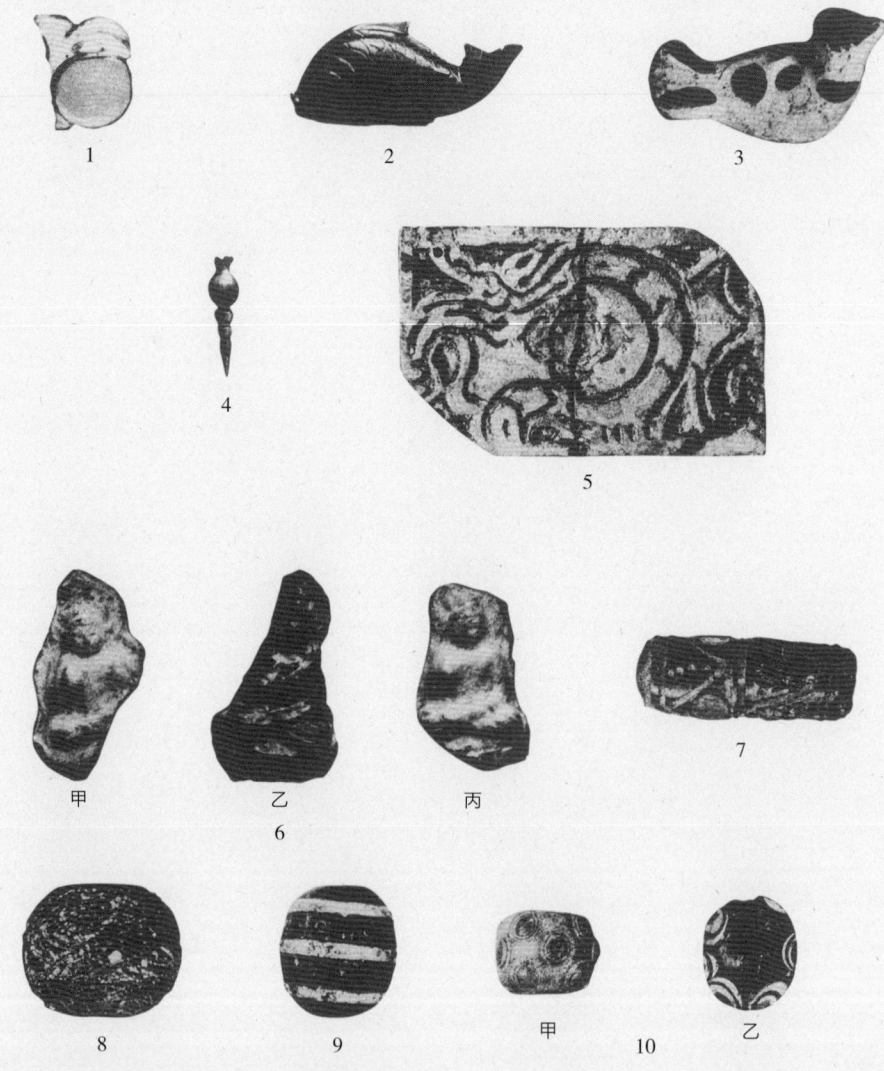

图 89

1 玻璃饰物。近代
2 玻璃鱼佩件。明代
3 玻璃残件。近代
4 玻璃釉陶鸟形。陶红色,釉有蓝、白、棕、杂色。原文定周代
5 玻璃片残器。龙的纹样,近汉圹砖纹
6 玻璃小佛像。甲、乙、丙,近唐代佛像造型
7 玻璃管状珠。管玉是中国特点,纹样不论
8 玻璃珠。黄色,土蚀成纽状,是失群的零珠
9 玻璃珠。棕色,白色纹三,色与纹均不类中国型
10 乳纹玻璃珠。甲上面,乙侧面,近复眼。波斯发现
11 玻璃珠。土蚀。显示制作时的绞状
12 玻璃残器。用途未定
13 玻璃环。孔大,薄扁平,近古代玉玦,肉红色,土蚀成玛瑙状,是仿玛瑙。另一件见图 57(186页)之 5
14 黏土制饰物。甲侧面,乙顶部。出莱茵兰地区,定公元前 700 年。是角珠的原始型

  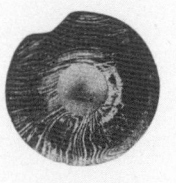

11　　　　　12　　　　　13

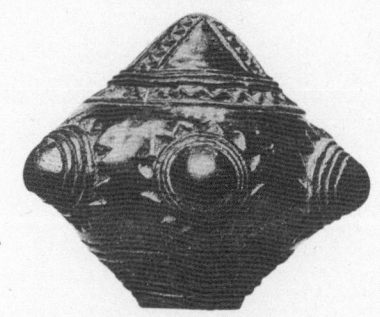

14甲

14乙

单鼻烟壶不下几千万只，但中国博物馆是从来不陈列清代玻璃的。可是外国人收了不少，他们在研究中国玻璃发展历史，外人图谱，刊了不少大玻璃瓶，也确实珍贵。注者可惜没有通读一篇。

如十八回二〇二页："贾妃登舟，两边石栏上，皆系水晶玻璃各色风灯。"三十一回三七〇页："晴雯笑道：'先时候儿什么玻璃缸，不知弄坏了多少。'"五十三回六六八页："将玻璃料丝……诸灯挂满。"五十六回七一七页："原是那嵌的大镜对面相照。"《红楼梦》上，记下了日用玻璃器，真是多得很，也不必细说，总是这个时代，博山的玻璃原料运到北京加工以外，各地也已小型生产。可惜我们没有好好写出祖国的工艺史。一些学者一说中国玻璃，离不了外国输入的概念，其病根之深比黛玉还重。

日本称玻璃为硝子，一般以为硝是制玻璃原料，故名。我国辞书，也只此一化学名。而《红楼梦》中，却有段极好资料，为其他杂书所失记。九十二回一一八八页："一件围屏，中间是绝好的硝子石镂出山水、宫妆女子，名汉宫春晓。"近似玻璃的玉石，真是多得很，不独是璧流离，硝子石显然近似古代半透明玻璃。日本称玻璃为硝子，正如中国称玻璃为琉璃。琉璃、硝子、颇黎，多是天然石，由于人工玻璃像天然石，故以天然石名，名玻璃。

第八章 琉璃、琉璃釉、琉璃瓦

中国的釉，有瓷釉，有铅釉。瓷釉比较熟悉，它已转化为玻璃，而且在它原有的岗位上，发扬光大，成为全世界瓷器的祖先。铅釉是什么？从何处来？它是为什么人服务而发展的？一大串问题。而其金碧辉煌，自有它的历史。

一

先说一说琉璃瓦是怎样的物质，摸得个概念。

明清间皇宫上的琉璃瓦正吻（屋角上装饰）一只，重至7300斤，值白银一百八十余两，用铅650两。这不是一般人所能想象，亦不可能使用。它与我们距离很远。但古代帝皇所追求的，就是这些希腊、拜占廷、波斯等古帝国之一宝。但它有本民族制铅釉的基础，应帝皇、宗教的要求而发展。而中国掌握了工艺之后，制作即轻而易举。

即在今黄陂北路的一个小弄中，有块天井，以二分之一建了个一米大小的土窑，那是河南人刘老四弟兄二人做唐三彩的小工场。马、驼、胖女人、乐队等，多有模子，分块印成，用泥浆一抹，即成大坯，然后加塑小件，干后即涂釉。釉是柴灰一样的东西，分不出红蓝，乌七八糟的抹上去就可以。下午进窑，第二天出窑了，一般不烧透，烧透釉厚，二只就贴在一起了，火度只800℃以下。

我做了个小杯放在窑口，烧成后极硬，不吸水。烧成的人马，先涂一些盐酸、硝酸等酸性化学物，其闪光去了大半，用显微镜看，呈微孔状，多细裂缝。再涂碱、盐、黄泥浆，闷在地下三月，碱、盐从细裂缝透出白霜，黄泥吸入胎中，闪光、高光大部消失，就此成为高价的唐三彩。如酸类涂得好，胎的火度适应，则真伪确是难辨。每天小便就浇在泥坑里，小便中含有酸、碱、盐，它能剥掉釉而生微粒。

近来，他哥哥回去生产，他自己也改行了。我在他那里走了三年，琉璃釉——铅釉，基本上掌握了全部性能。但他没有我的龙泉窑工老朋友明朗，可以将全部秘密配方写给我，这个河南人的釉灰配方始终不公开，宁可全部投入下水道。

琉璃釉与玻璃，是旁系亲属，有共性，但比较脆，火度低，透明度弱，因而，基本上是两回事。

《北史·西域列传》：大月氏国"太武时，其国人商贩京师，自云能铸石为五色瑠璃，于是采矿山中，于京师铸之，既成，光泽乃美于西方来者。乃诏为行殿，容百余人，光色映彻，观者见之，莫不惊骇，以为神明所作，自此，国中瑠璃遂贱，人不复珍之。"

近代学人，研究玻璃者，认为是玻璃的创始；研究琉璃釉者，以此为琉璃之始。实际上是错了。

这一时期的大月，已缩到现在巴基斯坦、印度河口，这种大型纪念性建筑的琉璃工人，已无大用，流落到中国。古东罗马人也因失国，一部分成为流浪者。大月实际是从巴比伦、波斯得来的经验，这是拜占廷的特长，其后中东各地皆能造。

这里所指的琉璃，不是玻璃。璧流离是高山的矿物，落在深壑的宝石，当然只有一种色属。如《三国志》引《魏略》：大秦出"赤、白、黑、黄、青、绿、绀、缥、红、紫十种流离"。这显然是琉璃瓦，一个矿地质既不可能出十色的宝石，当时也不可能出十色的玻璃。我在刘老四的土窑上所知的釉色经验，差不多就有八九个竹罐的釉药，那是通过多少年代，才发现了唐三彩琉璃釉的知识。

《旧唐书·西戎列传》"拂菻"条："贞观王波多利使献赤玻璃。"中国玻璃定名，应是这一时代，但已迟到唐代，公元 7 世纪，在此以前均混称琉璃，包括琉璃瓦。此时制玻璃，据出土物，最大玻璃板（以璧计算）不可能超过 15 厘米，透明度很差，更不可能有五色。以这种条件，怎么能建造行殿？以此分析，肯定是琉璃瓦建筑，而不是玻璃建筑的行殿。如是玻璃建筑，则早超过纽约的怪建筑了。但必须明白，"自此，中国琉璃遂贱"一句，这一句说明了大月工人造些琉璃釉之前，中国自己早已有了。

二

章鸿钊《石雅》，是中国谈琉璃问题较早的一部著作，他认为玻璃系由东罗马传入，到北魏开始自己制造。

他不知道中国在公元前 10、9 世纪，已把玻璃做棺材的装饰品。最早在何时创造？可能还要早得多。他说的北魏开始自己制造，就是《北史》上大月氏造琉璃的一段史料。他可能万万想不到，这个琉璃，不是玻璃，而是琉璃瓦。也万万想不到，琉璃釉，在中国早已自制了。

读书仅照本宣科不行，不求甚解也不行。研究物质文化，一丝也不能放过，有的文献夸大了，失真了，伪造了，转抄了，这些文献，仔细看，无奇不有，非得用显微镜不可。

自月氏衰落，这些宫廷建筑工人流亡到北魏（439），正是五胡十六国时代。由于琉璃瓦价值高贵，他们不依附于宫廷与宗教，是无法生存的。

由于这样，北魏后的山西，从公元5世纪之后，成为中国这样大版图的国家中琉璃瓦的摇篮，成为琉璃瓦的祖师爷。我下面会谈到，到了行会制度的社会，做琉璃的，就是这几族；而且流到北京等远地，还是这几个姓族。

《北史》这段史料，《长沙古物闻见记》"楚琉璃珠"（这名辞也值推敲）一则中也引用，接下去就引程氏《演繁露》的记录，说到中国玻璃加热酒即碎，舶来者朴纯，"《北史》谓冶石汁加药而成是也"，"汉时铸法失传，遂为西域所专"。这样的大考古学者，竟误认《北史》所言为玻璃，汉时失传。

总之，凡言中国玻璃之始，均根据《北史》。大小书籍、论文不下千百，这一错误，非纠正不可。

下面提一个同样性质的颠倒历史的错误。

《隋书·何稠传》："稠博览古图，多识旧物。……时中国久绝琉璃之作，匠人无敢措意，稠以绿瓷为之，与真不异。"

这段史料，一般也认为是制造玻璃。

按何稠是南方人，后入长安，曾掌"细作署"营建文献后陵墓，设计辽东行殿，在唐代任"将作小匠"。他父亲也吃这行饭，他是百分之一百的营造业的小官吏。琉璃釉不是一般建筑可用，隋以前，中国史上，从三国打仗开始，两晋战火纷争，南北朝，一打就是4个世纪，不会有营造宫殿的可能，依附于帝皇营建的琉璃匠，当然死得一干二净。中国久绝琉璃之作，不是琉璃瓦是什么？有些学者却把它当作玻璃，要举例，太多了。

何稠既然是个世代营造业者，他也没能力造五彩铅釉，但单是有铅的成分，汉代的二等统治者造假铜器的绿釉（即文中绿瓷）为殉葬器的方法（其知识大概比黄陂北路刘老四差很多），大概他祖上还有存根。他是好机会，用绿琉璃釉造出了琉璃瓦，居然登上了《隋史》。

若何稠上了《隋史》，如何做假古董的刘老四兄弟，知识高于何稠却在社会的底层？仅看书本的历史，老了，缺牙！正史，似为屈史，一定要全方位潜心挖掘真实史料，即我所谓的比较考古学。

前几年发现了北齐范粹墓，出土了唐三彩一样的瓷器13件，一件黄釉扁壶，一件白上加绿釉瓶。这完全是唐三彩的琉璃釉。《文化大革命期间出土文物》及《文物》1972年1期，都有彩图。北齐亡于577年，隋朝立于589年，相差只12年，实际隋皇581年就接上北朝，故只差四年。四年前北齐已能烧唐三彩一样的琉璃釉，而《何稠传》却说中国久绝琉璃之作，这值得商榷。这样看，文献上的传说，十有九是夸大的。

三

文帝时，牛弘请开献书之路。《隋书·经籍志》："炀帝即位，秘阁之书，限写五十副本，分为三品：上品红瑠璃轴，中品绀瑠璃轴，下品漆轴。"史书一方面言当时连琉璃瓦也无法烧成，而又言书轴也用琉璃之多色工艺品。所以史料也有它的两面性。

由于社会制度的变革，铜的使用大量投入到货币上去，从楚人的时代开始，已可看出铜的缺乏。我手边有只楚人凿花的洗子，由于比现在的面盆还轻巧，我是取来作养假山之用。这种薄铜器，可看出当时统治者之铜穷，穷到后代的票号一样。

到了汉代，到处盗掘古墓，抢掠铜器。《中国社会史料丛钞》辑录：《汉书·梁平王传》言"言孝王有罍尊直千金"，《郊祀志》言"武帝有故铜器"，《后汉书·窦宪传》言"南单于漠北遗古鼎，容五斗"，他们发现了黄铜器具，像旧式茶店中的黄铜吊子一样，比之出土青铜器色彩之丰富，真是怪寒碜的。那些二三等的穷统治者，就想法用仿古铜的绿釉陶瓷为殉，以便到阴司享受一番。汉绿色琉璃仿铜器，约持续4个世纪。

中国的考古学者，第一受古董商的影响，这种仿铜器绿色明器，古董商叫绿釉，考古书就跟着称为绿釉；古董商看出土器上，有一层金属变化银色闪光，于是又称为银釉，考古书上也跟着称银釉。第二根据古文献，但此物古文献无据，只可不跟了。中国古代有玻璃，因做域外一般的假琉璃，故混称琉璃。而绿琉璃釉，明白得很，就是后代琉璃瓦的物质，却没有称琉璃。说明文献不足据。

这些绿釉，就是中国最早的铅釉，所谓琉璃瓦。当玻璃物质制成释氏一宝的假琉璃，就称为琉璃。而绿色铅釉，明明是琉璃，为什么从文献到习惯性的称谓，从未发现称它为琉璃这一真名呢？而且它的最早年代也难明白。在这几十年的研究中，问题就在于古董商把成批的组成关系拆乱了，把伴出物分离了，而这些年来，几次要找个完备的记录，非常困难，这些人一意寻求精美的陈列品，而不知中国铅釉起源的关键。

一个外国记者，将汉代绿釉明器做了化验，视其结果，知道绿色仍是铜质，认为这种绿釉，简直就是一种玻璃（根据成分）。[①] 此不失为外国人，

① 《汉代艺术鸟瞰》（二次美展会刊）。引 H. W. Nichols。

他不知道中国玻璃的发展初期是瓷釉，铅釉是较后起的，但他理解到釉即是玻璃，也不失为有见识。像 B.Lauter 以为有了釉，即为中国瓷器的起源。他们高度注意到釉的化成物的成就，比胎的化学知识高一级，比中科院的报告认为越窑仍为灰陶胎的学究味要强多了。

宋《营造法式》："凡造琉璃瓦等之制，药以黄丹、洛河石和铜末，用水调匀。"所以称汉绿釉明器为琉璃，则是完全正确的。从汉绿釉的域外化验，到宋琉璃瓦制法记录，完全可说明这一点。

《天工开物》记录制琉璃瓦：琉璃成坯，置窑烧后取出，"成色以无名异、棕榈毛等煎汁涂染成绿黛；赭石、松香、蒲草等染成黄，再入别窑，减杀薪火，逼成琉璃色"。按无名异为锰。此条说明琉璃瓦要素，烧后加釉，且火度低。与三彩一次低火烧，方法完全不同，说明釉相同，胎之硬度相差很远。中国对琉璃釉惜未深入研究，大概其配料之变化，乃极为复杂之工艺。刘老四处之配方，即对其侄，亦不明言。但必须有玻璃粉，是其发展中因。

凡世之言银釉、绿瓷、金银釉、缥瓦、三彩、汉绿釉，这些名称应一概作废，正其名为琉璃。而用于其他瓷器者，正名为琉璃釉。

这种汉琉璃明器，其鼎壶上的浮雕，如细加研究，较任何汉石刻画之艺术为高，且对《山海经》以及失传之神话与民俗资料有极为丰富的补充。但出土物一般记录不详，当事者亦不够重视，余以与玻璃关系不大，出土记录正文未加细查，真是一件憾事。

四

已经著录且有年代可考者，纽约大拿（Dana）古物所，有一件红色壶，又泛以绿釉色，呈银色珠光，有纪年模印为元光二年（前133）。日本亦有同时代的一件。这种东西成千上万出土，但考古记录所见不多，完整记录更少。这种器物出土区以河南、陕西为多，湖南亦略有所出，至于江南文化对琉璃似无好感。山西自为鲜卑人拓跋珪占据了172年，又成了西域佛教中心地，琉璃之盛，甲于全国，及至后代苏、乔、吕、景、王、张等姓，多是琉璃业，迁到北京琉璃厂，也是些山西人。因而琉璃塔、九龙壁，大型琉璃建筑物，少不了山西人。

据《北史》云："国中瑠璃遂贱。"说明中国早有琉璃，但造价高。汉代有些文献言及琉璃，可能不是玻璃，而是琉璃。如《西京杂记》："赵飞燕女弟居昭阳殿……窗扉多是绿琉璃，亦皆达照，毛发不得藏焉。"这时绿玻璃透明度不高，不可能毛发不得藏。所谓"亦皆达照"，可能指反光。看来用文献说明不了问题。根据收集瓦当，似未发现汉代以琉璃为建筑物，或地下发现物之碎片。但历代志书中，言盗墓中，如《长子县志》"发现一古冢，有隧，及门皆琉璃龙凤之状"，《平遥县志》"南神庙下，冢类而居，墓顶如车盖，四壁尽用琉璃"。恐琉璃之用，尚无人详为研究。

文献记录，4世纪北魏统治者，同平城修建宫殿，用琉璃建筑材料，则是较早资料。但北魏之俑——明器，已无汉代的绿琉璃。当年访得雁荡路一家倒闭的古玩铺，云专办北魏古物，至其阁楼，全是瓦胎物，将高及一米的魏文臣俑抬了下来，重可百斤，但所有胎上，无一点釉色。此种变化，真不可思议，但基本上还是经济问题。

唐人发挥了琉璃到七八色之多（不仅三彩），其使用金属釉，范围是扩大了，制作亦精，艺术成就也高。6世纪后，琉璃的发展非常繁荣，以地区来言，景德镇，云有一家专烧琉璃；吉州，我亲自调查，在废品匣钵上发现法化，而北方更不必详举了。但山西、北京那样的飞虹塔、九龙壁、宫殿装饰，是有地区限度的，这就说明了琉璃与释氏、琉璃与统治者——特别是非汉族的统治者，有着血肉不可分隔的关系。

在制作上，琉璃三彩与建筑琉璃饰物，大有分别。三彩火度低，建筑物，羼石砂、胎硬、复烧、法化、素三彩，法化琉璃釉等工艺美术，则更不同了。

14年前，我写过一篇关于古代琉璃的文章，我说，玻璃从釉发展，琉璃是地下建筑的最好材料。因当时同人在讨论彼时的地下建筑设计，我谈到琉璃之坚，他们多笑起来了。文章发表，编者将非考古的实用部分删了。但过了几个月，日本陶协刊物《陶说》翻译转载出来了，不过他们不认得一般字典上没有的"饴"字，臆测错为"治"字。这同建筑师不懂琉璃性能，必须要在地下室画水彩画，是同一个道理。可是不到3个月，白粉全变黑色，他们才大惊失色。

五

琉璃釉变化无穷。

我们细细地翻一翻道藏记载。晋时有琅玕华丹之经，炼丹药中有石英、铅、汞、硝石、丹砂、戎盐、空青等。其试验出假琉璃，方法、物质条件全部都有。道士之教，早在战国，盛在汉代，王充知识最可靠。葬尸入殓，本来就是道士用的九窍玉、玉匣，后来用玻璃代玉甲，以及汉琉璃、绿釉，实际上也是道士发明的。《北史》域外人来一试，可能增加了品种。

表7　汉绿色琉璃明器化学成分表

PbO（氧化铅）	65.45
SiO_2（氧化矽）	29.91
FeO（氧化铁）	0.81
CuO（氧化铜）	2.60
CaO（氧化钙）	0.94
Na_2O, K_2O（碱质）	微少
	99.71

这种琉璃釉配方不稳定，但要什么色、加什么金属，已具有知识。总之和铅玻璃，原则上已掌握。但到了南方，配方更发展了。

四川邛窑小品，变化很复杂，对工艺来说，在古代是个大胆的试验所。故其小品工艺美术，非常生动，变化多。比景德镇的要活泼万倍。

表8　邛窑琉璃芥黄色釉化学成分表

SiO_2（氧化矽）	44.51
PbO（氧化铅）	37.68
Al_2O_3（氧化铝）	15.22
MgO（氧化镁）	2.01
	99.42

表9　深绿色釉化学成分表

SiO_2（氧化矽）	37.76
PbO（氧化铅）	44.64
Al_2O_3（氧化铝）	12.50
MgO（氧化镁）	0.90
CuO（氧化铜）	4.45
	100.25

四川邛窑，既接受了中国瓷器的传统，同时又发展、利用了琉璃釉，所以在某一些器物上，既用了传统的瓷釉，又使用了琉璃铅釉。在宋代五彩釉中，也接受了绿、黄等琉璃釉，故出土时，闪着一些珠光，这是中国文化交流中较好的例子。法化，发现用琉璃釉虽不多，但以洁白之瓷，人物上略施琉璃釉，这是极美观的利用方法。至于北方琉璃，较普遍，无介绍必要。

但琉璃与释氏之教的关系，仍然是非常重要的关键问题。例如河北易县八佛岗八尊精美无比的雕造作品，只有这八件大塑造是用了琉璃釉。至于佛教建筑均用琉璃，这是显而易见的，这其间有着深厚的外来宗教根源。

以后发展了法化釉，实际是琉璃及瓷釉的混合体。它用佛教妆銮的方法，用油纸装好白釉，在尖角上穿一孔，由孔中流出的线条，作花纹凸起的边线，这是造佛像常用的方法。而法化器又大部分是香炉、净瓶，供养用的小三件、大五件。当然它是中国化了的。

后期，法化发展为装饰的发蓝。早年，我为了深切了解，蹲在首饰工场看着无数珠宝镶嵌，其中有一件是发蓝工作，一个小油盏，二根灯草，一根弯了头的小铁管，只吹上十分钟，这些灰一般的釉粉涂在银首饰上，马上成为宝蓝色。

原来，中国自接受了古琉璃釉，到元代又学会了珐琅工艺，古称大食窑，在北京成为有名的景泰蓝。珐琅即拂菻，大食即阿拉伯。我所说的发蓝，即从景泰蓝的珐琅质发展到民间。其中用于金银、铜，质地皆不同。

我所谈的，主要是这种釉的成分产地。这种釉灰，以前外来，后来自配，到北京珐琅作坊——景泰蓝厂房发展到十三四家的时代，这种釉药，完全由山东博山来供应了。中国玻璃的发展，博山是个关键。由于自制玻璃，这种珐琅釉，就是玻璃粉，铅、硼砂的混合物，博山成为原产地。

中国自己制造玻璃，在琉璃、法化、珐琅、发蓝的中外文化交流中，是在自己固有的物质文化的基础上，发展变化而光大的。但这一章，有个中心，是中国自有玻璃化合物，在釉上得到充分知识的基础上，接受了外来经验而发展。不是由汉武帝之类，将外国货搬进中国而发展。

六

中国在公元前 16 世纪已有釉，在公元前 10 世纪左右已发现玻璃。中国由釉发展为玻璃，其读音仍然是"釉"，凡后起字璆、玻、球、瑶等，都是据器物形的一音之转。日本译外来语，多译全音，如 icecream，日本译为爱司克林姆，而中国译外来语，则喜带既有中国民族语言，又带译音，如冰淇淋，冰是民族语，淇淋是外来音。

纪元前若干年前，由一些原始流浪者，当然也可经商，传进了间接的南印度半神话的宝石，璧流离的名称。璧字是民族"宝"的代用辞；流字是中国原有物质"釉"之音读的一音之转，合起来加上离字，成为全释。故璧流离的汉译，与释氏经文译音完全不同。中国玻璃外貌，完全接近南印度宝石光色，而又经罽宾、大月人从印度辗转输入了假琉璃。由此，中国之釉玻璃，加上释氏以琉璃为佛的象征的传布，遂转称为琉璃，这是域外文化交流的结果。

大约，在4世纪前后，多色釉的建筑材料，由拜占廷及古巴比伦文明间接传布，这种多色釉的实质是玻璃，因而也成了琉璃。而这种琉璃釉，由于宗教及统治者奢华，在中国得到了很大的发展。但这种釉的原始型，实际上在纪元前中国早已掌握，而在4世纪得到了更丰富的多种金属釉的试用而开始大发展，作为帝皇与佛的象征。[1] 从琉璃釉中，加进原有的玻璃末的混合，又发展为珐琅（包括铜珐琅与金银珐琅）、法化、发蓝的细工艺。

唐代，这个7世纪的新兴帝国，通过三四百年来与世界上——特别是西域各族的交往，甚至无数的华化的异族，带来妇女的放佚与地位，带来了足以供统治者豪华享乐的一切。文学艺术、化妆装饰、歌舞音乐，全面地起了变化。特别是妇女的放佚与地位变化的作用，是中国任何一个历史时期所难以比拟的。

当我40年前采集到无数金银箔与玉石贝类碎片，以及八寸大的白银铜镜，细心研究了这个银镜细工之后，我开始理解到唐代妇女，已将金银箔及翠鸟毛镶嵌到粉白加赭的脸颜上，而且回复到楚国宫女面上点彩的复古化妆术，可以被称作贵族夫人，装饰得妖冶无可伦比，而在长安街上骑马而过。无论唐以前或以后，都不可能有唐代金银日用器细工艺那样繁多。这样，她们接受域外繁华奢侈品，同她在政治上争取地位，一样地敏感了。（我也正在考虑画一个唐女卷子，才能说明文字无法表现的历史真实。）

上面谈到的珐琅工艺，理解了唐代的背景后，可以说明唐代金属细工的精致。

图90（350页）为珐琅十二棱镜。此镜以黄金

[1] 可参看 CHINESISCHE BAUKERAMIK ERNST BOERSCH—MANN。日文《热河》。营造学社版《琉璃瓦》。如果没有机会走一走中国北方，如有可能，看看这三部书，一般就能了解了。

图90 类景泰蓝十二棱镜。此镜背以黄金界为十二瓣，每瓣又界为重瓣。各瓣内为黄及绿色玻璃质釉状物填满。此既异于景泰蓝，所谓珐琅。但与五六十年前妇女首饰上之"发蓝"，极为接近。"发蓝"为中国民间金银首饰铺小工艺。与"珐琅"当为同一类型，但景泰蓝加磨后无闪光，首饰发蓝，烧成后不磨，闪闪有光

界为十二瓣，各瓣内为黄及绿色玻璃釉状饰彩。① 珐琅是敷彩烧成，加以磨洗，因此烧成后，闪闪发光。这是唐人传到日本，藏在正仓院的一件传世器。从这一件器物，似可定为：在唐代，珐琅器已在中国烧造，达到了高峰的程度。

七

我没有足够的知识，信以为汉代已直接传进了古罗马的文化。但知道一些东罗马的地名，所谓黎轩、犁靬、黎鞬以及大秦、拂菻等等。南北朝时代，西罗马已灭亡，东罗马仍自称罗马帝国，中国也以旧称大秦称之，实际上是拜占廷。隋唐时代，则称之为拂菻。② 到唐代，如《旧唐书·西戎列传》"拂菻"条，东罗马对君士坦丁堡称Πόλιν，意为首都，中国译为拂菻，广东音读拂菻为法郎，又以其物质为

① 如果不研究一下历代纹样演进变化，很难理解这是不是中国纹样。如摹一些唐越窑纹样，或参看《文物参考资料》1955年11期邓府山五号墓宋影青瓷罐盖纹样，对这种优美纹饰，会有一些理解。

② 首见隋代裴矩的《西域图记》，其序见《隋书·裴矩传》。

玻璃，中国译文，凡性属相近，故加玉旁为珐琅。

从这一角度研究，加上正仓院实物，珐琅从拂菻——拜占廷商人（这时商队已大盛）输入，大致无误。金属底的镶嵌法是传入，而多色釉药，则中国汉以来早掌握了。但到明代凡底部"大明景泰年制"款识之后，又称景泰蓝，因其器内部及地色以蓝色为多。《格古要论》（1387）则称大食窑，又俗称鬼国窑。《陶说》（1774）则称珐琅即佛郎，又称发琅，即今发蓝。看来阿拉伯人也会这一技法而至中国。

总之，到1453年土耳其新月军进入君士坦丁堡之后，珐琅技师散居四方，珐琅术在东西各地均大发展。中国虽唐代已有，元至元款也有，而明清之后，妇女首饰，尤其是凤冠，其吹发蓝之精与色彩之多，这种细工，确是惊人。在古代物品中，很难看到这种实物，我曾一度收集了一些，作为琉璃资料。而且，我的幼年，家门口时常听到叫"发蓝"的艺人，他们能穿珠宝之宝钗，又能吹"发蓝"。我几乎亲手制作，学会简单的工艺。

我研究琉璃，可能是从玉的研究开始，也可能自从认识吹发蓝就得到启发，到了70岁，我有足够的知识，来谈谈祖国是在如何情况下创造了玻璃。

《书·禹贡》"青州贡铅"，青州即今博山，是古代中国造玻璃的创始地区。周代鲁公做文王鼎，化学分析，足部含铅20.15%（《周代合金成分考》）。《说文》著录，银白金，铅青金。中国用铅的知识，在世界来讲，也是早的。由于道藏中谈到紫石英，看来炼丹炉的火度，能达到1700℃以上，这真不是一件简单的玩意儿。记得我以半个月的工资，在漳州购得最好的朱砂。我在自造的土窑中，烧到一定的火度，它已变为一堆黄泥。这是我研究古画还原工作的一部分，也要求彻底了解玻璃／琉璃色彩的一部分试验工作。

作为一个化学研究者，知道钴与硅酸锰可成深紫，硅酸铜可成鲜绿，锑可成中黄，铜与酒石酸可成鲜红，铜与硝酸可成宝蓝。此五色琉璃釉，是佛家规定天上五色宝的象征。

制造玻璃的石英，要1700℃熔化，如和钾灰、苏打混在一起，900℃即可熔化。如有色金属氧化物与石英熔剂混合，则成为各色玻璃，如铁得出淡绿、浓绿、褐色，锰得出黑色，铀得出黄绿、黑，铜得出绿色、蓝色、红色，钴得出蓝色、锰紫色。

琉璃釉，实际上，是与玻璃相互发展的物质，要知道玻璃的历史，不得不知道琉璃釉。

而可贵的是我们的古代窑工，怎么能知道在旧墙上、地上凝霜一般的硝（道士炼丹及造火药者，他们是早知道的），是制玻璃的主要物质盐基性成分。怎么会知道凤尾草灰中有钾，海草灰中提取钠，海盐中提出苏打。我不会珍视有化学原料的工作者找景德镇去做理想的釉，而珍视我在龙泉遇见的老窑工，能把失掉了半个瓶颈的古瓶复原。他把邮政局后山的瓷土，加进他一包一包试验的灰，烧出了同宋龙泉完全浓淡一色，补成瓷瓶。写到这里，未免使我深切地怀念他。民俗学，对研究文化有一定作用。

由于吹发蓝的灰状原料，只要星火一点可以烧成，而铜珐琅，则要入窑烧成，然后用车工完成。这种方法虽是外来，而釉灰火度、色泽，全由窑工配制，正如何稠时代一样，如没有老窑工的传授，要你独创，确是不容易。而中国琉璃尤其是铜珐琅镶嵌细工艺，是较其他东方国家更为精美了。

在《旧唐书·西戎列传》"拂菻"条中，即记载着古罗马"宫宇柱栊,多以水精瑠璃为之",《晋书》卷九七《大秦传》"琉璃为墙壁",这种琉璃,中国学者常把它解释为宝玉,实际上全是毫无价值的琉璃瓦而已。《旧唐书·西戎列传》"拂菻"条:"城东面有大门,其高二十余丈,自上及下,饰以黄金,光辉灿烂,连曜数里。"这种黄金门上部饰以琉璃,而黄色即为琉璃之最高级者。

八

关于拜占廷查士丁尼皇时期的宫廷,在普洛科庇阿斯著《建筑》一书中亦有记述。吉本著《罗马帝国衰亡史》第六册中,记述了拜占廷皇宫建筑,其屋顶均用琉璃瓦。古代东罗马当是琉璃釉建筑饰物较早的民族,但对中国是非直接传布关系,因中国从道士的发明铅釉而以铜为色料的绿琉璃釉的基础上,到了北魏,自月氏的佛教纪念建筑饰物,在宣教意义上传布到中国,又得到重新的发展,而不是开始。

然而更有古代传统的琉璃装饰,是古巴比伦的遗存,由它通过波斯、安息几个王国在两河流域成立王朝,形成了古代伊朗文化的范畴。约在纪元前 7 世纪的亚述王宫,其土台约为 130 万立方米,其上建有 110 间殿堂和 30 个庭院,其墙壁上部及天花板均有琉璃装饰,显示其华丽。王宫大门,现在已经复原,两边为方形塔组成,中间形成拱门,门和塔的顶部则全用琉璃作装饰。而巴比伦城之华丽,全在于黄、蓝、红、白几种颜色的琉璃装饰显示出来。

琉璃瓦在两河流域,确盛极一时,在苏美尔—阿卡德时期,就有琉璃砖,新巴比伦王国时代,琉璃装饰发展到顶点,以后衰落,中国得到的传闻,根源就是这一些。但误为天然石璧流离了。但巴比伦的纹样，是每砖一色，嵌出狮子及图案，这与中国多色斑斓，是绝然不同形的。对这种不同民族的艺术构思，应有明确的认识，说明了各个民族的历史性的艺术上的发挥，自有一定的风格。

我曾说到中国古代没有人到过埃及，直接接受他们的工艺。然而，中国公元前2世纪由道士发挥高火度炼丹中，已得到了釉中杂入铅铜的绿釉琉璃明器，埃及也自有它的壶瓶猿鱼狮子以及建筑装饰，也同样以守护神及生前的娱乐与信仰，制成琉璃绿釉器为副葬之用。如纽约度霍里坦美术博物馆有一件犹狒（Thoth神）绿琉璃品，云为第一王朝时代之物，系在阿皮独司发现。

英国博物馆也有一件二十六王朝时代的青色狒狒像。然从所谓十八王朝时代的青琉璃狒狒看[①]，其釉色却与我国明代琉璃绿釉品的小狮子的釉色相同，而尚未有银色珠光那样的彩虹状。然而埃及的这种古狒狒神的造型，却始终如一。[②] 多看一下埃及雕刻，就会认得它。这就说明埃及琉璃与我国浓厚泪状流失的釉是有区别。

而西里阿发掘出来的琉璃釉，是一件透雕方台，其色泽彩虹状釉质，则与中国的颇有接近。这种青釉他们称之为Turquoise，亦接近中国之孔雀蓝色、翡翠色。这是法国取得发掘权而出土的遗品，可能为8世纪物品，那是完全可靠的。

所以同样的釉，发展是不平衡的。中国北方，特别是西陲之地，始终还不能如江南文化那样用手工和车工制作的陶瓷品的精美。例如一件骑者作饮品用的扁壶，为唐代物，仍然是二块有雕刻的模子印成，施以黄红色的琉璃釉，而雕刻的人物，则大都为唐俑

① [日]《陶瓷大观》（第十二卷）埃及与波斯，56图说明。
② ЕГИПЕТСКАЯ СКУЛЬПТУРА 54，狒狒像。

图91　饰乳纹珠陶器

那样多须的波斯人纹样。而琉璃釉，在江南文化来看，始终不重视，山西人则大有兴味。至于细工艺，如景泰蓝，则为其他古代琉璃的国所不能及。

　　由于琉璃是釉的子孙，又是玻璃的姊妹，而又是发展铅玻璃的起源，我努力想说明这一个问题，也想努力澄清中国及西方学界把自然物的璧流离与人造琉璃混淆了几千年的问题。因此也附带说了一些域外作品的实际情况。说明即使文化有所传布，而事物的发展，总是由各民族各自从经验中，在自力的发挥上，有所发明。而文物传布，却在这种自力发挥发明的创造中，得到一定的启发，而促进了更进一步的发展。一切事物都是相对地在转化着，变化着，发展着。

　　这就是我何以不厌其烦地写成了如此繁琐的文字——溯流追源，目的是让后来者发扬光大，使我们民族的宝物——玻璃，发挥更大的作用。

后 述

父亲的遗著《中国古代玻璃研究》几经周折终于出版了。

父亲生性顽逆，自年轻之时起即厌读八股，喜游山玩水，凡事要亲眼目睹探个究竟。他很早就对中国古代玻璃与瓷器产生了研究的兴趣，在同济大学教学之余，利用寒、暑假实地考察，将几乎全部的工资用于收藏和研究文物。他曾出版《中国瓷器的发明》《吉州窑》等书。他撰写的关于中国古代玻璃的研究论文发表于《文物》杂志1959年6期，日本陶瓷协会会刊《陶说》曾全篇翻译刊载。

为了更全面地阐述玻璃在中国古代就已发明，他洋洋洒洒写出了厚厚几大本的手稿。却不知文化大革命正悄悄来临，抄家、批斗……他以毕生心血凝结而成的手稿被扔入熊熊烈火之中，一夜全失！

1970年，父亲在下放的农村因过度劳作，诱发心脏病，休克倒地。他觉得阎罗王在冲他招手，时日无多，在医嘱绝对卧床休息之际，每天偷偷起床凭记忆重写《中国古代玻璃研究》。面对背负如此强烈使命感的病人，医生只有叹息："不要命了！"其间，住院、出院、住院，他断断续续却坚持不懈，从不气馁，终于1972年12月完成手稿。

1977年2月，父亲去了天堂，留给我一卷又一卷的古代名画摹本，一摞又一摞的创作画稿，以及以《中国古代玻璃研究》为重中之重的，一本又一本密密麻麻的著作手稿。

抚摸着父亲用心用血凝成的字字句句，沉甸甸的重量使我无法承受！

怀揣着不可推卸的责任感，我背起手稿忐忑不安地去敲各家出版社之门。

首选上海某出版社，这里有父亲曾经的学生，不料回复是：活着的人排队出书还来不及，何况走了的！想想当时的形势，确实如此。

在邻居陈伯吹先生的推荐下跨进了北京一家出版社的门槛，初审通过了，兴奋异常，却迟迟没有下文。催促后得知：领导换班，要求经济效益第一。只得落寞地领回稿子。专业著作怎比琼瑶小说的销量？无可奈何。

心仍不死，继续努力，终于得到某科技出版社的重视，特将手稿送硅酸盐研究所，请专业人士审读。过了几天编辑约我面谈："你家还有出土的实物吗？你又不懂，都拿来给我吧！"我答："多次抄家，哪能留下？"不欢而散。此后一个月、两个月没有下文，忍不住跑去找人，被告曰：某某正参加关于玻璃研究的国际学术会议。

回到家，心中烦闷，渐渐坐立不安，鼓起勇气去讨回了手稿，惶惶然将其锁入深柜，再也不敢示人。

这一锁就是二十多年！

转眼，我已到了父亲走时的古稀之年。

2016年8月，同济大学为110周年校庆，拟出版包括我父亲在内的四位学校文人学者的书画作品集，同济大学出版社的编辑张翠老师找到了我。在筹备、编辑画册的过程中，我与编委会一群年轻的老师朝夕相伴，他们对艺术的热情和执着打动了我。特别与张翠老师由陌生到熟悉，由熟悉到知无不言，因着对她的信任，我打开了深锁的柜门。

很快，经张翠老师向上海文化出版社的杨婷老师推荐，《中国古代玻璃研究》的出版事宜确定了下来。在杨婷老师的大力支持下，经同济大学材料科学与工程学院材料学专业教授、博导黄文旵和上海大学上海美术学院教授、博导、玻璃工作室主任庄小蔚审读、推荐，本书申请并获得国家出版基金支持，保证了后期的顺利付梓。

出版的艰辛不止于曲折的扣门经历，更需投入大量时间精力和专业能力的是编校过程。

因手稿的写作是在资料缺乏、身患重疾之时，虽然父亲手边仍有必不可少的参考书，从成稿的章节体例、内容注释，仍然能够看到父亲清晰的治学逻辑，以及印在他脑中、并被他融会贯通的大量实践和文献资料支持，但细节上的错讹难免。

将手稿录入、图版扫描，几个人反复校订就花费了数月的时间。编辑通读、深入加工，更是半年之久。

有幸，杨婷老师邀请了因出版上面提到的画册合作过一次、深受我们信任的袁银昌老师担任本书的装帧设计师。

大家在袁老师的工作室坐下来讨论，一一商量：文字应当尊重作者、尊重时代特征，不强求符合如今的语言习惯。一些如今已不再用的表述方式（半文半白）和词汇（如"名辞""域外"，一些人名地名），只要不影响阅读不出错，全部保留。

原有引文、注释，就如今学术著作的出版要求来看格式远不够严密，且涉及大量书刊出处，是否准确需作查对，怎奈编者努力查找仍有多处查而未得或未能查证。仍然保留，只为有心者提供一个线索。

原有图版，当时条件限制大多黑白，但拍摄所用多为作者私人收藏，且与内容密切相关。不择再补充精美图片一途，只为图文书需求，打乱重新排序。

时日匆匆，年底将届，编校、设计工作已近尾声。在此过程中，杨婷老师、张翠老师和张玥老师无私的付出令我感佩。黄文昀教授先后多次审校书稿，为书中的专业内容把关，向他表示衷心的感谢。袁银昌老师、李静老师为父亲的心血之作设计了最适合的书衣，让它能够体面地呈现在需要它的人面前，对他们的欣赏与感谢难以言表。

近来，欣悉黄文昀教授带领的研究团队为同济大学申请到国家科技部重点项目，将纳米生物玻璃应用于人体骨骼缺损的修复之中。相信父亲在天堂看到玻璃在各领域的开发应用也会抑制不住欣喜之情。

"让后来者发扬光大，使我们民族的宝物——玻璃，发挥更大的作用。"这是父亲写作这本书的初衷和盼望。

希望本书，能够让世人认识到父亲这一辈人的治学精神、社会责任心及做人品德！

2018 年 12 月

蒋慧诘

图书在版编目（CIP）数据

中国古代玻璃研究 / 蒋玄怡著. -- 上海：上海文化出版社，2018.12
ISBN 978-7-5535-1436-9

Ⅰ.①中… Ⅱ.①蒋… Ⅲ.①玻璃器皿－研究－中国－古代 Ⅳ.①K876.54

中国版本图书馆CIP数据核字（2018）第269607号

书　　名	中国古代玻璃研究
著　　者	蒋玄怡
出 版 人	姜逸青
责任编辑	杨　婷　张　玥
特邀编辑	张　翠　蒋慧诘
特邀审读	黄文昂　陈丹正
整体设计	袁银昌
设计制作	上海袁银昌平面设计工作室　李　静　胡　斌
出　　版	上海世纪出版集团　上海文化出版社
地　　址	上海市绍兴路7号　200020
发　　行	上海文艺出版社发行中心
	上海市绍兴路50号　200020　www.ewen.co
印　　刷	上海雅昌艺术印刷有限公司
开　　本	787×1092 1/16
印　　张	22.5
版　　次	2018年12月第1版　2019年2月第2次印刷
书　　号	ISBN 978-7-5535-1436-9/K.172
定　　价	128.00元

告读者：如发现本书有质量问题请与印刷厂质量科联系　T：021-68798999